国际数字化转型与创新管理最佳实践丛书

# 欧盟通用数据保护
# ——GDPR合规实践

## EXIN 数据保护官（DPO）认证

【英】IT Governance 隐私小组 著
刘合翔 译

清華大學出版社
北 京

北京市版权局著作权合同登记号 图字：01-2021-2708

EU General Data Protection Regulation (GDPR): An Implementation and Compliance Guide, Copyright ©IT Governance Publishing, 2019
Author：IT Governance Privacy Team
ISBN：9781849288378
本书中文简体字版由 IT Governance Publishing 授权清华大学出版社。未经出版者书面许可，不得以任何方式复制或抄袭本书内容。



**图书在版编目（CIP）数据**

欧盟通用数据保护：GDPR 合规实践：EXIN 数据保护官（DPO）认证 / 英国 IT Governance 隐私小组著；刘合翔译 . — 北京：清华大学出版社，2021.11（2024.5重印）
（国际数字化转型与创新管理最佳实践丛书）
书名原文：EU General Data Protection Regulation(GDPR)：An Implementation and Compliance Guide
ISBN 978-7-302-59479-6

Ⅰ.①欧… Ⅱ.①英… ②刘… Ⅲ.①欧洲联盟－科学技术管理法规－研究 Ⅳ.① D950.217

中国版本图书馆 CIP 数据核字 (2021) 第 229396 号

**责任编辑：** 张立红
**装帧设计：** 梁　洁
**责任校对：** 赵伟玉
**责任印制：** 丛怀宇

**出版发行：** 清华大学出版社
**网　　址：** https://www.tup.com.cn，https://www.wqxuetang.com
**地　　址：** 北京清华大学学研大厦 A 座　　**邮　　编：** 100084
**社 总 机：** 010-83470000　　**邮　　购：** 010-62786544
**投稿与读者服务：** 010-62776969，c-service@tup.tsinghua.edu.cn
**质 量 反 馈：** 010-62772015，zhiliang@tup.tsinghua.edu.cn
**印 装 者：** 天津鑫丰华印务有限公司
**经　　销：** 全国新华书店
**开　　本：** 170mm×240mm　　**印　　张：** 18　　**字　　数：** 268 千字
**版　　次：** 2021 年 11 月第 1 版　　**印　　次：** 2024 年 5 月第 2 次印刷
**定　　价：** 88.00 元

产品编号：089104-01

# EXIN DPO 授权讲师代表推荐语

（排名不分先后顺序）

GDPR 自 2018 年 5 月 25 日实施以来，对欧盟企业乃至全球性跨国企业尤其是涉及数据跨境业务的企业均产生了很大的影响，与此同时对我国数据合规立法和实践也具有很强的借鉴意义。《欧盟通用数据保护——GDPR 合规实践：EXIN 数据保护官（DPO）认证》一书，为我们系统地翻译了 GDPR 的相关条款，其不仅保留了条款本身的原汁原味，而且还蕴含了作者多年来相关领域的实践经验，语言准确、简洁，非常符合国人的阅读习惯。该书对于学者以及相关从业人员具有很强的理论指导性和实践操作性。该书作为 DPO 认证的参考书目，我学习完后，对我承接多个海内外企业数据跨境流通项目，以及为国内企业建立数据合规体系起到了很好的指引作用，值得向大家推荐。

——庞理鹏律师（北京策略律师事务所执行主任、数据合规项目组负责人）

本书的英文版作为学习 DPO 的必备参考书，当年陪伴我走过了对 GDPR 从陌生到熟悉并获得 EXIN DPO 认证的整个过程。成为 EXIN DPO 之 PDPP 认证课程授权讲师后，我对中文版的期待逐渐大了起来。这次中文版的出版，希望能够帮助国内的企业更好地了解 GDPR，为出海做好准备，同时也希望中文版的出版可以把 GDPR 的相关信息更直接地分享给本土企业的管理层、法务、财务合规以及审计等各行业的专家。

——蔡文刚【EXIN DPO 讲师、敦豪全球货运（中国）有限公司大中华区信息技术副总裁】

本书以 GDPR 法规的核心要求为主线，从“法律 + 管理”的角度系统性地介绍了企业为满足 GDPR 合规要求，如何在组织现有的安全和治理基础上建立 GDPR 合规框架，如何管理和改进日常运营过程中的个人数据保护风险，以及在跨境数据传输方面监管要求、执法机制与合规思路。本书不仅是欧盟企业满足 GDPR 合规的实践总结，也是国内企业在欧盟或与 GDPR 同等数据保护标准的国家和地区开展业务所必备的参考和指引书目，对于国内企业做好《个人信息保护法》等个人信息的保护工作也具备很强的实践与借鉴意义。同时，作为 EXIN DPO 认证的参考书目，也是选择从事数据合规业务的广大律师、法务、合规、咨询、安全等人员的中文基础教材。

——肖少平（EXIN DPO 讲师、深圳市优必选科技股份有限公司数据合规经理）

个人信息保护官认证用书，隐私保护从业者必读手册，涉欧盟业务隐私合规参考，数字化转型最佳实践指南。

——张华志（EXIN DPO 讲师、启明星辰信息安全技术有限公司技术中心首席专家）

# EXINDPO 国际认证学员代表推荐语

本书系统性地阐述了隐私保护的实践体系，也是企业 DPO 的实践指南，这使得企业在践行隐私保护的各个环节真正做到有法可依，有技可循。

——张伟（IBM Consulting 大中华区安全与隐私服务总监）

优秀的 DPO 要懂法律、懂技术和懂管理，利用技术措施、管理措施实现数据保护符合法律要求。EXIN DPO-PDPP 认证指南作为 DPO 认证官方指定教材，系统阐述数据保护体系、数据保护组织化，还提供了数据保护实践，是帮助 DPO 构建数据保护法律体系的最佳教材。EXIN DPO-PDPF 与 EXIN DPO-PDPP 形成理论与实务的完美结合，帮助 DPO 快速搭建法律、技术和管理，令我受益匪浅。

——胡海斌（深信服科技股份有限公司法务总监）

公司业务涉及公共数据开放与行业应用，即如何在合规框架下更好地成为公共数据与社会数据融合应用的窗口，促进大数据产业发展，形成更多的创新融合应用。经过两年的成长，我现在成为厦门大数据公司的副总经理兼首席数据官，DPO 体系课程从理论到实践一直都伴随着我的成长。这本书作为 EXIN DPO-PDPP 官方指定参考教材，给我的工作带来了极大的帮助，包括给政府类 App 做隐私保护体系。现在国内《网络安全法》《数据安全法》《个人信息保护法》的落地实践也是按照这套体系方法论去实施的。

——姜山（厦门大数据有限公司副总经理兼首席数据官）

我是2021年初的EXIN DPO数字化转型官认证学员。过年公司放假，我带着一群同学在总部大楼会议室学习隐私和数据保护从业者认证（PDPP），外加看窗外的风景。每当面对GDPR甚至其他个人信息保护的问题有疑问时，我都会翻翻这本书。后来，我推荐公司的其他小伙伴去学习这个课程。对于学习，我们是认真的；对于数据合规，我们是专业的；认证是对学习结果最好的检验。

——Camille Chen（美的集团DPO、高级合规官）

我曾在一家欧洲企业担任亚太区数据保护官的工作。作为EXIN DPO的指定教材，本书一直是我日常工作的案头工具书之一。将复杂的法律条文及合规要求转化为可落地和具有操作性的数据保护实践，是本书最大的特色。

——蔡俊磊（万向区块链首席安全官）

EXIN DPO作为全球第一个基于GDPR人员岗位认证，除了能够帮助企业风险、合规、法务、信息安全等工作人员快速全面地了解并构建隐私合规管理体系，还可以帮助管理人员提升对隐私文化的理解。本书作为DPO认证官方指定的材料，全面地介绍了GDPR核心概念、隐私合规框架、风险评估、跨境传输等知识领域，适合各行业隐私与数据保护人员快速掌握相关知识点，特此推荐！

——温略淦（某全球加密虚拟资产独角兽企业数据安全与隐私专家）

我是2020年10月的EXIN DPO和ISO（信息安全官）双认证学员。本书对GDPR进行全面阐释，不仅有助于认证考试，同时对出海企业的合规落地和律师如何履行DPO职责具有非常重要的实践指导意义。通过本书的学习，我打开了国际化视野，发现了新的服务蓝海，从传统律师转型为科技律师，在我 20 余年的职业生涯中起着非常重要的作用。

——李兰兰律师（卓建律师事务所高级合伙人、最高人民检察院民事和行政诉讼监督案件咨询专家）

我是 2019 年 5 月份的 EXIN 数据保护官 DPO 认证学员，学完后当年就做了第一个 500 万元标的的出海企业 GDPR 合规项目，到现在身兼六家企业的 DPO，这本书一直都伴随着我的成长。从一开始接到出海项目没有任何资料可供参考，这本书作为 EXIN DPO-PDPP 官方指定参考教材，给了我极大的启示，例如，为企业建立信息安全隐私保护管理体系（PIMS），我就参考了此书的流程。现在国内《网络安全法》《数据安全法》《个人信息保护法》的落地实践也是按照这套体系方法论去实施的。

——顾源（上海傲彤信息技术服务有限公司首席安全顾问）

作为国内较早一批从事个人信息保护从业者，又有幸接触并学习了 EXIN DPO 数据保护官课程后，我成为国内 EXIN DPO 授权机构的 CEO，致力于 EXIN DPO 课程在国内的推广以及数据合规的落地实践。非常感谢 EXIN 亚太区总经理孙振鹏先生、刘合翔博士为这本书做出的努力与贡献，让我们的学习不再困难。DPO 讲师、同学们和我都是这本书的学习者、实践者、受益者，现将这本书推荐给国内更多的数据合规从业者，相信大家可以从中受益。

——向丽（珠海山竹科技有限公司创始人及 CEO、中国 DPO 早期布道者）

以上推荐语由 EXIN DPO 中国授权培训机构——珠海山竹科技有限公司的 DPO 讲师和学员提供。

《欧盟通用数据保护——GDPR 合规实践：EXIN 数据保护官（DPO）认证》就像一座“灯塔”，在国内《个人信息保护法》出台之际，为我们这些在合规实践中摸爬滚打的一线律师提供了极其宝贵的指引，让我们能在数据的航海中找到参照系，是难能可贵的国际经验和底层数据合规的治理理念。EXIN DPO 作为国际前沿的数据合规实战课程认证体系，在应对当下纷繁复杂、瞬息万变的数字时代的合规保护层面发挥着“排头兵”的作用，在国内法律法规政策下实践层面具有重大影响力和深远意义。

——高亚平（德恒上海律师事务所合伙人、专职新经济合规平台）

# 译者序

信息时代，大数据应用“乱花渐欲迷人眼”，人类在享受一波波技术红利的同时，也日陷技术矩阵构建的“元宇宙”。这一宇宙的秩序还未完备，而人的权利关系已在其中发生了剧烈的扭变。欧盟2018年颁布《通用数据保护条例》（GDPR）是信息时代人的权利被梳理和确立的一个标志性事件。该条例对业已突出的个人数据及隐私问题尝试做了体系化的规定。自此这一议题在世界范围内开始得到前所未有的关注与重视。各国纷纷加快其相关的立法进程，相继颁布了各自的专项法律来应对新的信息环境下“个人”所面对的种种问题。截至本书付梓前，我国的《个人信息保护法》也已生效，国内的个人信息保护正迎来全新的局面。

通过比较世界主要国家和地区的相关法规，不难发现GDPR在其中起到的标杆作用，后续面世的很多法规在相当多的地方都借鉴了GDPR的立法精神和立法原则，有关研究也表明我国的《个人信息保护法》在框架和思路上同GDPR也有大量异曲同工之处。“他山之石可以攻玉”，前人以GDPR合规为目标的研究成果与最佳实践，为国内企业的出海合规乃至境内合规都提供了很好的镜鉴。

本书来自国际知名的IT治理、风险管理与合规领域的知识服务商——IT治理出版社（IT Governance Publishing）的领域专家艾伦·考尔德（Alan Calder）领导的隐私小组（Privacy Team）所完成的一部针对隐私、数据保护与GDPR合规的专业著作，其目前已再版至第4版（本书已对应至该版）。本书内容涵盖了涉及GDPR合规有关的法律要点、隐私合规框架、数据保护的组织和技术手段以及风险管理和事故响应等核心主题内容，是一部兼具理论性与实操性的合规实践指南。国际信息科学考试学会（EXIN）将它作为其数据保护官（DPO）认证的指定用书也是对该书权威性和实用性的一个证明。

EXIN 的数据保护官（DPO）认证是面向全球有志于从事个人信息及隐私保护领域工作的从业者量身打造的以 GDPR 合规为驱动、以体系化的专业知识和经验培训为保障的专业认证。目前各国、各地区的相关法规都强调了要积极通过认证来推动合规化的工作，而该认证恰好为众多有明确合规要求的企业提供了一个极好的有关人才培养和证明合规的解决方案。

本书从接到原稿到交付最终译稿，历经数轮校订与修改，其间还经历了因原书发布新版而对译稿的回炉重造，个中艰辛与快慰已不足为道。但即便如此，译者对其中的问题仍不免挂一漏万，如读者发现本书翻译上的纰漏，恳请读者不吝批评，指出相应问题或给予相关意见建议（联系邮件：lohoso@qq.com），我们将在后续版本中对本书做出进一步改进。

在此感谢对本书的交付给予帮助和支持的所有朋友。感谢 EXIN 亚太区总经理孙振鹏对于此书的有力运筹，感谢山竹科技的向丽对我成书进度的不断鞭策，感谢清华大学出版社责编张立红对本书细致的审核，更要感谢国内最早一批的 DPO 学员对我的鼓励，是你们给了我承接此任最大的勇气。

最后，还想提醒读者一点的是：当我们谈论亚当·斯密的《国富论》，需记得他还有一部《道德情操论》；当我们还在为维克托·迈尔－舍恩伯格的《大数据时代》中所描绘的前景而激动时，记得看看他的另一本书《删除》。事物总是在矛盾对立中发展，人类对技术的应用也需攻守兼备。希望本书能为你和你的组织在一手执矛的同时提供一副能保护好你用户的好盾。

刘合翔<br>2021.11<br>于杭州

# 目录

# 引言

自2018年5月25日起实施的欧盟《通用数据保护条例》（European Unions General Data Protection Regulation，GDPR）要求所有处理欧盟居民个人信息的数据控制者和处理者应保护个人数据委托人的权利及自由，并“采取适当的技术和组织措施……以确保系统和服务持续的保密性、完整性、可用性和可恢复性”，未能达到该要求的可导致高达2000万欧元，或其全球年营业额4%的罚款，并以金额较大者为准。

GDPR是在全球对个人信息的价值与重要性逐渐形成共识的过程中迈出的最新一步。虽然信息经济存在已久，但个人数据的真正价值直到最近才真正显现出来。对个人数据的网络窃取让人们面临着巨大的个人风险。大数据分析技术也使很多组织能跟踪和预测个人行为，并应用于其自动决策中。所有这些问题，加之技术的不断创新，以及人们对政府和公司滥用个人数据的担忧，导致欧盟通过了一项新的法律，以明确欧盟居民的数据权利,并确保在欧盟范围内对个人数据有适当程度的保护。

GDPR适用于欧盟的所有成员国，但其实际影响的范围要广得多：世界任何地方的任何组织，凡向欧盟提供涉及处理个人数据的服务都必须遵守其规定。这意味着GDPR可能是当前世界上最重要的数据安全法规之一。虽然其建立在欧盟《数据保护指令》（Data Protection Directive，以下简称DPD）、美国《HIPAA法案》[1]和其他各种数据保护制度的基础上，但GDPR可被认为是欧盟对保护其居民权利及自由目

[1] 译者注：《HIPAA法案》为美国的《健康保险便利和责任法案》（Health Insurance Portability and Accountability Act）的简称。该法案制定了一系列安全标准，就保健计划、供应商及结算中心如何以电子文件的形式来传送、访问和存储受保护的健康信息做出详细的规定。

标的一次提炼和全面更新。

## GDPR 的目的

DPD 已实施 20 余年，并为欧盟成员国的数据保护法令制定了最低标准。许多成员国在立法保护个人身份信息（Personally Identifiable Information，PII）方面明显走得更远，这使得欧盟居民越来越难以了解他们的权利会如何在整个欧盟范围内得到保护，也使得各个组织难以确定他们应该遵守哪一套法律，尤其是在他们跨多个成员国进行贸易往来时。

因此，欧盟委员会认为一项单独的、统一的法律，将是实现其以下两个关键目标更有效的方式。

1. 保护欧盟境内自然人的权利、隐私和自由。
2. 通过促进数据在整个欧盟的自由流动，减少商业障碍。

就欧盟立法而言，条例与指令截然不同。指令规定了最低标准，且要求欧盟成员国制定自己的法律来达到此标准。而到条例这一层面，其本身已经是法律，直接取代了成员国此前通过的任何相关的法律。

成员国被允许以任何适合他们自己的方式来对“指令”加以运用，但“条例”则要求所有成员国在执行上保持一致。即使存在一些地方差异，也会在条例的条文中明确指出。因此，条例是一种对其 28 个会员国的 5 亿人甚至其他国家的人，采取一致做法的有效机制。

GDPR 作为灵活性立法的一部分，与其他法律一样，受制于判例法，这一点在 2020 年得到了清楚的体现。作为著名的“SchremsII”案件处理的一部分，欧盟和美国此前协商建立的、旨在简化从欧盟向美国境内机构传输个人数据的体系——欧盟——美国隐私盾协议（EU-US. Privacy Shield），已被欧盟法院裁定为无效。随着个人公民和有关组织在法庭上对该法各方面的质疑，这种演变可能还会继续下去。

## 该条例的架构

本书附录 1 提供了该条例的整体架构细目。欧盟所有官方语言的条例版本均可在 https://eur-lex.europa.eu/legal-content/EN/TXT/?

uri=celex%3A32016R0679 上下载。

此外，还有一本由 IT Governance 出版社出版的《欧盟 GDPR 袖珍指南》[2]，也提供了对该条例的一个概览。

参照欧盟指令与条例的标准，GDPR 被分成两大部分。第一部分包含了若干鉴于条款，主要提供上下文背景、方针和指引，以便对其后的明确要求有更好的理解。第二部分包含具体条款。这些条款列出了该条例管辖范围内的实体所必须遵守的具体要求。不是 GDPR 所有条款都适用于每一个组织——某些条款只与欧盟委员会、欧洲数据保护委员会（European Data Protection Board EDPB）或监管机构有关，因此，实际上不太可能会有所有条款都适用于单个组织。通常，也只会有少数条款可能会与各种组织都相关。

总体上看，GDPR 的第 6，7，10 和 11 章主要事关欧盟委员会和监管机构，如果您正使用本书来筹划您的 GDPR 合规方案，您或许并不需要过多关注 GDPR 中的这些章节。

## 对欧盟的影响

作为一项欧盟条例，GDPR 的运作高于其他的成员国法律。它不能被单个政府或国家轻易地推翻或废除，这些政府或国家也不能修改已立法的相关要求，而使合规更容易或缺乏效力。这是因为所有成员国的代表已经通过标准的欧盟立法程序达成了协议。

GDPR 规定了个人在其个人数据方面的若干权利，这些权利见于该条例第 3 章。对这些权利的保护自然会要求收集、储存和处理个人数据的组织承担若干义务。数据控制者和处理者必须按照 GDPR 的规定行事，以确保个人的基本数据权利得到保护。当然，这不是一个简单的"如果 A，那么 B"的法律，有各种条件来保护企业的经营权利，连同公共当局对公众的服务。

一方面，该条例似乎会造成一定扰动。在欧盟的每一个组织都必须遵守该法律，这意味着该条例会对他们的经营产生影响；大多数组织对

[2] www.itgovernancepublishing.co.uk/product/eu-gdpr-a-pocket-guidesecond-edition.

何收集、处理和存储个人数据，已经做出了一些重大的调整；当然，这些有赖于 GDPR 能给予惩处性和“劝诫性”行政罚款的威胁。另一方面，该条例也试图在保护个人权利和消除“个人数据在内部市场自由流动的障碍”之间做好平衡。换句话说，虽然 GDPR 对个人数据的使用和储存做出了具体的限制，但这样做也是为了维护欧盟居民和在欧盟内部开展业务的组织的利益。

采取行动以确保遵守该条例的组织，将会在不断变化的监管环境下茁壮成长。同样，一些组织可以就数据保护的标准化要求，对其流程做出重大改进，使其流程简化——特别是对于泛欧盟的业务和互联网服务业务——并显著提升其效率。

## 通用数据保护条例的实施

实施复杂的合规框架的先决条件是知识和能力。IBITQ（www.ibitgq.org）的“欧盟 GDPR 基础和从业者认证”就是为个人提供所需的相关技能和能力而设计的。

本书阐述了如何实现对该条例合规，以及如何在实现合规的同时，将必要变更所带来的影响降至最小。在任何合规项目中，都有许多情况需要对组织流程做结构化的调整，以符合法律或监管的要求，因此，你必须确保你的组织能够经济且高效率地开展这项工作。

理解 GDPR 将以各种方式运用于欧盟以外的组织也很重要。就像你需要遵守你所在任何国家的法律一样，向欧盟提供服务的非欧盟组织，只要其服务涉及个人数据处理，就需要遵守该条例。尽管对于某些单纯只扮演供应链上环节角色的组织（通常是在欧盟没有其他利益的小型组织）来说该条例较难约束到他们，GDPR 围绕域外数据处理的明确要求，仍会对有意在欧盟营商的组织带来合规的压力。

事实上，不用遵守 GDPR 的唯一途径是完全避免与欧盟做生意。鉴于欧盟是世界上最大的贸易区，这对于任何想要利用互联网或要与现代全球市场和供应链合作的组织来说都是不切实际的。

本书没有提供一个放之四海而皆准的 GDPR 合规框架。各个组织的运作方式不同，有不同的合作伙伴和供应商，有不同的业务目标和商业模式，不会有一个单一的合规框架，甚至一套通用方法能适用于欧洲或世界各地的所有组织。相反，本书提供的是一个在许多组织中已知有效，并反映了 GDPR 要求的合规框架的有关信息。本书指出 GDPR 有哪些具体要求并对务实有效地实现合规提供分析和建议。

但读者应注意，本书并未涵盖 GDPR 可能适用的每一种情况，也不涉及每个部门和行业的合规要求。相反，它侧重于大多数 GDPR 合规项目所必须面对的核心活动和问题，并提供广泛适用于大多数（但不是所有）情况的建议和指导。

最后，应当指出，本书只是一个在组织中实施 GDPR 合规框架的手册，但它显然不是一本法律合规手册，你仍需要来自针对 GDPR 各方面的具体法律建议，特别是与合同和其他法律声明有关的建议。你的法律顾问在你的 GDPR 项目中扮演着重要的角色，但是大多数律师并不是网络安全、信息保障或业务连续性方面的专家，通常也不具备组织管理方面的专业知识。你需要将他们的服务引向能给你合规项目带来最大价值的那一部分。请记住，实现 GDPR 合规比研究法律文件更重要；GDPR 必须像员工的健康安全、内部控制或信息安全一样，成为组织基底的一部分。

## 关于英国和英国脱欧的说明

由于英国是在 GDPR 正式生效后投票脱欧，其在英国的应用比较棘手。根据英国 2018 年的《数据保护法》，GDPR 此前已在全英国生效并成为法律，因此，总的来说，英国组织的合规活动将基本保持不变。然而，英国最终离开的一个关键细节可能会产生一个重大影响：英国是否能获得欧盟委员会的“充分性认定”。

截至本书出版时，尚不清楚英国是否会获得这一充分性认定。如果获得这一认定，欧盟和英国的数据控制者则可以像脱欧前一样进行处理，尽管那些向欧盟提供服务的英国组织还需要根据 GDPR 第 27 条的要求任命一名欧盟代表。如果没有获得这一认定，那么英国的组织在涉及从欧盟向英国传送数据时，必须采用欧盟批准的标准合同条款（或 GDPR 第 46 条中所述的其他措施），且需要遵守英国的信息专员办公室（ICO）有关从英国向欧盟传送个人数据的指引。

## 关键定义

全书使用了许多关键术语，其中很多术语有非常具体的定义。这些定义都源于 GDPR 本身。GDPR 第 4 条中包含了所有的关键定义，应当被完整审读。其中，有 5 个术语在该条例中普遍使用，需要我们从一开始就清楚地理解其含义。

## 处理

"处理"指对个人数据或个人数据集进行的任何操作或操作的集合，例如收集、记录、组织、编排、储存、改编或改动、检索、咨询、使用、通过传递或分发来披露，以及提供、校正、合并、限制、删除或销毁数据，不论操作是否以自动化的方式进行。[3]

## 控制者

"控制者"是指单独或与其他人共同决定处理个人数据的目的和手段的自然人或法人、公共机关、机构或其他主体；如果处理的目的和手段是由欧盟或其成员国法律决定的，对应的控制者或指名控制者的具体标准可由欧盟或其成员国法律规定。[4]

数据控制者是决定处理个人数据的目的和决定将做何种处理的组织。正如我们所看到的，根据 GDPR 条款，"处理"包括收集和储存信息，因此一个承担控制者责任的组织，有可能很少参与个人数据的实际处理。对于一家雇佣营销机构对其客户进行特征分析，并为营销公司提供这些分析所需的特定数据的消费品公司来说，显然它是数据控制者，而营销机构则是数据处理者。然而，如果是由营销机构自己来决定需要查看哪些客户数据以及如何使用这些数据，并且仅向消费品公司提供摘要信息，那么营销机构将会是控制者。

[3] GDPR，第 4（2）条。
[4] GDPR，第 4（7）条。

## 处理者

“处理者”指代表控制者处理个人数据的自然人或法人、公共机关、机构或其他主体。[5]

数据处理者是代表数据控制者处理个人信息的组织或实体。如上所述，“处理”基本上是对数据所做的任何事情，包括存储、归档或仅仅是查看数据。就大多数的个人数据而言，一个组织既是控制者又是处理者的情况很正常；只有由第三方代表控制者进行的处理，才必须按照对处理者的要求来处理。

## 个人数据

“个人数据”是指与已识别或可识别的自然人（“数据主体”）有关的任何信息；可识别的自然人是指能通过某种标识符，如姓名、身份证号、位置数据、在线标识符，或与该自然人的身体、生理、遗传、精神、经济、文化或社会特性有关的一个或多个特定因素，而直接或间接识别的个人。[6]

根据 GDPR，个人数据是关于“一个已识别或可识别的自然人”的一系列各种类型的信息。这意味着，如果没有办法将信息与自然人联系起来，那么这些信息就不是个人数据。个人数据是可以通过任何方式与数据主体联系起来的任何东西，因此，组织必须在如何收集和使用信息上保持谨慎，因为意外收集的信息可能会消除主体的匿名性。请注意，该定义特别包括了生物特征、基因和健康信息，以及网络标识符（如可用于识别一个人的 IP 地址）。而 GDPR 未给死者以任何这方面的权利。

## 监管机构

“监管机关”是指成员国根据条例第 51 条所设立的一个独立的公共机构。[7]

监管机构是每个成员国负责执行该条例的政府组织。你的组织可能

[5] GDPR，第 4（8）条。
[6] GDPR，第 4（1）条。
[7] GDPR，第 4（21）条。

需要与监管机构进行多次互动，因此有必要确保你知道该机构是谁［在法国，它是国家信息与自由委员会；在意大利，它是个人数据保护局（Garante per la protezione dei dati personali，Garante）］。目前欧盟/欧洲经济区国家监管机构的完整名单详见附录2。

如果你的组织在一个以上的成员国开展业务，你可以选择你的组织主要机构所在成员国的监管机构作为牵头监管机构。[8]



[8] GDPR，第56条。

# 第一部分
# GDPR 的核心考量

## 第一章　范围、控制者和处理者

GDPR 适用范围很广，但并非普适。也就是说，并非所有个人数据处理工作都在其权限范围之内。许多组织可能处于 GDPR 管制的“灰色”地带——某些处理受 GDPR 管制，而另一些处理不受，他们以为自己可豁免，但其实不行。

### GDPR 的适用范围

GDPR 有属事范围和属地范围。它们分别对应受该条例管辖的个人数据使用情境和地理范围。

广义地说，GDPR 适用于：

对全部或部分个人数据，用自动化方式处理；对已成为或计划成为档案系统的一部分的个人数据，用自动化以外的方式处理。[1]

这里的“档案系统”指的是经整理的个人数据，以方便查阅和使用。它可以包括任何东西，从文件柜里按字母顺序排列的一套文件到一个庞大的、可搜索的数据库。保存在一个密室中的若干文件不算作一个档案系统，但收件箱里的电子邮件应该算。

当然，属事范围会有例外——欧盟法律范围外的活动（如非欧盟国

[1]　GDPR，第 2（1）条。

家涉及国家安全的活动）、成员国从事与欧盟共同外交和安全政策有关活动所涉及的处理、纯属个人或家庭性质的处理，以及成员国主管当局涉及犯罪和安全有关（例如警察活动）的处理。

因此，属事范围相当广泛。任何机构如果大量使用个人数据，都可能被要求遵守该条例。

GDPR 的属地范围同样广泛，并且引起了欧盟外的组织，以及与欧盟外有生意往来的欧盟内组织的格外关注。该条例适用于以下三种地域情况[2]：

1. 处理个人数据的欧盟内组织，即使实际处理活动是在欧盟外进行。

2. 欧盟外的组织处理欧盟居民的个人数据（作为其向欧盟提供商品或服务的一部分）或其对欧盟居民的行为进行监测。

3. 根据国际法，受欧盟法律管辖的欧盟外组织。

第二种情况明显比较棘手。简单来说，该条例适用于向欧盟内组织提供处理服务的组织，以及明确向欧盟提供商品和/或服务的组织。例如，如果你出售产品并在你的网站以欧元列出价格，那么你显然是在向欧盟销售，因而需要你遵守 GDPR。然而，如果你是一家在澳大利亚的酒店，并且不在欧盟营销你的酒店，那么对住在你那儿的欧盟居民的个人数据处理则不受该法管辖。

GDPR 的适用范围显然是一个复合议题，它告知你应如何构建你的合规活动，尤其是在你有一个很长或复杂的供应链的情况下。GDPR 的适用范围在本书的第 4 章中会有更详细的讨论。

## 控制者和处理者

数据控制者和数据处理者的角色是 GDPR 的核心，理解这些角色非常关键。有关这些角色的基本定义已经在本书的引言中给出，但围绕这些角色的详细要求还需要透彻理解。

### 数据控制者

数据控制者是负责确保个人数据依条例处理的一方。GDPR 第 4 条给出了控制者的标准定义：

[2] GDPR，第 3 条。

“控制者”是指单独或与他人一起决定处理个人数据的目的和手段的自然人或法人、公共机关、机构或其他主体。如果这一处理的目的和手段由欧盟或其成员国法律决定，对应的控制者或指明控制者的具体标准可由欧盟或其成员国法律规定。[3]

控制者是决定处理活动目的的实体。其决定包括收集哪些数据、向谁收集数据、是否有理由不做数据主体通知或同意征求、数据保留多久，等等。

根据该条例的声明，数据控制者还有责任确保任何第三方处理者遵守规则：

控制者只应使用提供了以下充分保证的处理者：会采取适当的技术和组织措施使处理合规，并保障数据主体的权利。[4]

控制者通常是数据主体向其提供信息的、“面向公众”的实体。例如，一家医院可能有一个用于填写健康信息的在线表单，即使在线表单是由第三方提供的，医院（由其决定数据处理的目的）也将是数据控制者。如果表单由第三方管理，而该第三方对表单的设计和收集的数据类别有一定的自主权，那么该第三方可能会成为联合控制者。

控制者有义务采取适当的技术和组织措施来保护个人数据，以确保且证明其处理符合 GDPR 的要求。[5] 这些措施也可称作“控制项”，用于对测算的风险做出响应，这些措施需要清楚地记录在案，并对其进行监测和有效性检查（更多详见第十一章）。

实施适当的控制，是数据控制者承诺建立基于设计和默认的数据保护（Data protection by design and by default）的一部分。必须“在确定处理手段和在进行处理时”就确立处理个人数据最安全的方式。[6]

数据保护影响评估（Data Protection Impact Assessments，DPIA）是基于设计和默认的数据保护的一个关键部分（见第十章）。这方面的责任应由数据控制者承担，而不应强加给数据处理者。但是，控制者应与可能受到影响的处理者协商，以确保 DPIA 的全面性，以及由此产生的

[3] GDPR，第 4（7）条。
[4] GDPR，第 28（1）条。
[5] GDPR，第 24（1）条。
[6] GDPR，第 25（1）条。

计划能够得到执行，并且这些措施在现在和将来都能有效。

### 联合控制者

可能会有两个或多个控制者共同确定处理的目的和方法的情况。如果你的组织在与另一组织的合作中需要确立自己为联合控制者，你需要确保在处理或收集个人数据前已明确“为遵守（条例）所应承担的各自责任”。

### 数据处理者

数据处理者是指与控制者签订了合同，对个人数据执行某些操作的机构。GDPR 对处理者的定义如下：

“处理者”指代表控制者处理个人数据的自然人或法人、公共机关、机构或其他主体。[7]

处理必须限制在数据控制者根据条例所给出的规定范围内。控制者与处理者之间的合同有若干具体的要求，这些要求在条例的第 28 条中有列及，这些合同中使用的具体条款可能在某些时候会由欧盟委员会或你的监管机构来规定。

控制者不必定义如何来处理数据的每一个要素，而是依靠处理者对安全处理做出的“充分保证”。[8] 因此，处理者可能需要负责确定下面的这些要素：

· 用以收集个人数据的系统或其他方法。

· 如何存储数据。

· 个人数据的安全。

· 个人数据如何从一个组织传输至另一组织。

· 如何检索特定个人的个人数据。

· 确保遵守数据留存计划的办法。

· 如何删除或处置数据。

有许多理由来支持处理者对上述要素自行做出设计。举例来说，如果一个组织与一家营销机构签订合同来开展某项调研，该组织会决定处理个人数据的目的（如建立组织声誉的衡量标准），但也会听取营销机

[7] GDPR，第 5（8）条。
[8] GDPR，第 28（1）条。

构的专业意见，以更好地实现其目的。营销机构必须依据 GDPR 的规定安全地管理个人数据。在这种情况下，营销机构很可能是一个联合控制者。

“没有控制者事先规定或一般的书面授权”[9]，处理者不得让其他处理者参与。这保障了控制者对整个个人数据保管链的监督，以确保每个环节都有相应的安全措施。

## 作为处理者的控制者

在许多情况下，数据控制者和数据处理者将是同一个实体（但请注意，GDPR 是将处理者定义为“代表控制者”处理个人数据的实体）。鉴于对处理的定义极其宽泛，包括了对个人数据的收集和处置，因此，控制者完全不参与数据处理的情况极为罕见。

一个组织有可能既是一组个人数据的数据控制者，又是另一组个人数据的处理者。例如，一个提供处理服务的组织对其客户是一个数据处理者，但对其雇员有关的个人数据则是数据控制者。

## 欧盟以外的控制者和处理者

我们之前讨论了 GDPR 的属地范围，其中阐释了欧盟以外的控制者和处理者对该条例并不享有豁免权。任何向欧盟提供服务的组织都必须遵守该条例，否则将面临严厉处罚。[10]

为了确保处理个人数据的整个供应链在欧洲可问责，该条例要求所有这类组织要在欧盟指定一名代表。对于这一要求，有两项豁免条件：

（a）处理是偶然性的，且不包括对条例第 9（1）条所述的特殊类别数据或条例第 10 条所述与刑事定罪和罪行有关的个人数据的大规模处理，并且考虑到处理的性质、背景、范围和目的，该处理不大可能会影响自然人的权利和自由。

（b）组织属于一个公共机关或机构。[11]

必须注意的是，要对条件（a）豁免，组织的处理必须满足其中列及的所有条件。

任何不符合这些豁免条件的组织（换句话说，大多数组织）必须在

[9] GDPR，第 28（2）条。
[10] GDPR，第 3 条。
[11] GDPR，第 27（2）条。

欧盟内部指定一名代表。关于代表必须驻在哪个成员国的唯一规定是：该成员国应是“数据主体的所在地，以及其个人数据因提供商品或服务的需要而被处理的地方，或是其行为受到监测的地方”。[12] 因此，许多组织会有一系列的国家可供选择。

代表的职责是作为组织在当地与监管机构的联络人。监管机构往往无法直接与组织取得接触，因此许多互动将通过代表来进行。

由于在控制者或处理者未满足合规要求的情形下，代表可能被要求承担一定的责任。因此，确保其只代表那些真正承诺遵守法律的组织，才符合其自身的利益。然而设立一名代表，并不能免除控制者或处理者本身的责任。

如果你需要在欧盟派驻一名代表，你必须确保以书面形式通知代表所在成员国的有关监管机构。

## 处理记录

如果监管机构要求提供证据，组织必须保留记录，以证明其合规。涉及数据处理的组织通常在处理过程以及建立合规的过程中产生大量记录，例如公平处理声明、数据留存政策、同意的证明、DPIA 报告等，所有这些都能作为合规证据使用。很多情况下，你可能还需要不同记录的组合来证明你的合规性。例如，一份处理政策只是单个记录，而证明其被正确实施的证据，将形成额外记录，监管机构在审计时可以要求提取其中任何的记录。

欧洲各地的监管机构已经制定了对组织做审计的有关程序，很多时候这些程序被公布出来，以确保审计能够快速完成，并将干扰降到最低。

你可以认为，你为保护个人数据而采取的任何措施，包括明确规定的措施，以及你出于良好实践的动机而采取的措施，都应该被记录下来以做呈现。这还包括你的隐私合规框架（详见本书第四章）、风险评估和控制措施等文档。你具体须提交给监管机构的记录可能包括以下类别：

- 数据保护或信息安全政策；
- 留存和处置政策；
- 销毁信息资产（包括个人数据）的记录；

[12] GDPR，第 27（3）条。

· 与供应商/处理者签订的服务级别协议（Service Level Agreement，SLA）和保密协议，包括证明向第三国传输合法性的任何证据；

· 公平处理声明及/或隐私政策；

· 风险管理文档［风险处置计划（Risk Treatment Plans，RTP）、适用性陈述、DPIA 报告等］；

· 风险管理控制措施的监测和评估；

· 培训及意识培养的记录（参与的记录、考试的成绩等）；

· 内部审计报告；

· 有关持续改善的日志，以及事故管理的政策、程序及日志。

该条例还要求许多数据控制者和处理者保存其处理活动的具体记录。对控制者来说，这包括由第三方数据处理者所做的处理；对处理者来说，它应该是其代表数据控制者所进行的处理活动的记录。如果你的组织设在欧盟以外，你的代表也必须有一份同样的记录副本。[13]

雇员少于 250 人的组织无须保留其处理活动的明确记录，但如果处理可能对数据主体的权利和自由构成风险，或处理并非偶然，或处理涉及特殊类别的数据或与刑事定罪和罪行有关的数据，则组织不能主张对记录责任的豁免。[14]

对数据控制者和数据处理者在记录方面有着不同的要求，见表 1。[15]

**表 1 对数据控制者与数据处理者的不同记录要求**

| 数据控制者的记录 | 数据处理者的记录 |
|---|---|
| 控制者、联合控制者和/或控制者代表及数据保护官（DPO）的名字和联系方式 | 处理者、处理者所代表的每个控制者、控制者或处理者的代表和 DPO 的名字和联系方式 |
| 处理的目的 | 代表每个控制者所做处理的类别 |
| 对数据主体类别及个人数据类别的描述 | 向第三国或国际组织传输个人数据的详细情况，包括对他们的身份以及保障措施的说明 |

[13] GDPR，第 30 条。
[14] GDPR，第 30（5）条。
[15] GDPR，第 30（1）条和第 30（2）条。

续表

| 数据披露对象的类别，包括欧盟以外的接收者 | 对技术性及组织性的安全措施的概要描述 |
| --- | --- |
| 向第三国或国际组织传输个人数据的详细情况，包括对他们身份以及保障措施的说明 | |
| 删除不同类别个人数据的时限 | |
| 对技术性及组织性的安全措施的概要描述 | |



记录必须是书面的，并且以可与监管机构共享的格式保存。由于GDPR特别允许以“电子形式”保存记录，因此确保记录不断更新并受严格的版本控制应该是一件相对容易的事。

## 证明合规

尽管记录可以就你所声称的处理活动合规向你的监管机构提供证明，但记录并不表明这些活动实际上就是依法进行的。如果不接受审计，就无法提供更确凿的证据来证明你是否合规，而且由于时间和资源的限制，监管机构不太可能对每个组织都开展定期审计。

然而，组织可以通过“遵守经核准的行为守则或经核准的认证机制”来部分地证明其合规。这些行为守则和认证机制可以由GDPR所规定的有关当局（成员国、监管机构、欧洲数据保护委员会或欧盟委员会）来挑选、制定或“推荐”，以便提供一个标准化的正式的体系来确保个人数据的安全。

GDPR还允许“代表各类控制者或处理者的协会和其他机构，针对如何具体贯彻条例，拟定、修改或扩充此类守则”。这意味着行业机构可以通过共同努力，确保其行为守则反映该行业的商业现实。这将使业界能够更普遍地坚持最佳实践，全面提高其业务标准。

因为行为守则可以由控制者和处理者所在的协会制定，所以你完全有可能对适用于你组织的行为守则有一定发言权。所有的行为守则仍须得到监管机构的批准，所以它并不是用于逃避条例规定的空头支票。此外，监管机构还将负责监督这些行为守则的实际效力，因此，无论选择何种模式，都必须经得起持续的审查。

建立在最佳实践基础之上，并经外部审计验证了的标准和既定框架，很可能会被大多数欧盟成员国接受，成为各种形式的认证或行为守则。譬如 ISO 27001 标准，可被认为是在大多数司法管辖区内保证信息安全的一种可靠选择。如果暂时还没有制定经核准的行为守则，也没有正式认可的认证机制来证明 GDPR 合规，那么 ISO 27001、ISO 27701 和类似的框架及管理制度，可以为合规提供一个不错的起点。

# 第二章　六项数据处理原则

GDPR 规定，违反“处理的基本原则，包括同意的条件”可处最高行政罚款 2000 万欧元或全球年营业额的 4%，并以数额较大者为准。假如这里的任何一条真能引起那些需要理解它的人的注意，那么这一力度的潜在罚款就很可能起到作用。

GDPR 为指导组织如何管理个人数据提供了一套数据处理原则。这些原则可以看作是对合规最重要职责的概述，任何人在查阅该条例时，都应在解读其他要求时牢记这些原则。

首要的六项数据处理原则见载于 GDPR 第 5 条，具体如下：

1. 合法、公平和透明；
2. 目的限制；
3. 数据最小化；
4. 准确；
5. 存储限制；
6. 完整和保密。

尽管这些原则源于此前 DPD 中的提炼，但 GDPR 指出：“DPD 中的目标和原则尽管有效，但其未能避免欧盟各国此前在落实数据保护方面各自为政、律令不定的事实，公众普遍认为对自然人的保护存在重大风险，尤其是在网上活动方面。”[16] 因此，在确保遵守上述原则时，组织应首要关注两个问题：

1. 理解 GDPR 中各项原则的作用域。
2. 确保了解并理解新原则与此前原则之间的区别。

[16] GDPR，鉴于条款第 9 条。

尽管 GDPR 已经生效了一段时间，但组织往往认为它的有关原则与先前的原则大同小异。而其他一些人可能会认为，他们没有被监管机构调查就证明他们所行恰当。无论你有多确信你遵循了相关原则，在某次数据泄露暴露出你事实上并没有遵循这些原则之前，你绝对应对此再做确认。

首先，组织需要认识到，GDPR 的适用范围不等同于 DPD。GDPR 的适用范围更广，且不同于依据 DPD 所制定法律的适用范围。（GDPR 的适用范围以及它与隐私合规框架的关系，请参阅本书第四章）

其次，组织需要注意及时更新其合规方案。很多时候，更新了合规方案却没带来什么变化；人们或已形成习惯，认为目前的做法仍然“足够好”，而宣读条例的人也可能会陷入“重复性疲劳”而对有些要点视而不见。

## 原则 1：公平、透明和合法

该原则的三个构成要素有明确的关联：必须告知数据主体将做什么处理（透明），处理必须与描述一致（公平），处理必须出于条例所规定的目的（合法）。数据主体还应“被告知处理操作的存在”。[17]

### 公平

根据现行做法，“公平”原则要求控制者：

· 自己的身份是公开和诚实的；

· 从被合法授权或依法需要提供资料的人士那里获取数据；

· 数据处理方式要符合数据主体的合理预期；

· 使用数据的方式不能对数据主体产生负面的影响。

### 透明

“透明”原则要求数据控制者清楚、公开地告诉人们他们打算如何使用已经收集的任何个人数据（除非其意图很明显）。公平与透明常被联系在一起，最明显的一处是有关“公平和透明处理原则要求数据主体了解处理操作的存在及其目的”[18] 的声明。例如，当你在网上购物时，你的名字和地址很明显会被用于完成购买。然而，在没有事先通知数据

[17] GDPR，鉴于条款第 60 条。
[18] GDPR，鉴于条款第 60 条。

主体的情况下，将这些信息传递给提供相关产品或服务的姊妹公司则是不合理的。

**合法**

第一项原则的最后一个要素“合法”针对的是满足 GDPR 第 6 条中有关规定的处理。由于其判断相对复杂，关于处理数据的法律依据，大多数组织可能需要具体的法律意见。请记住，根据定义，如果没有合法依据，处理即非法。

只有在以下至少一项条件适用的情况下，处理才是合法的。

（a）数据主体同意基于一个或多个特定目的来处理其个人数据。

（b）处理对于数据主体为缔约方的合同履行来说是必要的，或者处理是在订立合同之前应数据主体的请求所为。

（c）处理对于履行控制者所承担的法律义务是必要的。

（d）处理对于保护数据主体或另一自然人的重大利益是必要的。

（e）处理对于因公共利益或官方授权控制者所执行的任务来说是必要的。

（f）处理对于控制者或第三方追求其合法利益是必要的。但数据主体的利益、基本权利和自由优先于上述实体利益的除外，尤其是当数据主体为儿童时。

上述第（f）点不适用于公共当局在执行其任务时进行的处理。

需要注意的是，只要符合上述条件中的一个，处理就是合法的。GDPR 明确提到，合法性“并不要求议会单独立法”，但“相关的法律依据或法律措施应当清晰、准确，使其对于关系人的适用性是可预见的”。[19] 出于公共利益或由公共当局所做的个人数据处理，必须确保有“一个源自欧盟或成员国法律的依据”。[20]

第（a）点——数据主体同意基于一个或多个特定目的来处理其个人数据——这意味着在不清楚这些目的，或目的含混（如“为履行合同或遵守法规”）的情况下，就不能视作数据主体同意。这与 GDPR 鉴于条款第 50 条中的陈述一致：

[19] GDPR，鉴于条款第 41 条。
[20] GDPR，鉴于条款第 45 条。

如果处理目的与最初收集个人数据时的目的不同，只有其处理目的与最初收集时的目的兼容时，处理才被允许。在此情况下无需再另行提供除允许收集个人数据的法律依据之外的其他依据。

在第六章中，我们将用一定的篇幅来讨论与同意有关的实际问题。简言之，同意不必是处理合法基础的首选项。

虽然过去对同意给予了很大的关注，但它通常并不是处理个人数据的最佳法律依据；关注的重点在于同意所涉及的复杂度，以及数据主体对在其同意基础上所收集的个人数据所能享有的更多权利。

同意的检验标准相对较高。同意必须满足：

自由给予、有针对性、知情且毫不含糊地表明数据主体的意愿，通过一份声明或一个确认性行为，表示其同意处理与其有关的个人数据。[21]

如果数据主体没有真正意义上的或可自由做出的选择，或其无法在不受损的情况下拒绝或撤回同意，则不应视同意为自由给予。[22]

如果不允许对不同的个人数据处理操作分别单独给予同意，则同意不能被推定为自由给予。[23]

这些检验意味着，雇主在处理与其雇员有关的大多数个人数据时，不大可能依赖于同意。任何这类同意都将无效，而基于此的处理也将不合法。

同意还伴随着可撤回同意、进行更正和做数据携取的权利。因此，在某些情况下，组织可能会希望找到其他合法的处理依据，而这些依据来自 GDPR 中第 6 条所提供的其他选项。

各组织应使用隐私的声明、条款及条件来提供有关的背景和“透明性”，前提是这些内容清晰且易于获取。GDPR 中明确指出，“透明原则要求向公众或数据主体提供的任何资料必须简明扼要、易于取得且易于理解，并使用清晰易懂的语言，以及在适当情况下使用可视化的表达方式”。[24] 仅仅一个包含有关详细条款和条件的链接可能是不够的。

对于在未经数据主体同意的情况下是否可以处理个人数据，GDPR

[21] GDPR，第 4（11）条。
[22] GDPR，鉴于条款第 42 条。
[23] GDPR，鉴于条款第 43 条。
[24] GDPR，鉴于条款第 58 条。

第6条第4款规定了附加的要求。在保证公平原则的条件下，在透明（数据主体对处理过程的了解）和合法（为正当目的提供豁免）两项原则之间取得平衡。

如果在有关的具体处理上未获得同意，组织必须就其他条件做出阐述以确认其处理的公平性和透明度。这些条件包括但不限于以下内容：[25]

（a）收集个人数据的目的与拟做进一步处理的目的之间是否存在关联；

（b）收集个人数据的有关背景，特别是数据主体与控制者之间的关系；

（c）涉及个人数据的性质，特别是根据第9条判断处理的是不是特殊类别的个人数据，或根据第10条判断处理的是不是与刑事定罪和犯罪有关的个人数据；

（d）拟做的进一步处理对数据主体可能造成的后果；

（e）是否有适当的保障措施，包括加密或假名化等。

尽管这些保障措施可能会使处理工作变得更加繁重、昂贵或困难，但你应始终考虑个人数据所需的最低安全水平。关于这一问题的决定应基于风险评估和DPIA，这些将在本书的后续部分再讨论。

机构在处理未经同意的数据时还应考虑其他因素，包括所涉及的个人数据种类、未能获得同意的具体原因等，以判断数据的处理是否公平。例如，当税务机关收集个人数据用以评估纳税义务时，此类个人数据的使用可能会有损数据主体的利益，但这并非不公平。

在此判例中，个人数据很可能是在未经当事人同意或当事人不知情的情况下获得的。然而出于完全合理的国家税收和超速罚款的理由，该处理是完全公平和合法的。

在特定或特殊情况下，例如当国家安全或保护其他数据主体与该处理有关时，未经同意的个人数据处理也是允许的。[26]

要证明其处理个人数据的合法、公平和透明，对许多组织来说并非易事。不过，你首先要考虑的应该是在数据主体表示同意时，你是否清

[25] GDPR，第6（4）条。
[26] GDPR，第23（1）条。

楚记录了你如何描述你的处理。假设你完全按照你所说的去做——并且能够证明这一点——而且你没有违反 GDPR 或其他法律的任何规定，你就有理由相信你的处理是合法、公平和透明的。

监管机构可能会提供有关的清单，说明他们需要你提供哪些证明你合规的证据，但你不应仅限于此，你有义务保留各种必要的记录和证据。

## 原则 2： 目的限制

GDPR 指出，只能基于“具体、明确及合法的目的”[27] 收集个人数据。也就是说，为遵守目的限制原则，你必须预先定义数据将用于什么目的，并将处理限制在满足这一目的所必需的范围内。

关于隐私的声明、条款和条件以及同意书，应该向数据主体提供明确的信息，说明处理涉及的范围。这些公开声明应反映在实际处理以及对处理所做的文档中。

举例来说，许多超市收集个人信息，以便有针对性地向顾客提供符合他们日常消费习惯的优惠。然而，当这些超市随后将这些数据交与另一家做旅游代理的姊妹公司时，将会违反这一原则，因为这已经超出了收集数据时的目的范围。

GDPR 确实允许对“出于公共利益、科学或历史研究或统计目的而做的存档”[28] 做某些进一步的处理。处理这类数据的保障措施见于 GDPR 的第 89 条，你需要研究其中的技术及组织措施的选项来实现合规。举例来说，假名化和加密以及根据角色和特定流程的要求限制对这些信息的访问都属于有效的措施。

## 原则 3：数据最小化

GDPR 指出，你所收集或处理的个人数据应限定在“够用、相关且为处理目的所需”。[29] 这意味着你不应再持有超过该要求的更多数据。毕竟，你很难弄丢你所没有的数据。

一些组织比其他组织更容易持有过多的信息，尤其是那些在医疗行业或金融服务部门的组织。欧洲数据保护委员会（EDPB）提供了这样

[27] GDPR，第 5（1）（b）条。
[28] GDPR，第 5（1）（b）条。
[29] GDPR，第 5（1）（c）条。

一个例子[30]：

一家书店想通过线上售书来增加收入。书店老板想为订购流程建立一个标准化的表单。为了防止客户没有填写所有必要的信息，书店老板采用了标准的联系表单并将表单中的所有字段都设置为必填字段（如果你没有填写所有字段，则无法下订单）。而其所在的电商平台初始所提供的标准的联系表单会记录客户的出生日期、电话号码和家庭住址。然而，并非表单中的所有字段都是购买和交付图书所必需的。购买这类商品并不需要数据主体的出生日期和电话号码，这意味着这些字段不能设为订购商品的在线表单的必填字段。

在这种情况下，处理的目的是通过网站交付订购的书。而出生日期和电话号码与交付无必然联系，收集这些信息并非必要。根据数据最小化原则，就不应该收集或处理这些信息。

通过绘制数据地图（本书第九章将对此进行讨论）和检视有关程序可以促进对该数据保护原则的遵守。确认数据如何被使用，对于最小化你收集和处理的数据至关重要，并且它应该作为隐私预设（privacy-by design）方法的一部分，融入你组织的工作方式中。[31]

在与供应商和数据处理者的协议中也应考虑到数据最小化。这可能包括在将信息传输给外部处理前删除某些数据，然后在处理者返回处理结果时再重新附加这些数据。你应确保数据最小化在供应商协议中有所考虑，并在采购和供应的流程中引入约束性企业规则（BCRs）。

## 原则 4：准确

条例要求个人数据“准确，且必要时保持最新”。[32] 对于任何企业来说，这不仅是一种好的做法，还保护了数据主体免受诸如身份盗窃之类的威胁。此外，同时它还确保对数据主体所做的任何自动分析及决定使用的都是准确的数据。

GDPR 目标明确地规定了何时、如何及在何种条件下可以针对数据主体做特征分析。[33] 如果你的组织依赖于任何形式的特征分析，尤其是



[30] EDPB,《基于设计和默认的数据保护——关于第 25 条的 2019/4 号指引》, 2019 年 11 月。
[31] GDPR，第 25 条
[32] GDPR，第 5（1）（d）条。
[33] 条例的鉴于条款第 71 条清楚地说明：“数据主体应有权不接受一项可能完全基于自动处

对数据主体有重大影响的特征分析，你需要确保你有适当的程序来保障所有个人数据的准确和及时更新。

由此原则可推及的是数据主体的更正权，其赋予了数据主体“更正不准确的个人数据”和“使其个人数据完整”[34]的权利。你不仅要确保个人数据准确无误，还应确保你有一个程序可以让数据主体发起请求，以更正或补全其个人数据。你所采用的用以让数据主体访问其数据的任何方法，都可以与其联系起来（本书第七章将更全面地介绍这一点）。

确保个人数据的准确，应纳入你的日程中。例如，在每月对冗余数据进行归档的过程中,你可以采用包括识别过时或不准确的数据等步骤，自动向数据主体发送请求，以便其提供准确的信息。或者可以更简单地通过定期向数据主体发送电子邮件，请求他们登录，以检查和更新其信息。而对于某些其他类别的个人信息或与数据主体有不同关系的组织来说，可能需要不同的解决方案，其潜在的复杂程度可能更高。

某些形式的不准确并不需要纠正。例如,某客户向某组织下了订单，且该订单已完成，那么维护一个该客户地址的准确记录可能并非必要，除非该客户还会下单。在这种情况下，订单流程则应确保该地址的准确性。

某些其他形式的不准确，甚至还可能有进行保留的价值。例如：

即使在诊断被纠正之后，对疾病的误诊仍然将作为病人医疗记录的一部分，因为它对于向病人解释其治疗方案，或对于其他健康问题仍有用。

在这种情况下，最初的错误会被纠正（用正确的诊断代替误诊），但是误诊的记录会被保留，因为它是有利于数据主体的信息。

### 原则 5：存储限制

GDPR 要求个人数据必须“以某种特定的方式保存，以确保数据只能在实现处理目的所需的时限内识别数据主体”。[35] 其中“以某种特定方式”不是指存储它的媒介（尽管这可能是一个因素），而是指存储它

理来评估其个人有关方面，并对其产生法律效力且产生重大影响的决定，例如自动拒绝在线信贷申请，或在没有任何人为干预的情况下进行在线招聘。”

[34] GDPR，第 16 条。

[35] GDPR，第 5（1）（e）条。

的方式，例如，它是否被加密或拆分到单独的数据库，以防止识别数据主体。

换言之，如果你不再需要这些数据，就应把它们删除。你应当为所有的数据收集定义一个用途，因此，确定何时不再需要这些数据应该很简单。然而，有些机构可能需要保留个人数据用作长期用途，例如在医疗保健方面，需要间歇性地处理，在这种情况下，可能无法立即删除数据。

假名化——将个人数据分割成不能被单独识别为数据主体的数据集——是安全存储个人数据的一种解决方案，但它同时也带来了可用性的问题。如果这些个人数据必须定期处理，那么花在逆转假名上的时间可能会很多，有可能带来较差的投入产出比。

在可能的情况下，最好是在处理完毕后立即删除或销毁所有个人数据，这样可以省去执行额外的措施。

限制存储的方法应该体现在数据留存政策和相关的支持程序中。这就必须把关于留存期限的法律及合同要求——包括最短和最长的期限计算在内，然后启动一个程序，确保数据在这一期限结束时可以被安全地处置或保护。

许多组织有大量旧的个人记录。除非有继续处理这些数据的合法依据，否则组织应尽快安排对这些数据的删除（并确保能够安全地执行）。请记住，数据的存储和归档属于处理的定义范围，因此，任何数据主体的查阅请求（Data Subject Access Request，DSAR）都可以合法地要求得到其被存储、归档或备份的数据的拷贝。你可以向你的监管机构寻求指导，有哪些方法可以证明归档数据已实际上不再被处理。

### 原则 6：完整与保密

从财务角度来说，这项原则或许是最重要的。虽然违反其他数据保护原则可能会对数据主体造成损害，但其影响通常是有限的。然而，违反这一原则往往会导致数据泄露，这使得监管机构很容易证明你的数据没有得到安全的保管——发生数据泄露的事实本身就是有力的证据。

最后，这项原则要求各组织在处理个人数据时“要确保个人数据的适当安全，包括防止未经授权或非法的处理，以及防止意外的遗失、破坏或损毁”。[36]

用信息安全的术语来说，保密性是“信息不向未经授权的个人、实体或程序提供或披露的属性”。[37]

这意味着个人数据即使在组织内部也必须被列为机密，因为组织中的每一个人都需要接触个人数据的可能性极小。在很多情况下，不太会有随便谁都来查阅个人数据的需求。

完整性是有关“准确和完备的属性”。[38] 显然它与第四个原则（准确性）相关联，且有同样的理由支撑其必要性：数据主体不应因不准确的数据而受危害。该原则也包括确保个人数据被正确地关联，例如确保有关数据主体的地址正确，并确保数据不随时间或因不良的储存，而受到损坏。

所幸的是，满足完整和保密的要求其实非常简单。如果你遵从本书的建议，你会实施一个信息安全解决方案，例如一个基于 ISO 27001 的信息安全管理系统，以确保组织信息资产的保密、完整和可用。

这些程序和框架，将与任何必要的 DPIA 或风险评估活动（详见本书第二部分）天然地联系在一起，以识别个人数据和其他敏感信息的关键风险。

## 问责与合规

GDPR 中第 5 条第 2 款虽然简短，但极为重要：

控制者应对遵守第 1 款中的规定负责，并能做出证明（“可问责性”）。

这是第七项原则，它主张数据控制者应负责确保遵守前述的六项数据处理原则，并能够对其遵守做出证明。因此，数据控制者需要确保数据处理的原则在个人数据所及之处都得到遵守：外部的处理者和内部的组织 / 部门都必须遵照合同和约束性企业规则，以遵守数据处理原则。应在服务协议中纳入额外的程序，以证明在个人数据处理的每个阶段都遵守了这些原则。

如果不能确保你的供应商满足这些原则的要求，他们可能会对你造成相当大的影响。因为 GDPR 是让控制者来承担满足这些要求的责任，

[36] GDPR，第 5（1）（f）条。
[37] ISO/IEC 27000:2018，第 3.10 条。
[38] ISO/IEC 27000:2018，第 3.36 条。

控制者肯定会首当其冲地受到执法行为、罚款和声誉损害的影响。

如果你是数据控制者，将问责制嵌入你的组织中可能会有一定困难：因为你在要求你的员工对供应商的行为负责。而建立一种信奉数据保护、以责任和担当作为企业价值观的企业文化，往往是成功者与失败者之间的关键区别。应该鼓励那些对公司与处理者之间的关系有主人翁意识或有心保护相关信息的员工，让保护个人数据成为他们的一种职业自豪感。

问责制文化须从上至下地灌输。如果高级经理和合规经理没有表现出同等的担当，员工就很容易失去责任感。培训和提升员工意识计划应确保所有员工了解他们在隐私和数据保护方面的各种职责。

GDPR 对“行为守则”（codes of conduct）做出了明确规定。预期在今后几年中，行业协会和代表机构将拟订行为守则，然后提交国家监管机构批准、登记和公布，如果处理活动是在全体成员国进行的，则由欧洲数据保护委员会（EDPB）提交。欧盟委员会可能随后会宣布一个或多个由 EDPB 推荐的、在欧盟内具有普遍效力的守则。这些得到批准的守则会涉及广泛的主题，而遵守这些守则，例如实施和遵守国家或国际层面的管理系统标准，将有助于控制者和处理者证明他们对 GDPR 义务的遵守。当然，这些守则的遵守情况将受到具有适当资格并获认可的机构的监督。当控制者和处理者被发现违反相关守则，他们将可能被禁止再宣称其遵守该守则，并向相关监管机构报告。

EDPB 建议的行为守则应该涵盖：[39]

·公平和透明处理；

·在特定情况下控制者所追求的合法利益；

·对个人数据的收集；

·个人数据的假名化；

·应向个人提供行使其个人权利的信息；

·应向儿童提供的信息和对儿童的保护（包括获得父母同意的有关机制）；

[39] http://ico.org.uk/for-organisations/guide-to-data-protection/guide-tothe-general-data-protection-regulation-gdpr/accountability-andgovernance/codes-of-conduct/.

· 技术性和组织性的措施，包括基于设计和默认的数据保护以及有关安全措施；

· 泄露通知；

· 向欧盟以外地区的数据传输；

· 解决争议的程序。

任何一个组织都可以采用自己的行为守则，然后在市场上出现更多正式的准则时对其进行调整和改进。行为守则是灌输问责制文化的一个坚实起点，是否采用行为守则取决于你业务的具体性质、第三方供应商和你所处的行业。不过采取一个整体性的方法，对于确保 GDPR 的六项数据处理原则在整个组织中的理解和实施来说是必要的。

当然，一个好的起点只是开始。在实践中，各组织应建立一整套政策和程序，以确保和证明其对 GDPR 和其他相关法律的合规。这可能包括有关治理、管理架构、角色和责任、风险管理、培训和员工意识、记录管理、物理和逻辑保障、数据共享协议、合规及保障计划等文档。换句话说，一个组织需要表明它有相关的记录，以证明它的言行一致。这些对于证明相关的原则及其关联行为已完全嵌入业务中来说是必要的。

# 第三章　数据主体权利

GDPR 规定了数据主体就其个人数据所享有的权利，正确行使这些权利可以让他们对其个人数据有更好的理解和更多的控制。GDPR 要求各组织保证其数据处理方法透明，以恢复个人对其个人数据的控制感。GDPR 规定了组织回应数据主体查阅请求的时限，并为数据主体引入了新的权利，如数据可携带权，以解决自 DPD 制定以来所出现的一些悬而未决的问题。

从组织的角度来看，关键问题是充分理解这些新的或扩展的权利，并确定为遵守 GDPR 需要引进或改变哪些系统和流程。

确保数据主体的权利得到保护尤为关键，因为数据主体有权向监管机构提出申诉[40]，并就控制者和处理者违反 GDPR 而给其造成的损害（包括物质损害和非物质损害）提请司法救济[41]。换句话说，控制者对于违反该条例的处理所造成的损害负有直接责任。对给到处理者的任何个人数据，控制者应对其安全负责，无论该处理者是在欧盟内部还是不在欧盟内部。

## 公平处理

在向数据主体告知将要进行的处理并使其意识到其自身的权利方面，GDPR 第 12 条描述了控制者必须做的一些事情。

有关个人数据处理和数据主体的权利（以及如何行使这些权利）的信息通常会放在一份被称为隐私声明的文档中[42]。在收集数据时，必须

[40]　GDPR，第 77 条。
[41]　GDPR，第 79 条。
[42]　注意，GDPR 并不要求在隐私声明中提供此信息。如果其他方法给数据主体提供相同的信息，并且这种方法满足第 12~14 条的所有要求，那么其是完全可以接受的。

向数据主体提供隐私声明；如果数据并非直接从数据主体处收集，则必须在首次使用数据前且通常在数据收集后的 30 天内向数据主体提供隐私声明。

GDPR 第 13 条和第 14 条规定了对此类隐私声明内容的最低要求，其中第 13 条针对直接从数据主体处收集的数据，第 14 条针对从其他地方而非从数据主体那里所收集的个人数据。发布更新的、兼容 GDPR 要求的隐私声明应被视为最基本的 GDPR 合规实践之一。

数据主体有权知道他们的哪些个人数据正在被处理、处理的合法依据、他们的个人数据正在由控制者还是由第三方处理者处理、处理数据的目的以及控制者将储存多长时间，并获得有关该处理的补充资料。

GDPR 中指出，这些信息必须“以简洁、透明、明白易懂且易于获取的形式，使用清楚直白的语言（尤其是针对儿童提供任何信息时）”[43] 提供给数据主体。这一声明在 DPD 仅要求这类信息“以可理解的形式”提供的定调上做了进一步扩展。[44] 各组织需要确认它们的做法是否符合这些有关透明度的要求。

数据主体还应被告知，如果他们认为对其个人信息的处理违反了 GDPR，他们有权根据条例的第 77 条向监管机构提出投诉。

如果个人数据被传输到欧盟以外的一个第三国或一个“国际组织”（受国际法管辖或基于两个或两个以上国家之间的协定所成立的任何组织[45]），GDPR 规定，数据主体有权被告知与这一传输有关的现行保障措施。

此外，还应告知数据主体他们有权要求控制者纠正、删除他们的信息，或对处理做出限制。

## 查阅权

GDPR 规定，控制者必须让数据主体取得以下资料：其个人数据的副本、处理其数据的目的、正在处理的数据类别，以及将接收其数据的第三方或第三方的类别。[46] 与此对应的是数据主体的查阅请求（DSAR）。各组织应建立经过了反复检验的程序，以识别此类请求并对其做出回应。

[43] GDPR，第 12（1）条。
[44] GDPR，第 12（a）条。
[45] GDPR，第 4（26）条。
[46] GDPR，第 15（1）条。

如果回应不充分，最终可能会引发向监管机构的投诉或法院诉讼，或者两者兼而有之。

GDPR 要求数据控制者对于数据主体的请求“不得无故拖延，且无论在什么情况下都应在收到请求后的一个月内”[47] 做出响应。对某些组织来说，明确的一个月的期限可能有点紧迫，特别是当有大量要求同时被提出，或出于使回应清晰易懂和确认数据主体身份的需要须对信息做复杂的后期处理的情况。因此，GDPR 允许在必要时，将这一期限再延长两个月，但控制者必须在原来的一个月的期限内将任何的延宕告知数据主体，并解释其原因。

如果信息是以电子方式获得的，则必须能以电子方式来提供。有关信息也可以以其他格式来提供，但这通常应得到数据主体的同意，并且控制者必须首先确认提出请求的数据主体的身份。[48] 这些要求可能会给那些使用特殊格式存储数据或只保存纸质记录的组织带来更多成本。

根据 GDPR，回应数据主体查阅请求所涉及的个人数据，必须免费提供。与 DPD 相比，这是一个显著的变化。

并非所有的个人数据都有此保障，如果个人提出“没有根据或过分的”请求，控制者有权拒绝对该信息的请求或收取“合理费用”以支付由此产生的开支。[49] 而控制者也应在收到有关请求后的至少一个月内，告知数据主体其未就此作出响应的理由。

不过，由于 GDPR 并未明确解释这里的有关术语，因此组织须自己来证明有关的请求是“没有根据的或过分的”以及其希望收取的费用是“合理”的。若非如此，组织将可能被判定为妨碍数据主体的权利和自由，可处以最高行政罚款。[50] 既然有可能出现大量无意义的信息请求，组织就必须评估发生这种情况的风险，并采取适当的保障措施来管理此类事件。

GDPR 扩展了这一权利的范围，让数据主体可以获得更多的信息，包括数据的留存期限，而如果不能确定该期限，则应提供用于确定留存期限的标准。



[47] GDPR，第 12（3）条。
[48] GDPR，鉴于条款第 59 条，第 12（1）条。
[49] GDPR，第 12（5）条。
[50] GDPR，第 83（5）条。

## 更正权

数据主体有权更正其被持有的个人数据中任何不准确之处。GDPR第16条规定“数据主体有权要求控制者对其不准确的个人数据做出更正，并不得无故拖延”。[51] 不准确的数据包括不完整的数据，因此数据主体也可以要求控制者补全任何有欠缺的数据，而这通过向控制者提供一个补充声明就可以做到。

由于该项权利与查阅权密切相关，因此把用于支持这两项权利的有关程序关联起来是明智的。例如，如果你的客户在线查阅他们的个人数据，你可以使用同一个网页界面来让他们编辑其个人数据。

## 被遗忘权

根据GDPR第17条，如果数据主体撤回同意，或处理的基本合法性存在问题，他们可以要求删除其信息。

这一规定对于收集历时较长或以不同格式收集的数据来说较为棘手。因此，建立一个流程审查你现有的处理活动，以确保必要时可以永久删除所有此类数据将非常关键。如本书第九章所述，绘制数据地图，对于确保你能够识别出需要删除的数据的所有位置至关重要。

必须指出，这不是一项绝对的权利。只有在若干特定情况下才能行使删除的权利[52]：

1. 当个人数据不再为收集或处理它们的用途所需要时；

2. 数据主体对处理撤回了同意，并且没有其他合法理由再进行处理时；

3. 如果数据主体基于其合法权益对处理提出反对，且控制者无任何优先于其利益诉求的处理法律依据时；

4. 根据控制者对欧盟或其成员国的法律义务，控制者必须删除数据时；

5. 收集的数据是用于“信息社会服务”[53] 时；

6. 当数据被非法处理而违反条例时。

[51] GDPR，第16条。

[52] GDPR，第17（1）条。

[53] 欧盟的《信息社会指令》（第2001/29/EC号指令）将信息社会服务定义为“一般通过电子手段，并应服务接受者个人要求，所提供的远距离报偿性服务”。换句话说，其大多数服务都是通过互联网提供的。

虽然删除的条件看似相对简单，但是要彻底删除个人数据则要复杂得多，尤其是在网络世界。如果控制者将个人数据公开或者将数据传输给其他处理者，必须将删除请求告知这些处理者。任何了解互联网的人都会意识到，从每个网页、新闻文章、搜索结果页面或数据库中删除所有关于某个人的引用可能是一项不可能完成的任务。

处理删除请求的复杂性在GDPR第17条中有所体现，在该条中规定，控制者有义务“从可行的技术和实施的成本出发，采取合理的步骤，包括各种技术措施，通知正在处理该个人数据的其他控制者：数据主体已请求此类控制者删除有关其个人数据的任何链接、拷贝或复制”[54]。

采取上述“合理步骤”的义务，将使删除请求对于大多数组织更容易实现，并将强化数据主体在数字环境中的权利。

此外，根据GDPR，如持有或处理个人数据确有必要，对删除请求的响应，组织并不必然有义务履行。例如：

1. 为了保护言论和信息自由的权利；
2. 为遵从欧盟或其成员国的法律义务；
3. 为更广泛的公众利益，或为行使官方权力而执行的任务；
4. 基于公共卫生的理由；
5. 为归档、科学或历史研究，或统计用途；
6. 为提出、行使或维护法律主张。[55]

当然，监管机构有可能认为你拒绝删除数据的具体依据不符合这些标准，因此可能有必要就豁免的细节问题与监管机构进行联系。

### 限制处理权

在某些情况下，数据主体有权阻止控制者对其数据进行特定处理。这项权利意味着，虽然组织可以储存个人数据，但不能对其做进一步处理，除非个人同意解除限制或进一步的处理是对提出法律主张、保障他人的权利或广大公众的利益所必要的。

个人有权在下列情况下限制对其数据的处理：

1. 他们对其个人数据的准确性质疑，因此限制其处理，直到控制

[54] GDPR，第17（2）条。
[55] GDPR，第17（3）条。

者能够证实其准确性；

2. 对该数据的处理属于非法，但数据主体不希望其数据被删除，而是要求对其使用做出限制；

3. 对于控制者的处理目的来说不再需要此个人数据，但数据主体要求保留该数据以用于提出、行使和维护其法律主张（这一情况可能要求从事某些行业的控制者保留以往客户的记录）；

4. 个人依据其反对权，反对对其数据进行处理。在控制者寻求继续处理的合法理由时可使用该限制。[56]

响应限制请求的内部流程，需要包含一步对请求理由与限制所依据标准的比较，以及一个正式的批准流程，以确保做出恰当的决定并执行。

组织可能需要考虑须做出哪些改变，以解决这一权利给组织带来的管理问题。例如，一个组织可能必须将受此影响的数据从标准的数据处理系统中隔离出来，而这可能需要额外的功能和存储资源。

如果数据已向任何第三方披露，则必须尽可能通知这些第三方接收者，限制其做进一步的处理。

有关的限制，并没有被明确要求必须是永久性的，所以你应该确保你用来暂停个人数据处理的任何机制都是可逆的。

## 数据携带权

根据数据携带权，数据主体可以要求用电子格式提供其个人数据。这项权利的目的是改善信息的可获得性，GDPR 对此做了如下规定：

> 数据主体应有权以结构化的、常用的和机器可读的格式接收此前提供给控制者的有关其个人的数据，并有权将这些数据传递给另一个控制者，而不受提供此个人数据的控制者的阻碍。[57]

数据携带权确保数据主体可以看到控制者所持有的特定数据，以及能够将该数据转移给另一个控制者。例如，如果数据主体打算换一家银行，他们将能够便捷地从原银行处提取新银行所需的各种相关信息。

这项权利只适用于原始处理是基于数据主体的同意或是为履行其参与的合同所需要，以及自动化处理的情况。它也只适用于数据主体自己

[56] GDPR，第 18（1）条。
[57] GDPR，第 20（1）条。

提供给数据控制者的数据。[58] 这是一个应用相当窄的规范，所以组织不应贸然使用自动化系统去挖掘那些还未处理过的数据。

提出要在控制者间传输数据，这在欧洲的许多地方很常见，现在有更多的组织需要这样做。虽然该项权利可能不涉及某些业务，但它对另外的一些业务来说则会带来负担。当然，这一权利也提供了一个从竞争对手那里吸引客户的机会，比如通过消除重新建立一个新账户的既有困难。

GDPR 没有就传输数据的格式给出具体指导，但数据主体和监管机构可能更会接受诸如 CSV 这类通用的、易于读取的格式。

如果传输的数据涉及一个以上的个人，则该传输不得“对他人的权利和自由产生不利影响”。[59] 解决这一问题可能需要你重新评估数据应如何存储，以便可以将不同的数据主体分开。这可能涉及应用某种匿名化手段，或者在某些情况下，确定是否有可能在不损害其他数据主体的权利和自由的条件下，提供这些数据。

## 反对权

根据 GDPR，数据主体可以对处理其个人数据提出反对。当出现这种情况时，必须暂停处理活动，或由控制者来证明其“处理的法律依据较之数据主体的利益、权利和自由优先，或其处理是为了提出、行使或维护有关的法律主张”。[60]

个人可以对特定类别的数据处理提出反对，包括用于直接营销、基于合法利益或更广大的公共利益的，以及为研究或统计目的所进行的处理。但其中只有对直接营销提出反对的权利是绝对的，因此，基于直接营销目的来处理数据的组织，应该开发一种简便的方法，以支持从正在处理的数据集中剔除单个人的个人数据。[61]

组织还有义务告知数据主体其反对的权利。在控制者首次与数据主体沟通时，该提示必须“清楚，并与其他信息分开展示”[62]。对于在线服务，必须有一个自动化的方式让个人行使其反对权。

[58] 第 29 条工作组在这方面提供了指导，指出它适用于数据主体知晓且主动向控制者提供的信息，以及可能从数据主体的活动中产生的数据（https://ec.europa.eu/newsroom/article29/itemdetail.cfm?item_id=611233）.
[59] GDPR，第 20（4）条。
[60] GDPR，第 21（1）条。
[61] GDPR，第 21（2）条与第 21（3）条。
[62] GDPR，第 21（4）条。

GDPR 规定控制者有义务证明其数据处理的必要性，要确保在（与数据主体）首次接触时就做到清楚的和单独的沟通，并提供一种自动化方法来支持对在线服务中的处理做出反对。你应通过审计你的数据保护声明及政策来确保个人知晓其反对权，以履行该项义务。你还应当设立有关流程，以便你能响应数据主体的请求。如果你不能找到可快速有效地终止处理某人数据的方法，你便很难做到合规。

## 与自动决策有关的权利

数据主体有权“不受仅基于自动化处理［包括那些会对（他们）产生法律效力或类似重大影响的特征分析］所做决定的影响”。[63]

根据 GDPR，个人必须能够触发人为干预、表达其自身观点、获得对某个决定的解释，并有权对此决定提出质疑。

不过，如果有欧盟或其成员国某项法律的授权，就可以进行自动化处理。[64] 而该法律本身必须包含适当的措施来保障个人的权利和自由，并确保他们的合法权益。

开展自动化处理的其他理由可能是出于履行数据主体与控制者之间合同的需要，或者个人明确表示了同意。为了获得明确的同意，你需要确保数据主体非常清楚他们在同意什么：简单地在同意书中添加一个对特征分析的说明引用是不太可能通过任何法律检验的。欧盟第 29 条工作组（WP 29，现已被 EDPB 取代）[65] 指出：“控制者必须能够证明这种处理方式是必要的，同时考虑到是否可以采用一种对隐私侵犯较少的方法。”[66]

即使你基于合同或同意而对该权利享有豁免，你仍然需要确保你采取了“适当的措施来保障数据主体的权利和自由及其合法利益”。[67] 你应在有关的 DPIA 中对其进行评估，并将其作为你的隐私合规框架的关键部分。再次提醒，数据主体的权利一般放在所有其他考量之上，侵犯这些权利可能会导致最高的行政罚款。

[63] GDPR，第 22（1）条。
[64] GDPR，第 22（2）（b）条。
[65] 译者注：这里的第 29 条工作组是指根据 1995 年《数据保护指令》第 29 条所成立的工作组（the WP29——The Article 29 Data Protection Working Party）
[66] 第 29 条工作组，《2016/679 条例下关于自动化的个体决策和特征分析的指引》，2018 年 8 月。
[67] GDPR，第 22（3）条。

# 第二部分 建立合规

## 第四章 隐私合规框架



虽然理解 GDPR 的基础知识是一个好的开始，但合规项目一开始的几个步骤仍然是最让人困惑的。你要从哪里开始？谁需要参与？如何确定并履行你的所有义务？如何证明你符合该条例的所有要求？

这类问题会分散你对项目核心需求的注意力，并让整个过程看起来无比艰巨。

对于大多数组织来说，一个更简单的做法或许是暂时不去管 GDPR 中那些具体的、详细的要求，而是从建立一个框架开始，以确保当下和未来数年的合规。GDPR 特别要求控制者应“基于对处理的性质、范围、背景和目的，以及自然人的权利和自由所受的不同可能性和严重性的风险等方面的考虑……采取适当的技术和组织措施，以确保并能够证明处理遵循条例进行。必要时还应审查和更新这些措施”。[68] 该条款实际上是说，组织应该建立一个合规框架来确保其采用了适当的技术和组织措施，以确保数据处理按 GDPR 合规的方式进行。

GDPR 还明确要求组织证明他们已将“基于设计与默认的数据保护”原则嵌入了他们的组织文化中。虽然要有一些必要的具体步骤来嵌入预设的数据保护，但其起点无疑是建立一个适当的合规框架，以确保数据

[68] GDPR，第 24（1）条。

保护处于组织行为的核心。

一个“合规框架”是一套结构化的指南和实践，把适用于一个组织的一般合规要求和满足这些要求所必需的业务流程、政策和控制结合在一起。相关的技术措施包括具体的程序，以及员工培训、审计和所有相关的技术性和物理性安全控制，这些构成了一个有效的信息安全管理体系的一部分。有关的这些流程、策略和控制在大体上勾勒出组织如何管理与合规要求有关的沟通、风险和治理手段。由于不同的合规要求之间往往会有一些重叠，因此框架应对此做出识别，以消除由此带来的冗余和不确定性。

所有合规框架都将包括三类活动：人员、流程和技术，如图 1 所示。

针对任何立法、监管或合同要求都可以制定一个合规框架。对于 GDPR 来说，这一框架显然是指向一个隐私合规框架。

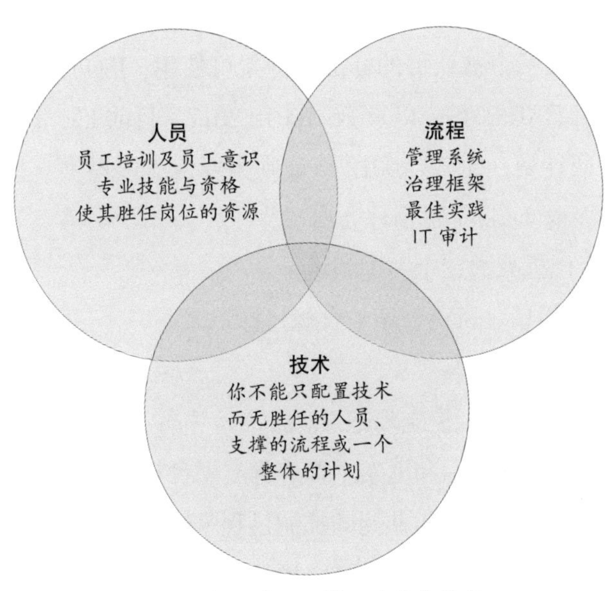


图 1 三类活动：人员、流程和技术

隐私合规框架的开发可参比任何其他进行中的项目。你会希望建立一套策略与实践，确保特定的处理能始终遵循它。假设这些处理符合法律要求，那么该框架就应确保组织始终守法。重要的是，不必从一开始就定义所有的处理：它们可以适时地在不同阶段纳入框架以实现合规。最重要的一步是建立一个初始的框架。

完成该任务有两种方法：完全由自己构建，或者运用和调整一个公开的合规框架。第一种选择依赖于一些试错和（可能昂贵的）咨询支持；第二种选择利用既有的最佳实践，可能比自己来做能更快、更具成本效益地达到合规。

有几个合规框架和标准可供选择。GDPR 明确指出，使用国际标准和隐私标记（Privacy marks）是证明合规的有效工具，借由这类既有的最佳实践来启动一个隐私合规项目具备实操性和商业意义。

隐私合规框架之所以有用，主要是因为它提供了一种管理机密数据的结构化方式，使组织能够遵守那些复杂的法律，甚至能针对不同的司法管辖区来遵守。尚未建立隐私合规框架的组织可以使用标准化框架，实现从风险敞露到合规的飞跃；已经建立了隐私合规框架的组织可以使用国内和国际的标准来获取认证，这些认证将提高你与客户及利益相关方之间的信任，并向监管机构或法院证明，你已经做到了尽职与合规的努力。目前有两个被认可的标准或框架可使用：ISO/IEC 27001:2013 结合 ISO/IEC 27701:2019，以及 BS 10012:2017。目前 ISO 27001 已有国际认可的认证计划，而 BS 10012 认证则主要由英国提供。其他标准和信任标记（Trust marks）也预计会出现。

隐私合规框架的三个关键领域是：

1. 治理手段、风险管理与合规目标；
2. 数据处理原则；
3. 政策、程序、控制和记录。

在大多数管理体系和框架中普遍都有一种认知，即流程之间是相互联系的，它们都通过一组共同的控制过程来进行输入和获得反馈。也就是说，与大多数的业务流程一样，框架和系统将定义好输入和输出，有符合隐私规定的输入，就会有符合隐私规定的输出。

## 属事范围

任何框架都有一个特定的适用范围，而组织在该范围内开展其运作。要实现合规，合规框架的范围必须直接参照前面已讨论的 GDPR 第 2 条中所描述的要求。

GDPR 适用于完全或部分以自动化的方式处理个人数据，以及以非自动的方式处理已成为或计划成为档案系统一部分的个人数据。

也就是说，你的框架必须涵盖所有涉及个人数据收集、使用或其他处理（如删除或修改）的所有活动。对于许多组织来说，这几乎覆盖了他们的所有活动。请记住，这里并没有明确说明个人数据只是顾客的，你还必须把你的雇员、承包商等的个人数据考虑进来。

当然，也存在一些豁免，但这些豁免通常要么是涉及欧盟的高级别事务（例如成员国出于国家利益或欧盟安全而开展的活动），要么是针对主管当局开展刑事司法活动，要么就是涉及非常底层的活动（例如自然人在纯粹个人或家庭事务中所做的个人数据处理，而非那些以商业目的为诉求的、组织化的处理）。

## 属地范围

如前所述，GDPR 明确表示其[69]：

适用于不在欧盟境内设立的控制者或处理者对欧盟内数据主体的个人数据进行处理的有关情况：

（a）向欧盟内的数据主体提供商品或服务，不论该数据主体是否需要付费。

（b）对欧盟内数据主体发生在欧盟内的行为进行监测。

换句话说，世界上的任何组织，只要其向欧盟内的数据主体提供服务，都可能受制于 GDPR。请参考 GDPR 鉴于条款第 14 条中的描述：“本条例保护其个人数据受到处理的自然人，不论其国籍或居住地是哪里。” GDPR 赋予所有数据主体相同的权利，无论他们居住在世界的哪个地方，只要其数据是由欧盟内的控制者或处理者处理的，或是由向欧盟提供服务的一方处理的。这可能会对隐私合规框架须考虑的范围有重大的影响。

此外，GDPR 还要求设在欧盟以外的组织以书面形式在欧盟内部指定一个组织作为其代表。[70] 该代表必须在目标数据主体所在的一个成员国设立，并且必须由数据控制者或处理者做出授权，在涉及个人数据处理的所有事务上对监管机构或数据主体做出响应。然而，任命这样一名

[69] GDPR，第 2（1）条。
[70] GDPR，第 3 条。

代表并不能使控制者或处理者规避因违反 GDPR 而带来的法律后果。

合规框架可能还需要考虑一些其他的因素，例如地方或部门特有的法律和条例。

## 治理

所有组织都有义务遵守法律，董事的信托责任之一就是确保其组织已采取适当的举措来实现守法。此外，董事还负有责任来确保组织所面对的风险得到妥善管理——很多时候体现为法律和合同义务。例如，网络风险（Cyber risk）就是董事必须意识到的一种风险类型。网络攻击会使组织的声誉和业务受到严重损害，由此遭受个人数据侵害的人也有可能寻求法律行动。GDPR 赋予了任何数据主体就处理其数据所造成的物质和非物质损害寻求司法救济的权利。这一点，连同 GDPR 对于数据泄露通报的具体要求，以及针对违规行为的严重行政处罚（最高可达全球年营业额的 4% 或 2000 万欧元，以数额较大者为准），都应成为所有董事关注的焦点，并列入各董事会会议的议程。董事会应确保已建立的隐私合规框架能够对 GDPR 合规，并且包含相应的机制向董事会定期提供关于整个组织合规情况的报告与保证。

在信息和隐私风险方面，董事会履行治理责任的一种方式是任命一名董事会级别的高级信息风险责任人（Senior Information Risk Owner，SIRO）。SIRO 的作用是从业务角度，而非技术角度来管理信息风险，并且聚焦在与实现企业目标相关的、战略性的信息风险上。这意味着组织要对其整个供应链上的信息风险通盘考虑，并根据组织的风险偏好对其进行管理。这对于董事会来说是一个有用的角色。而该角色应与董事会成员合作，以：

· 制定信息风险战略，既使资产得到开发，也能让风险得到有效管理；

· 识别对业务至关重要的信息资产，设立目标、优先次序及计划，以实现对信息这一业务资产的最大利用；

· 建立并维护恰当的风险偏好，以及对应的风险边界及容忍度。

显然，这一角色有比单纯管理隐私风险更大的责任。而现实是，任何管理隐私风险的框架，都必然是更大的信息风险管理框架的一部分。

因此，将解决 GDPR 的合规作为更大的信息风险管理战略的一部分是合理的。

这一治理要素应表现在对 GDPR 合规项目的必要资源承诺（人员、资金和系统方面）、最高管理层的领导和承诺（可被证明），以及公司的隐私政策与整个的内部沟通。

在 2013 年后发布的几乎所有 ISO 管理体系标准的第 5 条及其附加条款中，都包含了多项涉及最高管理层承诺的具体要求；这些要求为任一组织确立一个企业治理框架的领导地位提供了一个好的起点。第 5 条的要求如下：

最高管理层通过以下方式呈现其对管理体系的领导和承诺：

a. 确保政策和目标已制定，且与战略方向相一致；

b. 确保将管理体系融入组织过程；

c. 确保管理体系所需的资源是可用的；

d. 宣传有效管理和遵守管理体系要求的重要性；

e. 确保管理体系达到预期的效果；

f. 引导并支持有关人员促进管理体系的有效性；

g. 促进持续的改进；

h. 支持其他相关管理角色在其职责领域发挥领导作用。

ISO/IEC 38500:2015 是一个有关企业信息和通信技术治理的专门标准。它为创建一个有效的技术治理框架提供了有用的指导。

## 目标

隐私框架将涉及多个目标。总体目标显然应该是对 GDPR 合规，避免“劝诫性”罚款与其他惩罚措施。框架还应明确与数据主体权利及个人数据保护有关的具体附属目标。

目标应以能够被跟踪和衡量的方式来设立。毕竟，一个目标只有在判定它能真正达成时才有用。目标应当满足：

· 具体的；

· 可衡量的；

· 可采取行动（或可达到）的；

· 现实的；

· 有期限的。

信息安全控制措施的实际表现要能够被衡量并改善，而 ISO/IEC 27004:2016 为衡量这些控制措施提供了具体的指引。虽然这一标准对衡量控制措施的表现来说是一个不错的起点，但它并不包含衡量特定数据隐私目标效能的指导。

其中关键目标包括：

· 能够在新的规定时限（1 个月[71]）内对主体的查阅请求做出回应；

· 有能力在 72 小时内发现数据泄露事件，并向监管机构报告；

· 个人数据的保留期限；

· 员工意识培训。

## 关键程序

隐私框架应该有一些关键性程序，其中的一些在你的组织中可能已经有了，而另一些则可能是新的。这些程序包括事故管理、变更管理、整改、风险管理和持续改进。

事故管理程序——本书第 14 章将作讨论——事关当发生数据泄露或其他信息安全事故时应该怎么做。

基本上事故管理程序将包括以下几个阶段：

1. 意识到发生了什么并报告；
2. 了解发生了什么；
3. 控制事件，以减少损失；
4. 修复损害；
5. 确保事件不会再次发生；
6. 检讨组织的响应。

事故管理流程的有关输出，将提示组织的框架应如何演变以适应其当前和未来的挑战。

组织还需要“变更管理”的程序。所有组织都必须对风险和有关事件做出改变和调适，并根据客户和市场的需求做出变化。当改变是以非结构化的方式做出时，可能会引入新的、不可预见的风险，涉及与信息和通信技术有关的进程尤其如此。对业务流程（或对部门、或对汇报结

[71] GDPR，第 12 条。

构）的变更管理不足，可能会对个人信息造成风险，并可能破坏现有的隐私保护机制。变更管理流程是一个重要的步骤，它可以确保变更是经过深思熟虑的，变更可能带来的偏差、问题和后果已被识别并得到缓解，且有相应的回撤方案。

整改程序也是必要的，这样的话，当某些事情未按预期的方式发展时，例如当控制不充分，资产未得到恰当保护，或一个更大的系统性错误导致整个流程失效，组织就可以进行补救。以上任何一种情况，组织都需要一种系统的方法来识别和纠正错误。

你可以在这里看到事故管理和变更管理程序之间的明显联系。一旦事故得到处理，就应对事故的原因进行分析，进而发现应对现有控制或程序所做的修正或变更。这些变更应通过整改程序来处理，确保整改能得到审查和批准，能被正确实施，且有效性得到审查。其中最后一点值得你注意：整改的行动需要对问题做出纠正，因此你的程序中还需要包括一个审查阶段，可能是一次性的审定，也可能是持续的关注——这是这一程序所要确认的。

其中一个更关键的程序是风险管理，本书第十一章将更深入地讨论这个问题。所有组织都面临风险，就 GDPR 合规而言，重点将放在个人数据的风险以及交互这些数据的系统和程序的风险上。

风险管理是任何隐私合规框架的核心，因为组织需要准确了解其需要保护自己免受什么风险，就像一个人可能会穿上一套盔甲来保护自己免受伤害，但这套盔甲对于有毒气体来说却完全无用，或者对于对抗一只熊来说可能效用有限。企业应确保将资金和资源投入正确的地方，因此建立一个有效的风险管理体制是确保其投入物有所值的好方法。

不过，就隐私风险而言，风险管理方案还必须密切关注处理自然人的数据可能对“自然人的权利和自由”造成的风险。从某种意义上说，GDPR 告诉了组织如果他们未能充分管理对数据主体造成的风险，就会面临巨额的行政罚款和数据主体付诸法律行动的风险。也就是说，组织的风险管理活动必须同时考虑到个人数据可能受到的风险，以及不合规对组织本身造成的风险。

一个框架或者管理体系还应该有一个持续的改进流程。一个持续改进的流程会评估现有流程及其产出是否符合法律、条例或其他要求，确定任何必要的调整，然后将这些重新纳入初始的流程来确定框架或管理系统新的输入项。简单地说，你可能需要引用 PDCA 循环（Plan-Do-Check-Act，也称为戴明环），这是一个流行的过程模型，用于确保持续的改进。

其他持续改进循环，如 COBIT（Control Objectives for Information and Related Technologies）的持续改进生命周期或 ITIL（Information Technology Infrastructure Library）的持续服务改进过程，可以用来作为 PDCA 循环的替代。

PDCA 循环将管理体系或开发过程的标准过程和实践分为四个不同的阶段：计划、实施、检查和行动。作为一个循环过程，每一个阶段都会为下一个阶段提供反馈，从而实现持续的改进。

简而言之，组织应：

· 计划它将要做什么；

· 按照计划行事；

· 检查其工作是否达到预期目标；

· 根据所发现的问题采取行动，以改进其实现目标的方式。

PDCA 循环如图 2 所示。

理解其程序和针对这些程序的持续改进之间如何相辅相成，是实现

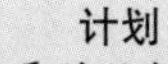


图 2 PDCA 循环

任何有效的合规框架的一个关键要素。假若你的所有程序都是合乎需要的，且都得到了遵循，那么这样框架就可以保证你能持续调整和改进你的流程，以便持续地满足你的合规要求。

## 个人信息管理系统

个人信息管理系统（PIMS）是一种用于管理个人信息的管理系统。因此，它可以构成一个合规框架的良好基础。

必须指出的是，尽管 PIMS 与合规框架大致相似，但二者是有区别的。例如，合规框架不一定只是“单个对象”，它可能由两个或两个以上的管理系统[例如 PIMS 和信息安全管理系统（Information Security Management System，ISMS）]共同协作而成。个人信息管理系统可能侧重于单纯地管理个人信息，但不一定按照法律或法规要求保护个人信息。从这个意义上讲，PIMS 可能只提供了确保总体合规所必需的一些程序。

虽然个人信息管理系统的设计不一定是为了确保符合 GDPR 或更具体的法律[如英国的《数据保护法》（DPA）或德国的《联邦数据保护法》（BDSG）]的具体规定，但标准化的模型通常会包括该项要求，即识别与个人信息有关的立法、监管和合同要求，并将这些要求纳入个人信息管理系统。

还有几种可能的方法来搭建此系统。《BS 10012:2017——数据保护——个人信息管理系统规范》就提供了一个这样的框架，它为数据保护管理提供了一个定义良好、易于理解的结构，并且遵循 PDCA 循环以确保持续改进。尽管该标准的早期版本是针对英国的《数据保护法》，但它已经被重新起草和更新，以体现 GDPR 的要求，因此，BS 10012:2017 总体上适合作为隐私合规框架的一个核心。

BS 10012 标准包括一项要求，即“确定个人管理信息系统的范围，并制定个人信息管理目标，同时适当考虑到……适用的法律、法规、合同和/或专业职责”。[72] 这意味着，要正确地运用 BS 10012 中所描述的程序，就应考虑到适用的法律要求。

然而，BS 10012 本身并非一个完备的框架，其适用性还取决于你的

[72] BS 10012:2017，第 4.3 条。

组织如何收集、储存和使用个人数据。BS 10012 仅限于隐私保护，如果个人数据被更广泛地应用于你的各业余流程，那么采用一个更全面的安全框架将是合适的。在这种情况下，可能需要定义额外的流程来保证合规。这就需要一个额外的管理体系，例如 ISO 27001。ISO 27001 作为一个国际标准，描述了一个信息安全管理系统的最佳实践要求。

如前所述，ISO 27001 可以通过应用 ISO 27701 来扩展，用以创建它所提到的隐私信息管理系统（也就是 PIMS）。ISO 27701 所遵循的模式并非专门针对 GDPR，而是旨在允许组织将其应用于与其有关的任何数据和隐私保护的要求。因此，尽管没有直接提及 GDPR，但它更加灵活——该标准提供了一个简单的映射来说明它在哪些方面应对了该条例的关键要求。

无论采用何种标准或业务流程模型，PIMS 都可能是你的隐私合规框架中的一个有用的内核。图 3 提供了对其典型组件的一个概述。

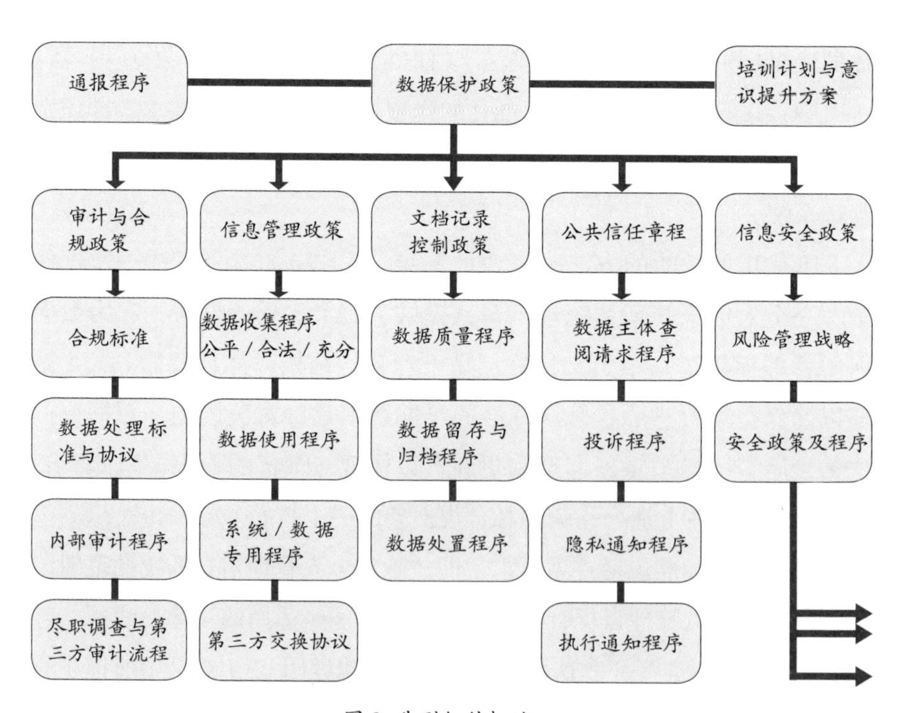


图 3 典型组件概述

## ISO/IEC 27001:2013

GDPR 要求各组织采取更进一步的措施，而不仅仅是简单地建立一个 PIMS。GDPR 对各组织提出了明确的要求：

（a）有能力确保处理系统和服务有持续的保密性、完整性、可用性和可恢复性；

（b）在发生物理或技术事故时，有能力及时恢复个人数据的可用性与可访问性；

（c）有一个流程来定期测试、评估和评价技术与组织措施的成效，以确保处理的安全性。[73]

以上意味着，组织必须将数据和隐私保护纳入“日常业务”中，而有一个全面的信息安全方法来保障处理系统和服务，连同其安全性、连续性和持续的安全测试（主要以渗透测试的形式）至关重要。这就是 ISO 27001 的用武之地。

ISO 27001 本身与领域无关，且不偏向任何技术或解决方案，可供任何规模的组织使用。它规定了为保障信息安全你必须做些什么，但它同时也为组织结合其自身目标和风险偏好来落实这些要求留有一定余地。

这一信息安全框架也可以经由被认可的外部认证来做验证。这类认证所提供的保证被广泛承认可作为组织保护其信息资产的证明。在越来越多涉及有价值信息的合同中，相关的认证正成为一种要求。

在结构上，ISO 27001 与 BS 10012 没有太大的区别：两者都是由组织的高层驱动，描述那些对保护个人数据至关重要的流程，并认识到其作为更完整的结构中的一部分，还应另有一些流程来对这些流程进行管理。而两者的区别在于，BS 10012 专门关注个人信息，而 ISO 27001 关注的则是更广泛的信息。因此，一个基于 ISO 27001 的信息安全管理系统可作为一个更大的框架来纳入 BS 10012 。

图 4 显示了一个基于 ISO 27001 的信息安全管理系统架构。

· 机密性是“不向未经授权的个人、实体或程序提供或披露信息的

[73] GDPR，第 32（1）条。

信息安全管理系统

| 背景 | 领导 | 计划 | 支撑 | 操作 | 绩效评价 | 提升 |
| --- | --- | --- | --- | --- | --- | --- |
| 理解组织 | 领导＋承诺 | 应对风险与机会的行动 | 资源 | 操作计划与控制 | 监控、测量、分析、评估 | 不一致性与纠错行动 |
| 理解需求与预期 | 政策 | 信息安全风险评估 | 能力 | 信息安全风险评估 | 内部审计 | 连续性改进 |
| 确定范围 | 角色、责任与授权 | 信息安全威胁 | 意识 | 信息安全威胁 | 管理评审 | |
| | | 信息安全目标与实现计划 | 沟通 | | | |
| | | | 存档信息 | | | |

图 4 基于 ISO 27001 的信息安全管理系统构架

属性”[74]；

- 完整性是“准确性和完备性的属性”[75]；
- 可用性是“在一个授权实体要求下可访问和使用的属性”[76]；
- 风险是“不确定性对目标的影响”[77]。

因为机密性、完整性和可用性是安全信息的关键属性，它们通常被简称为信息安全的 CIA。GDPR 本身也多次提到了它们。同样，如你在本书的后面将看到的，ISO 27001 应对风险的方法与 GDPR 对影响评估的要求是一致的。

ISO 27001 采取了自上而下驱动信息安全的方法。因此，它涉及了这样一个要求：由最高管理层签署的信息安全政策，必须通过诸如风险管理、监控、审查、纠正等关键流程来落实。

ISO 27001 的附件列出了 14 个类别的 114 个控制项，这些可用于确定哪些是可以帮助管理个人信息安全的合适控制项。图 5 显示了这 14 个控件类别（注：图 5 中各空间类编号为 ISO 27001 标准的编号）。

[74] ISO/IEC/27000:2016，第 2.12 条。
[75] ISO/IEC/27000:2016，第 2.40 条。
[76] ISO/IEC/27000:2016，第 2.9 条。
[77] ISO/IEC/27000:2016，第 2.68 条。

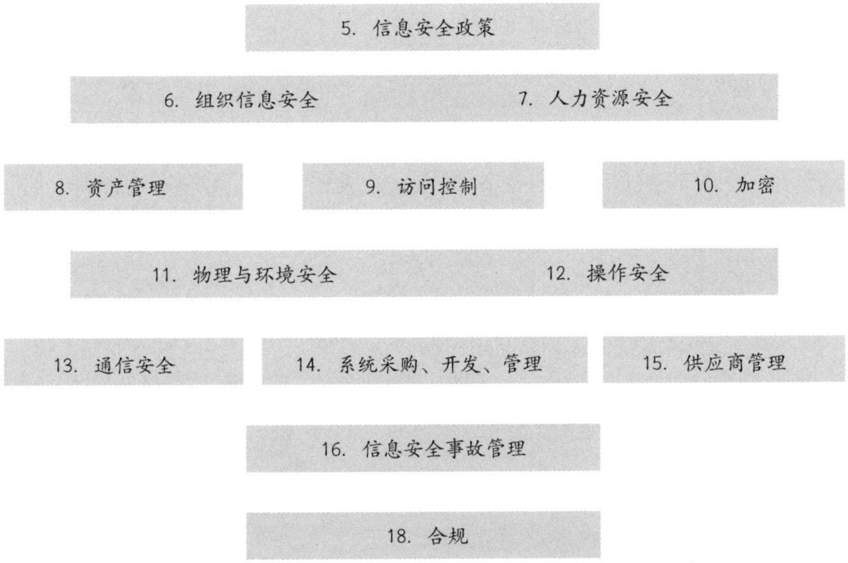

5. 信息安全政策

6. 组织信息安全　7. 人力资源安全

8. 资产管理　9. 访问控制　10. 加密

11. 物理与环境安全　12. 操作安全

13. 通信安全　14. 系统采购、开发、管理　15. 供应商管理

16. 信息安全事故管理

18. 合规

图 5 ISO 27001 附件中的 14 个控件类

在关于如何实施这些控制方面，艾伦·考尔德（Alan Calder）和史蒂夫·沃特金斯（Steve Watkins）的《IT 治理：数据安全国际指南与 ISO 27001/27002》[78] 提供了详细而实用的指导，目前已出第七版。而涉及如何设计和实施符合 ISO/IEC 27001:2013 标准的信息安全管理系统，可参阅艾伦·考尔德的《通往成功的九个步骤：ISO 27001 实施概览》[79] 或布里杰·凯尼恩（Bridget Kenyon）的《ISO 27001 控制——实施与审计指南》[80]。IT 治理要求国际委员会（International Board for IT Governance Qualifications，IBITGQ）也给出了实施和审计 ISO 27001 的有关规范。

实施 ISO 27001 标准的组织自然地会发现自己积累了遵守该标准的证据，尤其是当他们为其 ISMS 寻求外部认证时。这种证据的作用不仅仅是获得认证，或向客户展示你的流程是安全的，当一个组织受到调查或审计，它可以利用这些证据证明其一直在遵循最佳实践，采取了适当步骤以预防事故，正视了其所面临的风险，整个组织的各级人员都得到

[78] www.itgovernance.co.uk/shop/product/it-governance-aninternational-guide-to-data-security-and-iso27001iso27002-7thedition.
[79] www.itgovernancepublishing.co.uk/product/nine-steps-to-success.
[80] www.itgovernancepublishing.co.uk/product/iso-27001-controls-aguide-to-implementing-and-auditing.

适当的培训，是胜任且负责的。

**其他标准**

虽然 ISO 27001 和 BS 10012 是最有可能用作隐私合规框架基础的候选标准，但你也可以使用其他标准和业务流程模型。无论你选择哪一种，以及你是否选择这里提及的某个标准或业务流程，都取决于你的组织及其特定的流程、资源和要求。

COBIT 是一个基于控制的信息治理框架。它对于合规而言似乎是一个略为抽象的方法，但建立治理和监督机制，连同确立问责制和相应的责任，将是其一个重要组成部分来确保个人数据的安全和隐私。COBIT 是一些国家广泛使用的框架，特别是在企业层级，已有相应的出版物和可以在必要时提供咨询和指导的专家。

政府机构在面对复杂的立法时还制定了其他框架来简化合规的程序。虽然这些框架可能并不直接针对 GDPR 的合规，但它们往往包含一个有效的结构和程序来满足欧洲的合规要求。例如，澳大利亚信息专员办公室（Office of the Australian Information Commissioner，OAIC）所制定的《隐私管理框架》[81] 是一个符合 PDCA 循环的简单的四阶段规程，在其每个阶段都提供指导，以确保在澳大利亚的法律范围内合规，并遵守与澳大利亚有日常贸易的其他国家提出的其他相关要求。

美国国家标准与技术研究所（The US National Institute of Standards and Technology，NIST）也建立了一个信息安全标准的广泛集合，即 NIST 特殊出版物 800 系列。尽管它并不是一个专门的信息安全管理框架，但那些需要遵守联邦信息处理标准（Federal Information Processing Standard，FIPS）200 要求的美国政府机构就使用了 NIST SP 800-53 模型。虽然 NIST SP 800-53 可能主要是针对政府机构的，但这个框架肯定也可以应用到其他行业。然而，这是一个非常庞大的控制集，可能会让人无从应对。而 NIST SP 800-171 则是一种缩略的控制集，可推荐给没有保护联邦信息直接要求的组织使用。

NIST 网络安全框架为这两个控制集提供了有力的支撑，该框架提供了一个模型，以根据你的需求和成熟度方法来选择和实施有关的安全

[81] www.oaic.gov.au/agencies-and-organisations/guides/privacymanagement-framework.

控制。该框架还利用 NIST 控制集、ISO 27001 和其他框架来为特定的控制提供指导。虽然它并不直接解决隐私问题，但确实为此提供了一个可以进行适应性调整的有力基础。

## 选择与执行一个合规框架

是选择一个还是设计或编制一套特定的框架来保证合规？这一决定将基于一些关键考量。

首先，合规项目涉及的范围决定了该框架需要达到详细程度和覆盖的组织范围。这方面，你需要考虑多个因素，包括你的组织是数据控制者还是数据处理者、组织收集或处理个人数据的种类及数量、处理个人数据的端到端流程、收集及处理数据的不同方法等。分析这些信息以清晰地定义项目的范围是非常重要的一步，特别是当你选择使用了一个或多个管理系统标准（例如 PIMS）来开发你的合规框架时。

除了合规项目的范围，你的组织所收集、储存或处理的个人数据也会影响你对合规框架的选择。如果你处理的是特殊类别的个人信息，如健康信息，或者处理特别大量的数据，GDPR 需要你有额外的措施来确保数据的安全。因此，你的合规框架可能需要额外的流程来确保你符合这些要求，并且有足够的合规证据。

组织的复杂性也会影响你对合规框架的选择及其应用的范围。例如，对于一个流程众多的大型组织来说，没有必要让一个合规框架去干扰那些数据保护范围之外的流程。相反，一个组织如果因一系列职能上的不同目的而广泛使用个人数据，则需要一个框架来应对每一个业务目标下的数据处理。在某个流程中保护信息的方法很可能与另一个流程中的完全不兼容。

除了确保框架适合你的组织的具体需要，你还应该考虑你所在行业或领域的其他人使用的框架。这将帮助你思考其他组织已经确定的特定领域需求，并让你利用任何现有的经验或知识。

如前所述，许多组织在个人数据或信息方面还将受到一些其他的法律或监管要求，包括世界各地区不同的管辖要求，从信息自由的有关立法到 HIPAA 的数据可携性要求等等。在选择合规框架时应考虑到这些因素。有些法律和条例要求提供具体证据，以证明合规，这些证据与

GDPR 要求的可能有相当程度的重叠。

其次，你的组织在管理系统和框架方面的经验也会影响你的决定。对于没有这方面经验的组织，我们一般建议从已建立的标准开始，例如 BS 10012 和 ISO 27001，因为可用于支持你项目的特定标准已经很丰富。对于经验更丰富的组织来说，其选择可能会受到想通过对现有管理系统的扩展，将个人信息管理囊括进来的想法的影响。在这种情况下，你需要确保该组织的内部压力和既有流程不会干扰到项目的主要目标：有合适并相称的控制措施来保护个人数据，并能证明对 GDPR 的合规。

最后，资源的可用性、有无支持和指导也是重要的影响因素。再次强调，在合规或数据保护方面经验较少的组织，需要确保在组织内部和外部都有合适的资源，以确保项目可行。

## 框架实施

一旦你决定了你的隐私合规框架的起点，你就需要确定它应如何与你的组织整合。谁对每个流程负责？谁来监督？哪种培训是必要的？这类问题，结合 GDPR 的要求，将明确你应如何从核心要求开始来构建框架。

从首要的原则开始，合规框架应由组织正式的隐私和数据保护政策驱动，这些政策应公布并提供给合适的相关方，包括雇员。该政策需要明确组织在数据隐私和数据保护方面的立场，声明其致力于遵守 GDPR 和其他数据保护相关的法律法规，并由合适的最高管理层，如董事会或 CEO，签字批准。

在数据保护策略之下，你还需要定义并记录将该策略转化为实践的基本数据保护流程。你可以通过一套流程“地图”做到这一点。每一个具体的流程都应该被完整地记录，以便确定对其流程负责任的人，能通过一种提供一致结果的方式清楚地知道：必须做什么，由谁做什么，以及何时做。通常，这是通过一个 RACI 表来完成的。RACI 表为每个流程（或流程中的步骤）定义了谁是：

· 直接负责的；

· 承担责任的；

· 应被咨询的；

· 应被告知的。

绘制 RACI 表的目的是确保流程的设计和运作符合业务要求，始终如一地、可靠地执行，并与正式的要求保持一致，从而使管理层能够依靠它来达成所需成果的交付，见表 2。

**表 2 绘制简单的表**

| 流程 | CEO | 领导 | 领导 | 财务领导 | 法务 | 用户 |
|---|---|---|---|---|---|---|
| A | R+A | C | I | | C | I |
| B | | C | R+A | | C | |
| C | | C | R+A | | C | I |
| D | | I | | A | R | I |
| E | C | I | | I | R+A | I |

你需要通过流程的输出物和活动记录来确认：你是否遵守了法律，以及你的框架是否符合组织的要求。因此，你需要考虑哪些是能提供这些信息的考核指标，以及你该如何收集这些信息。有些指标可能只是简单地记录某一流程执行的次数，而另一些则可能是基于对员工的调查。

制定一个合规的监控方案是这一方法的合理延伸，它涉及通过实施一个合规测试流程来监控你的系统或框架。有许多方法可以衡量管理系统或框架的有效性，与该主题相关的书众多。这一评估过程将为你的持续改进提供参考，包括发现你的组织什么时候未能遵守规定，并努力加以修正；或是看到一个未发挥其作用的流程，然后做出改进。

整改和持续改进的流程在前文已做讨论。这种不断的改进对于保证你遵守 GDPR 是必要的。随着业务流程、策略和控制手段的演变，你的框架也必须随之改变。

# 第五章　信息安全作为数据保护的一部分

数据保护的一个重要组成部分，也是所有组织广泛关注的一个问题是信息安全。并非所有数据都是个人数据，但几乎所有数据都有价值，以至于组织会有保护它们的内在动力。虽然 GDPR 和其他数据保护法的重点是保护数据主体以及他们的权利，但其中一部分必然包括信息安全，而信息安全的潜在应用范围更广。

数据安全故障和网络入侵对任何组织来说都可能是灾难性事件。小型组织很可能仅仅因为侵害的性质或处理它的直接成本而一蹶不振，而大型组织则可能面临巨额罚款和集体诉讼，所有这些都可能产生重大影响，对组织的声誉和经营基础造成重大损害。

虽然 GDPR 并没有明令禁绝数据泄露（因为不太可能做到），但它确实主张各组织应设法保护所有个人数据免受损失和损害。

由于绝大多数数据安全故障是由一组常见的漏洞造成的，组织应该意识到这些漏洞并采取行动消除它们。关于这一主题的信息并不缺乏，信息安全行业的存在就是为了解决这一问题。尽管有这样一些资源，但此类漏洞依然会存在，组织也不断深受其害。

近年来比较引人注目的一起侵害事件是美国 Target 公司受到的入侵。2013 年年末，犯罪分子获得了约 7000 万客户的个人信息，以及 4000 万张信用卡和支付卡的数据。这些信息是通过恶意软件从公司的销售点（POS）系统中窃取的。攻击者之所以能够进入公司的系统，是因为该系统存在一些缺陷。

1. 攻击者渗透到了 Target 公司暖通空调供应商的计算机系统中；Target 公司没有建立有效的供应商安全审查程序，该供应商的安全程序不完善。

2. Target 公司一个网点的楼宇管理系统与其客户支付系统之间的接口安全性不足，攻击者能够进入这些支付系统，然后利用对访问权限和特权的控制不严，提升其访问权限，进入了本应是一个隔离和安全的网络。

3. Target 公司忽略了来自其入侵检测软件（IDS）的大量自动告警。

由于此次侵害，Target 公司遭受了巨额罚款和诉讼，首席信息官和首席执行官被迫辞职。据估计，Target 公司的总损失为数亿美元，这还不包括因客户信心下降而对收入和利润造成的影响。

2019 年，向爱尔兰数据保护委员会（DPC）报告的数据安全违规事件有 6069 起。[82] 这比前几年有了很大的增长 [83]，部分原因可能是 GDPR 的实施和对数据泄露事件的强制报告要求。尽管相对于英国经济的规模，这个数字看起来仍然很小，但是我们要知道，这只是被识别并报告给 DPC 的数据泄露事件。我们有理由认为，真实的数字要比这大得多。

网络攻击的泛滥几乎可以肯定是因为组织未能解决常见的安全漏洞。

根据英国政府的《2018 网络安全侵害调查》，仅有一半的受访者实施了“网络安全基础框架”（Cyber Essentials Scheme）中建议的基本安全控制 [84]。这些控制措施旨在防止约 80% 的基于互联网的威胁，因此应被视为数据保护的一个核心构成。而要在欧洲经济区内实行更为统一的安全措施也不太可能。

## 个人数据泄露

在 GDPR 中，个人数据泄露“指因安全的破坏，导致传输、储存或以其他方式处理的个人数据遭受意外或非法的毁坏、遗失、篡改、未经授权的披露或访问”。[85]

这是 GDPR 的一个重点：它较少关注其他类型的数据泄露，除非它们可能影响到个人数据的安全。请注意，破坏不一定是恶意的，也不一定会影响到很多人，可能就是像丢失笔记本电脑这样的事情造成的。

---

[82] 数据保护委员会，年度报告，2020 年 4 月。
[83] 相比之下，2017 年同一季度有 697 起类似案件。
[84] www.gov.uk/government/statistics/cyber-security-breaches-survey2018.
[85] GDPR，第 4(12) 条。

数据泄露令人不快，也不受欢迎。组织为保护其信息而采取的一切措施将加强组织内外个人数据的安全。

## 数据泄露分析

信息可能会以多种方式受到损害：可能是在组织外传播（例如被盗和在暗网上转售）、被损坏或变得不准确（如故意破坏），或者变得无法访问（如遭受勒索软件）。这些都是对信息的机密性（confidentiality）、完整性（integrity）或可用性（availability）的侵害，我们简称其为信息安全的“CIA”。

数据损害通常不会自动发生，总会有一些行动或不作为破坏了数据的安全性，使其容易被侵害。

数据泄露的关键要素是威胁和漏洞。

威胁是“可能对系统或组织造成伤害的意外事件的潜在原因”。[86]换句话说，威胁是任何可能导致不希望发生事件的事情。威胁可以很简单，比如一个心怀不满的前工作人员或一个恶意软件。

许多威胁都与威胁行为者（实施威胁的实体）有关，例如网络犯罪分子、恶意的内部人员、疏忽的工作人员等，但也有其他威胁，例如自然灾害或环境危害，这些威胁与威胁行为者无关。

漏洞是指“可被一个或多个威胁所利用的资产或控制弱点”。[87]并非所有的威胁都有漏洞可以利用，两者都是出现泄露的必要条件。没有可利用漏洞的威胁和不造成威胁的漏洞都不算风险。只有当一个威胁成功地利用了一个漏洞并损害了组织的信息时，才会发生数据泄露。

## 攻击地点

所有漏洞都有一个位置，尽管其不应单纯地从物理意义上考虑。例如，一个网络应用程序可能在虚拟环境中存在一个 SQL 注入漏洞。但不要忘记物理漏洞。

除了简单地将每个漏洞分类为物理漏洞或逻辑漏洞之外，组织还应确保更具体地知道漏洞的位置。例如，你若发现了一个会导致某些房间漏雨的漏洞，那么你需要知道这些房间在哪里。可以被多个威胁所利用

[86] ISO/IEC/27000:2018，第 3.74 条。
[87] ISO/IEC/27000:2018，第 3.77 条。

的漏洞可能会存在于不同的地方。

你的组织有一些边界，这些边界由你的组织与外部世界的接触点定义。从物理角度来说，它可能是大楼或办公室的墙；从逻辑或电子角度来说，它将是你的网络边界和终端设备，如笔记本电脑和移动电话。每个边界都有入口和出口，包括门、互联网连接等。这使得边界存在诸多孔洞，并增加潜在的危害。例如，一个组织的网络应用程序连接到一个有敏感信息的数据库，用户通过与这个网络应用程序交互来操作一组特定的信息，比如他们自己的地址或联系方式。如果用户可以修改自己的详细信息，网络应用程序中的漏洞可能会让他们能够修改其他用户的详细信息。

## 保护信息安全

漏洞和威胁通常由一些控制措施来管理。控制措施可以是一个流程或工具，通过降低风险发生的可能性或降低风险发生时的影响，减轻威胁利用漏洞的风险。

保护信息的安全不是单靠技术就能实现的。简单地说，组织运作取决于人员、流程和技术的有效互动。在这三个领域中的每一个都可以发现重大的漏洞，训练有素的人员依照有效的程序来工作，正确和安全地配置软件通常是必不可少的。

如果要遏制恶意软件入侵，必须在网络和终端设备上部署和正确配置安全软件，例如“反恶意”软件。正确的配置取决于网络设计（安全网络和外部世界的接口）上的清楚说明，以及一个训练有素的系统管理员按照定义明确的配置标准来工作。

这显然需要一个综合的系统方法，类似于前一章所描述的合规框架。实施一个信息安全管理系统来管理组织信息资产的风险，通常被认为是一种良好做法，正如 GDPR 第 4 章第 5 节（“行为守则和认证”）所指出的那样，这种做法也得到了 GDPR 的支持。

## ISO 27001

前面介绍过的 ISO 27001 是信息安全管理系统的国际标准。世界各地的组织已经成功地利用它来改善自己的信息安全状况，避免数据泄露，降低相关的保费等。

它提出了一套要求，根据这些要求可以对信息安全管理系统进行独立审计和认证。

独立的、获认可的认证为组织的管理层和员工，以及客户、供应商和利益相关者提供保证——组织会采用最佳的信息安全措施保护其信息资产。

符合 ISO 27001 标准的信息安全管理系统的核心是风险评估，它确保组织采取基于风险的方法来保护其信息。在风险评估过程中，该组织确定构成风险的威胁和漏洞，确定风险成为现实的可能性和影响，并采取控制措施以减少这些风险。

ISO 27001 附件 A 列出了一套参考控制措施，包括 114 个控制项，ISO 27002 对这些控制项进行了扩展。与 ISO 27001 不同，ISO 27002 只是指导性的：它提供关于控制的建议和补充信息，而没有提出任何实际要求。

虽然其他的信息安全标准已经存在，但许多标准是针对特定行业的，要么只提供单一的一套控制，要么就不太成体系化。然而，当与 ISO 27001 一起实施时，这些标准可以提供额外的安全、进一步的控制或进入特定市场或行业的机会。



## NIST 标准

如前所述，NIST SP 800 系列（以及即将出版的 NIST SP 1800 系列[88]）出版物涵盖了信息安全领域的大量内容。对于美国的机构，或者那些与美国有大量业务往来的外国机构来说，使用这些框架和控制措施可能会有很大的商业意义。

NIST 的文件可以从计算机安全资源中心（www.nist.gov）免费获取，这些文件可以为寻求遵守美国联邦政府《联邦信息安全管理法案》要求的组织提供指导。这些文件涵盖了为 NIST 评估、记录威胁与漏洞而建议的所有程序和标准，以及为减少数据泄露风险而必要的安全措施。

[88] https://csrc.nist.gov/publications/sp1800.

## 网络安全的十大步骤

英国商业创新和技能部在2012年出版了《网络安全的十大步骤》[89]，它为行政人员提供一个网络安全的概要，目前是由其国家网络安全中心负责维护。这份指南指出，信息是当今商业的核心，网络空间提供了整个社会的数字架构。网络空间包括互联网，以及支持并维护基础设施、业务和服务的信息系统。

作为一个框架，《网络安全的十大步骤》集中于对网络安全的全面理解。它通过全面的描述来解释风险，并提供可以应用于整个组织的防御措施和解决方案，而非一套具体的、需要专业技能或经验来实施的控制措施。该十大步骤可以通过应用其他标准来实现，但凡能够实现十大步骤中提出的所有要点的组织，有理由对其抵御攻击的能力有信心。

当然，完全免受网络攻击是不太可能的，十大步骤也没有提供一个认证或审计的计划来确保其遵守情况。然而，该框架提供了一个高级管理层可以随时向组织传达的网络安全观点。它不依赖于具体的技术理解，且提出的是一个逻辑上一致的目标，并清楚地解释了网络安全运作的场景。鉴于这一主题已经有很多的高度技术性的指南，因而它会是一个有用的框架。

## 网络安全基础

网络安全基础（Cyber Essentials）框架在功能上是英国政府建立的一个控制框架，是十大步骤的一个“简化版”。该框架认为“如果企业采取简单的安全控制措施，大约80%的网络攻击是可以预防的”[90]，并为实现这一目标提供了5种控制措施。它配合了一个认证框架为组织提供了一个相对简单的方法来提供某种形式的网络安全保证。英国政府在签署涉及敏感信息或个人信息的合同而欧盟只能有限认可时，“网络安全基础”认证将会是一项要求。

遵守该框架为网络安全保障提供了一个入门级的标准。组织应在实施5项“网络安全基础”控制后，进而实施ISO 27001或类似的严格的

[89] www.ncsc.gov.uk/guidance/10-steps-cyber-security.
[90] www.gov.uk/government/news/cyber-security-boost-for-uk-firms.

信息安全框架。而网络安全基础认证或许是其中一个低成本的选项。

由注册安全测试员委员会（Council of Registered Ethical Security Testers，CREST）认可的认证机构进行的网络安全基础认证，将会对组织内对外的链接做一个外部的安全扫描，为组织提供安全的额外保障。一个更高级别的认证——"网络安全基础进阶"（Cyber Essentials Plus）认证，则需要额外的内部测试，以确保每个设备构件的安全，这是一个对安全的显著增强。

虽然从技术上说，网络安全基础认证只能证明认证当天的可靠，但在实际中该认证只需每年更新一次。



## 信息安全政策

所有为保护组织信息资产所做的努力，其核心应是一个最高级别的声明，由此来表明组织实施一个信息安全框架的决心连同其目标。这项声明就是信息安全政策，它将推动你的组织来努力保护其信息，包括GDPR主要关注的个人数据。值得注意的是，尽管有密切联系，但这是一份不同于前述数据保护政策的文件。

有一个好的信息安全政策至关重要，因为它将构成你所在组织信息安全整体方法的基础。

1. 它应该由最高管理层签署，如首席执行官或董事会。
2. 它应明确表明机构在信息安全方面的意图。
3. 它应说明信息安全的目标，以及这些目标如何与机构广泛的业务目标相一致。
4. 它应该描述政策的范围。政策可能只适用于组织的某一场所或只针对特定类型的信息。
5. 它应该宣明责任和问责制。
6. 它应该传达给每一个需要了解信息安全的人。这里可能包括所有员工、承包商、潜在的客户和其他利益相关者。
7. 它应该经由一个审查、批准和重新发布的过程，以确保它的准确且与组织相关联。

另一个关于信息安全政策的其他指引是ISO/IEC 27002[91]，它包含

[91] ISO/IEC27002:2013，第5.1.1条。

了一份应制定的更具体的政策清单来支持主要的信息安全政策。

## 证明信息安全

为遵守 GDPR 而建立有效的信息安全，其中的一部分将涉及积累你已经在这样做的证据。这主要服务于两个目的：第一，让组织能够识别并应对任何弱点及故障；第二，提供一个可审计的合规记录。

如前章所述，隐私合规框架应以一种能证明处理正在被追踪的方式来运作。这是前面提到的“人员、流程和技术”的一部分：由训练有素的工作人员利用合适的技术对处理做出详细的记录。

这些记录不应暴露你要保护的信息。这些记录可能非常简单：

· 处理的计划表，说明应在何时完成，由谁完成，何时完成，以及由谁来确认与预设的处理一致。

· 一系列签署的表格，确认已根据组织的标准采购和配置了合适的技术。

· 访问机密数据的记录，并做自动化检查，确保只有经授权的人员且仅通过授权的工作站来做此访问。

这里所收集的数据只需详细到足以证明你的处理和控制措施都属于正常执行即可。任何偏离预期结果的偏差都可以反馈到事故管理和/或持续改进过程中。

## 信息安全治理

我们已经明确了治理在合规框架中的作用，你应该对你的网络安全和隐私保护计划（当然，还有你的合规计划）进行高层级的监督。高级管理人员和董事会不需要像大多数员工那样参与细节，董事会不需要查看所有的日志或记录。但董事会需要定期查看这些日志和记录的分析提炼，以便能够评估它们并给出方向，其通常简称为“评估、指导和监控”，并在许多框架中得到了很好的描述。

我们的目标是确保信息安全方案在整个组织的各个层面得到全力支持。如果董事会定期参与，董事会就能校准其各项目标，普通员工就会重视信息安全方案。在理想的情况下，所有职能部门都应该对组织的目标做出积极的贡献，并产生业务推动力，以提高组织的竞争力。

正如前文所提到的，有许多框架对治理问题提供了很好的覆盖和相关的指导。ISO/IEC 38500 和 COBIT 2019 是其中值得提及的框架，进一步的指导还可以从《KING 的公司治理报告》[92] 中得到，该报告是南非的一项标准，对国际上其他治理守则也产生了影响。

有效的治理制度对于有效的信息安全和隐私保护至关重要，因此很可能会得到如 GDPR 的监管机构等监管者的青睐。

## 组织外的信息安全

正如在 Target 公司数据泄露事件中看到的那样，许多本来有无可挑剔的信息安全措施的组织，仍然成为数据泄露的受害者。人们很容易忘记，组织的边界不仅是在与“公众”接触的地方（例如通过互联网或其公司大门）形成的，也是在与供应商打交道的地方形成的。

当你与其他组织建立联系时，重要的是要了解这种联系本身如何成为一个漏洞，以及这种漏洞如何被威胁、被利用。当然，通过各种类型的协议来提供一个合同保证（即每个组织的数据在对方手中是安全的），已经是常见的商业惯例。

依赖这类合同的主要问题是，它们并不能真正保证你的供应商遵循了最佳实践或核准的流程。你可以通过审计来确认这一点，但是审计很耗时，通常也很昂贵。此外，你还需要为你所有的供应商做这样的审核。目前为止，更好的办法是依靠标准化的外部认证来对管理体系做审计，例如 ISO 27001。

如果你将 ISO 27001 认证作为达成供应协议的一个条件，你的供应商将必须满足适用于你的 ISMS 相同的标准。其审计费用由供应商独立承担，而一份这类证书将足够证明供应商的 ISMS 符合该标准的要求，并确保你能维护好信息安全。

[92] 这里的 KING 是指 Mercyn Eldred King，其曾任南非最高法院法官，并作为南非公司治理 King 委员会的主席而闻名。

# 第六章　合法性及同意

回到保护数据主体的权利和自由的问题上，关键要先确保你的处理活动是“合法的”，这一点至关重要。围绕这个问题已经有很多讨论，特别是关于同意的讨论。

同意是实现 GDPR 合规的一个关键领域。虽然同意是一个处理个人数据最简单的合法依据，但同意也是数据主体最容易撤销的和最有可能给数据控制者带来法律困难的。GDPR 中概述了同意的条件如下：

数据主体的“同意”，是指数据主体自由地、明确地、知情地及毫不含糊地表明其意愿，基于一个声明或明确的肯定行为，表示同意处理与其有关的个人数据。[93]

与维护数据主体权利的其他要素一样，数据控制者有责任遵守上述这些准则。确保数据主体同意处理其个人数据（只要可能），是维护数据主体权利和自由，以及遵守数据保护原则的关键一环。

然而，同意并不是处理的唯一合法依据，因此，了解你在同意方面的责任、数据主体在这方面的权利，以及什么是双方都能满意的程序至关重要。

## 同意概述

取得同意是确保你的处理合法的一种便捷方式（根据第一项隐私原则），所以 GDPR 提出了严格的条件，以确保同意能被公正地获得，且不会被滥用。

同意必须是自由给出的。GDPR 明确指出，“在数据主体和控制者之间存在明显不平等的特定情况下，同意不应成为处理个人数据的有效

[93] GDPR，第 4(11) 条。

法律依据，特别是如果控制者是公共当局。在该类情况的各种情形下，同意难以被视为自由给出”。[94] 同样，雇主与雇员之间的关系也是不平等的，雇员给予的任何同意可能被视作无效。

因此，当你要求数据主体同意时，你必须确保数据主体有真正的拒绝选项，并且拒绝同意不会对其有任何影响。不能满足这一要求的组织，特别是公共当局，需要确保它们有根据当地法律或欧盟法律来进行处理的有效依据。

同意还必须是“指明的”，这意味着同意必须指明处理的确切目的。这种同意的一个例子是保险公司为确定风险级别而对个人数据的请求。[95] 在这种情况下，保险公司需要告知数据主体，其提供的所有信息可能被用于计算保费和提供有针对性的服务。

然而，并非在所有情况下都需要得到指明的同意。例如，在线零售商要求客户提供地址时，不需要声明该地址将用于交付客户的货物。这属于为履行合同而处理数据的惯常许可。在这个例子中，你需要确保客户同意建立他们的账户。当然，你将仍需要告知他们还会有哪些合法处理活动是依据其他法律所开展的，例如，你将使用这些数据来完成他们的订单。

应确保“知情”同意与“指明”同意紧密关联在一起。数据主体如没有被充分告知，便不能视为其同意某事。作为数据控制者，你有责任确保这些信息是明确的，特别是当你将个人数据用于商业目的时。同样，数据主体必须“被告知处理操作的存在及其目的”，[96] 这涉及公平和透明的处理原则。这也意味着你不能在获得同意的处理背后隐藏另一项处理。

同意必须是“毫不含糊”的。在大多数情况下，你将向数据主体提供一份书面形式的同意书，他们只需确认他们已理解并准许即可。这意味着书面同意书不得有误导性，它必须清楚地表明数据主体实际地给出了对处理的同意。

同意必须基于给出“一个声明或明确的肯定行为”。不仅声明应足

[94] GDPR，鉴于条款第 43 条。
[95] 这也可能构成对个人的数据特征分析，因此除同意之外，还可能有其他的担忧。
[96] GDPR，鉴于条款第 60 条。

够明确（不论是经由数据主体书面或口头，还是经由与数据主体有明确协议的控制者给出），一个肯定性的行为也理应如此。在这种情况下，肯定行为应是数据主体实际做出的，而非通过未做相应的举动来表明。

例如，通过在弹出窗口中提供一份同意声明，并附上一个复选框来征得同意，这就需要一个肯定性行为——数据主体执行一个表示同意的动作。[97]同样的弹出窗口，假若数据主体什么也不做就算同意，或者这个复选框被预先勾选了，那么这就不构成一个肯定性行为。使用难于理解的措辞（例如“如你不希望你的个人数据不被处理，请取消勾选”）可能会在多个点上触犯 GDPR。

## 撤回同意

数据主体有权撤回他们所给予的任何同意，届时，数据控制者必须停止处理其个人数据，或确定是否有其他理由可做处理。

GDPR 第 7 条规定：

数据主体有权随时撤回其同意。撤回同意将不会影响被撤回前，基于同意的处理的合法性。在给予同意前，数据主体应被告知此权利。撤回同意应与给予同意一样容易。[98]

归根结底，数据主体能撤回同意与一开始获得他们的同意同样重要，而且应该能够同样轻松地完成。

响应同意撤回是一项新规定，它可能迫使你考虑采用新方法来管理个人数据。要记住：你将需要同时对同意了多项处理的一批数据主体做出响应。例如，如果一个数据主体通过一组复选框同意了一系列不同的处理行为，他们应该能够以类似的简单方式撤回同意。这将对网站和系统的设计有很大的影响。

## 同意的替代

GDPR 第 6 条规定了处理个人数据所有可用的法律依据，首先是同意。其他的是：

[97] 事实上，通用数据保护条例在鉴于条款第 32 条中明确规定，这是获得同意的一种可接受的方法：“[ 同意 ] 可包括在访问互联网网站时做勾选项选择、给各类信息社会服务做技术设置选择，或通过做出另一项声明或行为以明确表明，在该情境下数据主体接受对其个人数据的预期处理”。

[98] GDPR，第 7(3) 条。

1. 处理是数据主体作为合同主体履行合同之所需，或处理是因数据主体在订立合同之前的请求而采取的必要措施。这将包括在订立合同之前收集有关数据主体的基本数据,或为满足合同要求而处理个人数据。它不包括不符合合同目的的处理。在此基础上，基于雇主与雇员关系所进行的大多数处理可能是合法的。

2. 处理对于控制者履行法律义务是必要的。这可能涉及银行处理有关其客户的信息，以便向税务机关或出具年度报告的公共机构提供有关报告等。在这类情况下，请参考对所要求信息做出概述的具体法律。在此基础上，雇主处理与其雇员有关的税务信息可能是合法的。

3. 处理是保护某人切身利益所必需的。这可能是出于安全原因或保护经济利益。例如，处理特定区域内每个人的个人数据用于制定适当的措施来预防犯罪。在此基础上，处理员工近亲的信息可能是合法的。

4. 处理是为公共利益或行使控制者的官方授权而执行的任务所需。这一条件主要涉及公共当局，如警察、边检机关、税务机关及其代理人。在这些情况下，允许有关当局处理个人数据以保障公众利益。

5. 处理是为了控制者或第三方的合法利益所需，但数据主体的利益、权利或自由优先于上述实体利益的除外，特别当数据主体是儿童的情况。[99]这些合法利益包括科学或历史研究目的的处理。在该类情况下，GDPR 承认，为这种目的取得同意极为困难，而且这种处理一般对社会有利。但如果研究被证明对可识别的数据主体或某类主体不利，该合法依据将不适用。

当数据主体是客户在被控制者服务的情况下，如果数据主体与控制者之间存在“相关及适当”的关系，也可能存在前述的合法利益。[100]无论如何，合法利益是否存在都需要仔细评估，包括数据主体是否能合理地预期：处理是在收集个人数据的时候和情况下进行。鉴于条款第 47 条允许因防止欺诈所必需做的个人数据处理，成为有关数据控制者的合法利益。为直接营销目的而开展的个人数据处理也可能被视为为合法利益而进行的处理。



[99] GDPR，第 6(1) 条。
[100] GDPR，鉴于条款第 47 条。

鉴于条款第 48 条允许属于企业集团或中央机构下属机构的多个控制者将为内部行政管理目的所做的个人数据传输，包括处理客户或雇员的个人数据，视作其合法利益。

鉴于条款第 49 条承认数据控制者在“为确保网络和信息安全，在严格必要和相称的范围内”处理个人数据也具有合法利益。

## 同意的实际运作

对同意的管理需要考虑一些实际问题，包括收集同意的方法、审查和撤回同意的程序，以及证明其遵守的方法。

证明同意的责任完全由数据控制者承担。正如 GDPR 所说，“如果处理是基于数据主体的同意，控制者应能证明数据主体已同意处理操作”。

考虑到这一点，你将需要决定如何来获得证据。最简单的解决办法是为每个数据主体保留一份所有同意的记录。对于存储在数据库中的数据，这应该是相对简单的——你甚至可以记录同意的时间，以便与收集的数据和各个流程做核对。

收集同意的实际方式也需要考虑。许多组织已经有了相应的做法，但随着同意适用范围的扩大，以及更严格的相关要求，有关做法应该重新被审查，即使只是为了确认它仍然合规。

一般来说，有三种方式可以取得同意：使用网络表单、在纸张上、口头上通过电话或同等方式。在第一种情况下，数据主体将收到一份陈述，说明将收集哪些数据以及这些数据将用于什么目的，连同批准同意的某种方法。在纸张上，方式可能是一样的—— 一份预先准备好的声明，在数据主体签字后移交给数据控制者。最后一种选择略有不同，可以将同意记在笔录里，但这可能很麻烦（因为文件或记录的媒体太大），或者数据主体可以口头表示同意，然后由接听电话的其他人代表数据主体将同意以实物或数码形式来记录。

无论你使用何种方式收集同意，你都应确保同意可随时被查阅及编辑，以应对数据主体撤回其同意。

你还应确保你有处理撤回同意的程序。数据主体必须能够像给予同意一样容易撤回同意。事实上，由于撤回同意与数据主体的权利密切相关，在某些情况下，如果现有的给予同意的方式不算简单的话，你可能还需要让撤回比给予更容易。也许你的主要业务并不涉及数据处理，所以你从未努力使同意流程化并易于获得，那么现在你需要对同意做出管理，以确保数据主体能够行使他们的权利。

对于业务模式较为“常规”的机构，应有简单的方法让数据主体检视及撤回其同意。使用一套在线工具或“仪表板”，让数据主体可以看到所有相关处理的概况，动态地更改他们的同意，甚至更新或更正他们的个人数据，这将解决在 GDPR 下的大量问题。

此外，这样的集成解决方案会向你的数据主体强调其个人数据与处理的关系，并向他们提供对其个人数据的控制，从而提高你的透明度，进而赢得你的声誉。

你将需要确保你所选择的、与撤回同意有关的任何流程或政策都记录在案，并且你可以衡量其执行情况。

## 儿童

儿童——任何 16 岁以下的人[101]——不能对“信息社会服务”处理其个人数据做出同意，因此必须征得对儿童拥有监护权的人的同意。GDPR 解释到，这是因为“儿童的个人数据值得特别保护，因为他们可能不太了解有关的风险、后果和有关的保障措施，以及他们在个人数据处理方面的权利”。[102]

但上述说法只适用于“信息社会服务”，而且只适用于通常需要征得同意的情况。如果你的处理在其他理由下是合法的，那么你不需要得到针对儿童的同意。当然，信息社会服务是指“通常以报偿为目的，通过远距离、电子手段和应服务接受者的个人要求提供的任何服务”，[103]也就是说，儿童不能对互联网上的商业合同做出同意。

尽管组织对此仍有许多的回旋余地，例如那些提供当面服务的组织，但这确实意味着许多企业在收集网上数据时需要确保他们有适当的流程

[101] 请注意，GDPR 允许成员国单独确定可以独立做出同意的年龄，这一年龄在 13 ~ 16 岁变动——例如，英国将处理个人数据的同意年龄定为 13 岁。跨成员国开展业务的组织必须了解这一点，并需要处理好在正式同意年龄方面可能存在的差异以及它们需要获得的合规证据。

[102] GDPR，鉴于条款第 38 条。

[103] 欧盟 2015/1535/EU 指令，第 1(1)(b) 条。

来确认客户的年龄。你用以确保所有同意有效的程序，需要考虑到数据主体的年龄，特别是当你提供的可能是孩子感兴趣的服务时。这项规定要真正有效执行可能会很困难。

最简单的办法是不收集任何个人数据，但这对许多组织来说并不实际。包括英国 BBC 在内的大型公共组织过去（在英国脱离欧盟之前）曾制定过确保父母同意的指导方针，该指导方针提供了有关的例子来说明如何确定“必要的”同意程度以及安全给出同意的方法。[104]

如果你对如何安全给出父母的同意有任何疑问，你应该咨询监管机构。BBC 的示例方法涵盖：针对“适用于各年龄段的儿童且对其权利和自由几乎不构成风险的数据处理”的非正式方法，以及处理在涉及更多的数据或更大的风险时更彻底的审查方法，其中包括：

· 使用简单的措辞要求子女征得父母的同意；

· 要求使用可点击的可选项，以确认在儿童在进一步使用服务前已获得同意；

· 要求家长以电邮方式表示同意（例如家长用与其子女不同的电邮确认他们乐意让子女将自己的照片上传至 BBC 的网站）；

· 需要核实父母的同意，例如有父母或监护人签名的信件或有记录的个人电话。[105]

在向孩子解释处理的性质时，即使正式的同意是由一个成年人给出的，你也必须使用更简单、更清晰的语言解释。GDPR 规定：“只要是针对儿童的处理，任何有关的信息和通信都应使用儿童能够容易理解的、明确的和简单的语言”。[106]

你还需要确保有一个撤回同意的程序，且撤回和给予一样简单。只需要按照正常的撤回要求即可，并没有关于撤销父母同意的特殊要求。

## 个人数据的特殊类别

除特殊情况外，GDPR 禁止处理特殊类别的个人数据[107]。这些规定要求处理个人信息要有合法依据，并且还必须满足第 9 条的若干具体条

[104] ww.bbc.com/editorialguidelines/guidelines/children-young-people.
[105] www.bbc.com/editorialguidelines/guidelines/children-youngpeople/guidelines#9.
[106] GDPR，鉴于条款第 58 条。
[107] GDPR，第 9(1) 条将其定义为“揭示种族或族裔出身、政治见解、宗教或哲学信仰或

件。其中首要的条件就是数据主体对具体处理的明确同意。因此，你须确保对于任何特殊类别的个人数据，其处理同意都有非常清晰的记录。你还应确保你对这类处理的描述要比其他处理活动的描述更清楚，因为不当使用这些类别的个人数据，可能会对数据主体造成极大的损害。

允许处理特殊类别个人数据的其他条件一般是保护公共利益或保护数据主体和其他自然人。这些豁免通常仅限于公共当局及其代理人。

## 有关刑事定罪和犯罪的数据

最后一类个人数据是与刑事定罪和犯罪有关的资料，目前还没有同意处理这类资料的规则。但是，有一项要求是，这种处理“只能在官方当局的控制下进行，或在欧盟或其成员国法律授权下进行，从而为数据主体的权利和自由提供适当保障”。[108]

如果你有任何处理活动正依赖于这种类型的数据，你将需要确保你是以官方身份在操作。GDPR 中没有给这些数据留有进行私人或商业处理的空间。



工会成员身份的个人数据，以及有关自然人性生活或性取向的健康或数据的遗传数据、生物统计数据等”。

[108] GDPR，第 10 条。

# 第七章　主体查阅请求

正如我们已看到的，数据主体有权要求数据控制者提供其个人信息。这些请求被称为数据主体查阅请求（DSARs），GDPR 指出，这些请求可以使数据主体“了解并核实处理的合法性”。[109]

个人通过提出数据主体查阅请求行使其权利，以确认其数据正在由数据控制者处理，并通过查阅其个人数据及其他补充信息，以理解向其披露的数据。

查阅个人资料的权利允许数据主体在一个月的时限内查阅其他相关的资料，例如为方便数据主体查阅所提供的在线服务的有关信息。[110]

GDPR 还强调了数据主体获取有关其健康信息的重要性。这包括他们医疗记录中的任何数据，如诊断、检查结果、医疗评估和已提供的任何治疗或干预。[111]

## 接收请求

任何拥有个人信息的组织都可能收到数据主体的查阅请求。

需要注意的是，尽管你可能会为数据主体提供某种方式来提出查阅请求，但他们不一定使用该方式。请求可能会以任何形式（不一定是书面形式）提出，并夹杂在大批的请求中，甚至要求组织以其并未使用的格式来返回请求的信息。

GDPR 下的数据主体查阅请求会给组织带来一定的管理负担。组织需要识别、响应所有的数据主体的查阅请求，并建立相应的系统以保障其能在一个月内做出回应。

[109] GDPR，鉴于条款第 63 条。
[110] GDPR，第 12(3) 条。
[111] GDPR，鉴于条款 63 条。

控制者还必须给予个人以提出其数据主体查阅请求的机会，并“在合理的时间周期内来方便地行使这一权利”。[112] 这可能需要一个面向客户的有关流程程序的审查以及额外的员工培训，以确保其能够满足GDPR对数据查阅和提取的有关规定。

## 提供信息

数据控制者必须向数据主体提供“正在处理的个人数据的副本”。[113] 这一看似简单的声明，对于数据控制者在响应数据主体查阅请求时所必须提供信息的范围来说意味颇多。

更具体地说，除了相关的个人数据外，数据主体还有权查阅以下信息：

· 数据处理的目的；

· 个人数据的类别；

· 数据已经或将要披露给谁，特别是第三国或国际组织中的接收者；

· 个人数据会储存多久，如无法估计，则应说明用以确定留存时长的准则；

· 数据主体对其数据享有的相关权利，包括向监管机构提出申诉的权利；

· 当个人数据并非直接从数据主体处收集，有关数据来源的任何信息；

· 是否对个体的个人数据采用了任何自动决策程序，例如数据特征分析。如果有，控制者必须提供“关于所涉及逻辑的有意义的信息，以及这种处理对数据主体的影响力和预期的后果”[114]。

这一清单与此前的法律要求相比扩展了许多。

## 数据携带

根据GDPR的规定，数据主体享有数据携带权。这是一项不在数据保护指令（DPD）范围内的新要求，但它却是GDPR的一个重要要求，其中规定：

鼓励数据控制者开发可互通的格式来方便数据的携带。该权利应适

---

[112] GDPR，鉴于条款第63条。
[113] GDPR，第15(3)条。
[114] GDPR，第15(1)条。

用于数据主体在其同意的基础上所提供的个人数据，或处理属于履行合同所需的情况。如果处理是基于除同意或合同以外的法律理由，则不适用该原则。[115]

这项权利从根本上讲允许数据主体自由地更换供应商，但它也是对查阅权的补充，数据主体可以要求其数据以“结构化、通用和可机读的格式”[116]提供。

若数据主体的查阅请求是以电子形式提出，则响应资料应以通用的电子形式提供，除非数据主体特别提出以其他合理的形式提供。[117]该信息所呈现的格式可能对使用特殊格式或只持有纸质记录的控制者产生重大的财务影响。因此，数据控制者可能需要开发格式转化的能力，以符合 GDPR 的要求。

要记住，该规定适用于数据主体行使其权利而向数据控制者查阅的所有信息。你必须尽力以通用格式提供信息，若你允许数据主体以电子方式提出请求，你就必须以电子方式回复。对于许多组织来说，这并不构成问题：其数据是以机器可读的数据库格式存储的，完全可通过一个基于用户账户的应用或类似的方式来提供。对于以其他方式处理数据的组织来说，投资于将数据转换为可用格式的工具，并考虑提供一个网络应用或类似解决方案是明智之举。不过，请注意，只有当你允许数据主体以电子方式提出请求，你才必须以电子方式来提供有关资料。

## 数据控制者的责任

响应数据主体查阅请求的责任在于数据控制者。数据控制者需要确保数据处理者能够在 GDPR 规定的一个月内提供所有相关信息。在收到任何此类请求之前，设计、记录和部署一个符合 GDPR 具体要求的数据主体查阅请求程序，并培训该程序所涉及的相关工作人员，都是有意义的。

在服务级别协议中加入对“响应性”的保证，是能够让处理者帮助你满足要求的一种方法。你也可以安排对处理者所持有数据的直接查阅，或者建立一个系统，使请求的相关数据可以自动地，或者以最少人工交互的方式来获取。

[115] GDPR，鉴于条款第 68 条。
[116] GDPR，第 20(1) 条。
[117] GDPR，第 12(3) 条。

数据控制者还必须向数据主体说明他们在更正或删除其个人信息、对处理活动提出反对以及向有关监督当局提出申诉方面的权利。这些都是向数据主体提供其个人数据及有关资料后可能的诉求。

被请求的个人数据如果不是从请求者处获得，控制者必须确认它们是从哪里收集的。请求者还有权获得其个人信息在传输到欧盟和国际组织外时所涉及保障措施的有关细节。

透明是 GDPR 的一个核心要素。数据控制者有责任在数据主体发起一个查阅请求的每个阶段都确保透明。

## 流程与程序

GDPR 对数据控制者施加压力，要求其在比 DPD 等先前指令规定的更短的时间内提供更多的信息，以响应数据主体的查阅请求。控制者应尽快制定出处理数据主体查阅请求的具体程序，并审查面向客户的团队的现有流程、程序和工具，以确保它们足以应对 GDPR 的数据查阅规则。

控制者必须确保工作人员得到充分的培训，以判别单个人的请求是否构成数据主体查阅请求，而该请求可以以任何形式提出，且不必是通过由数据控制者所提供的渠道来提出。鉴于 GDPR 不允许对数据主体的首次查阅收取费用，控制者还应确保员工做好处理潜在大量请求的准备。

如果数据主体查阅请求有效，则必须以结构化和机器可读的格式导出数据。根据请求的性质，还可能需要以其他格式传递数据。为了保证数据可携，数据控制者应该采取合理的步骤来开发新的系统，改进现有的架构，或者建立一个可以将数据转换为通用格式的程序。

对于许多组织而言，最简单的解决方案是对现有的数据查阅门户进行升级，让数据主体直接行使其查阅权。这样做的好处是组织可以将个人数据置于相应的语境下，且符合鉴于条款第 63 条的意图。该条款指出：“在可能的情况下，控制者应能提供安全系统的远程访问，让数据主体可直接查阅其个人数据。”

GDPR 还规定，通过远程访问安全系统获取个人数据或获取信息副本的权利不应对他人的自由和权利产生不利影响。为了确保这一点，控制者应该检查所提供远程访问的性质和其保存的数据。在其他的考虑因素中，控制者还需要考虑系统如何验明用户的身份、可用数据的敏感性，以及在互联网上提供个人信息查阅是否存在其他的隐私问题或法律限制等问题。

## 用以确认请求者身份的可选方案

确认请求者的身份对于 GDPR 合规至关重要，GDPR 明确要求控制者在向数据主体提供其个人数据前应验明其身份。这也有助于减少第三方非法接触个人数据的风险。

数据控制者必须要求数据主体提供足够的资料，以判断请求者是不是个人数据的所有者（或经其授权来提出查阅请求的个人）。如果个人的身份是显而易见的，控制者不能要求过多的信息。如果数据控制者与数据主体有持续的关系，那么这一点尤其适用。

举例来说，如果一个组织收到现任雇员书面的数据主体查阅请求，那么要求其通过常规渠道提供护照或水电费账单的副本来核实其身份似乎就有些过分。由于机构认识提出请求的人，因此自动批准该要求并将信息直接传递给数据主体是合理的。

另一方面，如果一个组织收到了一个与其没有长期关系的客户的书面查阅请求，那么要求他们提交具体的文件和信息，如出生日期、地址、带照片的身份证明、水电费账单等来核实该人的身份则是合理的。

尽管数据控制者必须使用合理的手段来核实提出上述请求的个人是数据主体，但他们不得保留核实此类数据请求所用到的特定信息，如鉴于条款第 64 条所述："控制者应采取一切合理措施来核实请求查阅的数据主体的身份，特别是涉及在线服务和网络身份标识的情况下。控制者不应仅以回应潜在的请求而保留个人数据。"

如果控制者对数据主体的身份有合理的怀疑，他们可以要求数据主体提供补充信息。控制者不应拒绝数据主体提供补充信息，只要其提供补充信息"是为了支持其行使权利"。[118] 从过往来看，补充信息可能是数据主体的母亲的娘家姓、他们就读的学校或其他一些跟数据主体同组织间业务无关的个人信息。

对于数据控制者来说，要在验证数据主体的实际需要和不持有额外

[118] GDPR，鉴于条款第 57 条。

信息的合规性要求之间取得平衡可能是困难的，与数据主体没有实际接触的在线服务可能会被此类验证的过程困扰。GDPR 的鉴于条款第 57 条为在线验证提供了一些指导，其指出：

身份鉴定应包括鉴定数据主体的数字身份，比如通过类似证书的验证机制，数据主体使用证书来登录由数据控制者提供的在线服务。

多因素验证是核实数据主体在线身份的一种选择，在此方式下，个人必须向系统提供几个单独的证据。这种证据通常至少包括以下类别信息中的两个：所知（数据主体知道的东西，如 PIN 或密码）、属物（属于数据主体的东西，如信用卡或物理令牌）和属性（标识数据主体的东西，包括指纹或声音模式等生物特征数据）。

个人也可以通过第三方提出数据主体查阅请求，第三方包括（通常也是）代表客户行事的律师。这给身份验证增加了另一层复杂性，因为数据控制者必须确信发出请求的第三方有权代表数据主体行事。在这种情况下，第三方有责任以授权书或其他书面形式提供这种证据。



## 可查阅的记录

满足一个数据主体的查阅请求需要检查哪些记录，是一个需要考虑的关键因素。而这跟请求和数据控制者本身的性质有关。以下是数据主体可能要求查阅的某些记录：

· 在数据库或数据仓库中存有或将存有的任何个人信息；
· 通信记录，不论是实体信件、电子邮件、短信还是其他格式的通信；
· 在一个高度结构化以便信息检索的人工归档系统中保存的记录；
· 有关健康、教育、社会服务或住房的记录；
· 公共当局掌握的任何其他信息；
· 录像和录音，以及对个体个人信息所做的处理活动的记录。

在“不可能验明主体，或者会涉及不相称的努力”[119]的情况下，数据控制者可不必为数据主体的查阅请求来提供相关信息。例如，对于一个涵盖大量数据主体、已对其中数据主体做高级别匿名化处理的庞大档案库来说，提供相关信息可能会被证明代价过高或耗时过长，或可能与已将信息保存在该档案库中的其他数据主体的权利相冲突。

[119] GDPR，鉴于条款第 62 条。

## 时间和费用

数据控制者必须“毫不拖延地，最迟在收到请求后一个月内”[120]满足数据主体的查阅请求，尽管如 GDPR 所述，在某些情况下可以延长这一期限：

必要时，考虑到请求的复杂性和数量，这一期限可再延长两个月。控制者应在收到请求后一个月内将任何此种延迟通知数据主体，并说明延迟的原因。[121]

控制者不能对数据主体的首次查阅请求收取费用，而这在以前的 DPD 中是允许的。根据 GDPR，首次的数据副本必须免费提供给数据主体。而后，控制者可以对任何额外的副本收取“基于管理成本的合理费用”。[122]

## 批量主体查阅请求的处理

如果接收到批量请求，则必须逐一考虑每个主体的查阅请求，并对其做出适当响应。这里有许多潜在的影响，因此数据控制者能够评估是所有还是仅部分请求有效是至关重要的。如果数据控制者接收到过多的请求，它还可以将一个月的响应时限再延长两个月。无论何种情况，数据控制者都必须做好准备，以应对主体查阅请求数量的峰值。

## 拒绝的权利

如果数据控制者不打算依从主体的查阅要求，他们必须在收到请求后一个月内提供拒绝的理由。拒绝的理由包括查阅请求所要求的信息可能“对他人的权利和自由造成不利影响”。[123] 换句话说，保护商业秘密或知识产权可以成为 GDPR 下拒绝披露信息的正当理由。

如果数据控制者决定拒绝请求，它需要有适当的政策和程序来证明该请求为什么符合可拒绝的条件。

## 响应流程

图 6 是一个简单的流程概览图，列出了接收和响应数据主体查阅请求的关键阶段。请注意，很多请求应给予相应的关注，并对跟踪或记录

[120] GDPR，第 12(4) 条。
[121] GDPR，第 12(3) 条。
[122] GDPR，第 15(3) 条。
[123] GDPR，第 15(4) 条。

流程有着不同的需求。须进一步注意的是，其中“一个月的时限”可以被推迟，直到请求者的身份被核实。如果核实在请求时已完成（或已隐含在内——如通过已鉴别数据主体身份的门户提交请求），相应的工作则应在收到请求后立即开始。

图 6 数据主体查阅请求流程

# 第八章　数据保护官的角色

GDPR 采用了一些组织中已存在的角色，即 DPO，并赋予其法定的重要性。

GDPR 第 37—39 条规定了 DPO 任命的有关要求，以及他们的职业规范、角色、责任和与其他实体（如数据主体、控制者和处理者等）的关系。

根据 GDPR，你所在组织是否需要任命一名 DPO，可归结为三个基本条件。

在下列情况下，控制者和处理者应指定一名数据保护官：

（a）由公共机关执行处理，但以司法身份行事的法院除外；

（b）控制者或处理者的核心工作因其性质、范围和／或目的需要对数据主体进行大规模的、定期及有系统的监察的处理；

（c）控制者或处理者的核心活动包括第 9 条涉及的大规模处理特殊类别的数据以及第 10 条所述与刑事定罪和犯罪有关的个人数据。[124]

欧盟的第 29 条工作组[125]就这些要求中的关键定义提供了指导[126]，我们为此进行了总结 。但值得注意的是，实施中的定义可能会因成员国而异。

该条例还允许个别成员国通过有关 DPO 的补充法律。[127] 例如，一个成员国可以要求对其管辖范围内更多的组织提出设立 DPO 的要求，

[124]　GDPR，第 37(1) 条。

[125]　译者注：这里的第 29 条工作组是指根据 1995 年《数据保护指令》第 29 条所成立的工作组（the WP29——The Article 29 Data Protection Working Party）。

[126]　WP 29 工作组《数据保护官指南》，2017.4https://ec.europa.eu/newsroom/article29/itemdetail.cfm?item_id=612048.

[127]　GDPR，第 37(4) 条。

因此，今后可能会有更多组织不得不任命 DPO。[128]

如果你不符合这些条件，你可以不用任命 DPO。但即便如此，仍可能会有很好的其他理由来支持你设立一个 DPO，例如优化你的合规项目，随时向你提供专家意见或指导，或者在情况发生变化而需要你设立一个 DPO 时你已做好准备。就像各种规模的组织通常会赋予一个或多个人在人力资源、健康和安全方面的具体责任一样，数据保护责任很可能会成为所有情况下都需要的基本业务能力要求。

**核心活动**

GDPR 多次提到“控制者或处理者的核心活动”。[129] 第 29 条工作组将核心活动定义为“实现控制者或处理者目标所必需的关键操作”。然而，核心活动还包括作为控制者或处理者活动不可分割的一部分的处理。例如，医院的核心活动是提供医疗保健，如果不处理健康数据（如病人健康记录），医院就无法提供其服务。因此，处理这类数据是一项核心活动，必须任命一名 DPO。

可被视为这些核心活动辅助职能的活动，例如发放薪金或信息技术支持虽然也是必要和 / 或必须的，但只被视为辅助职能，而非核心活动。

**大规模**

GDPR 要求在大规模处理个人数据时应指定一名 DPO，[130] 但没有界定什么是大规模数据处理。鉴于条款第 91 条的指导意见是，“目的是在区域、国家或超国家一级处理大量个人数据，可能影响大量数据主体，并可能导致高风险的大规模处理”属于其范畴。同时，该鉴于条款还特别规定，“如果处理涉及个别的医生、其他保健专业人员或律师从病人或客户那里获取的个人数据，则不应被视为大规模处理”。

EDPB 尚未就“大规模”——无论是处理的数据数量还是涉及人员的数目——提供更精确的指导。不过，第 29 条工作组建议，在确定处理是否属于大规模时应考虑以下因素：

· 有关数据主体的数量——特定人数或占相关人口的比例；

· 处理的数据量和 / 或处理涉及的不同数据项的范围；

[128] 例如，德国要求各组织当涉及非自动化处理的人数超过一定数目时须指定一个 DPO。
[129] GDPR，第 37(1)(b) 条与第 37(1)(c) 条，鉴于条款第 97 条。
[130] GDPR，第 37(1)(b) 条与第 37(1)(c) 条。

· 数据处理活动的持续时间或持久性；

· 处理活动的地理范围。

第 29 条工作组还指出，大规模数据处理将包括：

· 医院在正常业务过程中处理病人数据；

· 针对使用城市公共交通系统的个人的旅行数据处理（例如通过旅行卡进行追踪）；

· 由专门提供相关服务的处理者对国际快餐连锁店顾客的实时地理位置数据所做的统计用途的处理；

· 保险公司或银行在正常业务过程中处理客户数据；

· 处理个人数据用于搜索引擎的行为广告；

· 由电话或互联网服务供应商所做的数据（内容、流量、位置）处理。不构成大规模处理的例子包括：

· 由个别医生所做的病人数据处理；

· 由个别律师所做的与刑事定罪和犯罪有关的个人数据处理。

**定期及系统的监测**

在 GDPR 中没有给出“定期和系统的监测”的定义，但其讨论了“监测数据主体行为”的概念，并将互联网上所有形式的跟踪和特征分析涵盖在内，包括涉及行为广告的。[131]

第 29 条工作组明确指出，监控并不限于在线环境，在线跟踪只是监测数据主体行为的一个例子。[132]

第 29 条工作组的指导意见提供了它对这些要素的解释，其中“定期”应理解为以下一种或多种情况：

· 在某一特定时期以特定间隔发生或持续性地进行；

· 反复发生或在固定时间内重复发生；

· 不断或定期发生。

而“系统性”指下列一种或多种情况：

· 在一个系统中进行；

· 预先安排、有组织地或有条不紊地发生；

[131] GDPR，鉴于条款第 24 条。

[132] GDPR，鉴于条款第 24 条，在“监控其行为”（第 3(2)(b) 条）和“定期和系统性地监控数据主体”（第 37(1)(b) 条）的措辞上存在差别，可被视为是一个不同的概念。

· 作为数据收集总体计划的一部分进行。

· 作为战略的一部分执行。

定期和系统的监测的一些例子：

· 经营电信网络；

· 提供电信服务；

· 电邮重定向（电子邮件营销）；

· 为风险评估目的（如信用评分、确定保费、防止欺诈、侦查洗钱）进行的特征分析和评分；

· 位置跟踪，如通过手机应用程序；

· 客户忠诚度跟踪；

· 行为广告；

· 通过可穿戴设备监测体能和健康数据；

· 闭路电视；

· 互联设备，例如智能电表、智能汽车、家居自动化等。

## 自愿指定 DPO 的情况

每个组织都必须基于其业务运作的规模、复杂性和多样性等因素，以及其业务可接受的风险水平和数据主体的权利和自由所面对的风险来做出理性评估，以决定是否委任一名 DPO。在多数情况下，对大多数组织的建议是做出这样的任命，因为涉及的风险可能很大，合规的复杂性也不可小觑。

当一个组织在自愿基础上设立一个 DPO 时，根据 GDPR 规定，对该 DPO 的任命、对其职位和任务的有关要求，与设立 DPO 属强制要求时涉及的职位及任务要求一样。

除非一个组织明显不需要设立 DPO，否则第 29 条工作组都建议控制者和处理者记录下为确定是否设立一个 DPO 而做的内部分析，以便能够证明各种相关因素都得到了适当考虑。

应当指出，你可以不必在组织内部专门设立一个 DPO，与其他组织共享一个 DPO 是完全合理的，比如通过一个第三方的服务提供商，像专业的咨询公司或法律事务所等。

## 共享 DPO 的情况

GDPR 允许企业集团指定一个内部共享的 DPO，条件是“每个分支机构都能方便地接触到”该 DPO。[133]

“可接触”表明了 DPO 既作为与数据主体和监督当局的联络点，同时也作为组织内部的联络点的角色，因为 DPO 的任务之一是“知会控制者、处理者和根据本条例履行其义务的雇员并向他们提出建议”。[134]

为确保 DPO（无论是内部的还是外部的）是可触达的，重要的是确保其联系方式按 GDPR 的要求是可用的。[135]

DPO 必须能够与数据主体进行有效的沟通，并与有关监督当局进行合作。这也意味着，这种沟通必须以监督当局和有关数据主体使用的一种或多种语言进行。

可以为不同组织结构和规模的公共机构指定单个 DPO。[136] 这也是出于资源和通信上的考虑。

鉴于要承担各种任务，控制者必须确保单个 DPO 能够有效地执行这些任务，尽管他可能负责对接多个公共机构。

DPO 其个人的“可用性”（无论他是跟员工同在一地，还是得通过热线或其他安全的通信手段沟通）对于确保数据主体能够联系到 DPO 至关重要。

根据欧盟或其成员国的法律，DPO 对其任务的执行有保密义务。然而，保密义务并不禁止 DPO 与监管机构联系和寻求意见。[137]

## 基于服务合同的 DPO

DPO 的职能也可以根据与第三方的个人或组织签订的服务合同来行使。事实上，这可能也是许多组织履行任何此类义务最合适的方式。

2020 年 5 月，比利时数据保护当局依据对任命了不合适 DPO 的一个组织依据 GDPR 处以了重罚。该组织任命了一个有利益冲突的、对个人数据处理有一定发言权的人。具体来说，他可能是某个部门的负责

[133] GDPR，第 37(2) 条。
[134] GDPR，第 39(1)(a) 条。
[135] GDPR，第 37(7) 条。
[136] GDPR，第 37(3) 条。
[137] GDPR，第 38(5) 条。

人，这意味着他对该部门内处理个人数据的方式和目的有一定的决定作用，而这几乎可能是每一个管理人员的真实情况。很难想见一个在现有的任何重要位置上的人可以被任命为 DPO。因此，最好的解决办法是专门为这个角色雇用一个人且不履行其他职责——或者以服务合同来雇用一位。

在这种情况下，行使 DPO 职责的组织成员（包括 DPO 外包服务人员）必须满足 GDPR 的所有相关要求（例如不可以有利益冲突）。[138]

同样重要的是，每一名从事此类工作的人员都应受到 GDPR 条款的保护（例如，不得因为 DPO 的有关活动而不公平地终止服务合同，也不得不公平地对执行 DPO 任务的组织中的任何个别成员做出解雇）。同时，可以将个人的技能和优势结合起来，在一个团队中工作的几个人可以更有效地为他们的客户服务。

为了法律上的明确性和更好地组织工作，团队内部应该有明确的任务分配，为每个客户都指定一个人作为牵头联系人和负责人。签订此类服务合同的组织应确保在服务合同中对这些安排做出明确的规定。

## DPO 联系方式的公布

GDPR 要求控制者或处理者：

- 公布 DPO 的联络资料；
- 将其联系方式告知相关监管部门。[139]

这些规定确保了（包括组织内部和外部的）数据主体和监管机构可以直接地、秘密地联络 DPO，而无须先联系组织的其他部门。

DPO 的联系方式应涵盖可以让数据主体和监管机构方便地联系到他们的信息（邮政地址、专用电话号码和专用电子邮件）。在合适的情况下，为了与公众沟通，还可以提供其他的沟通方式，例如，在组织网站上提供专门的热线电话，或者专门的联系表格，以联系 DPO。

GDPR 并不要求公布的联系信息里包含 DPO 的姓名。尽管公布其姓名可能是一个好的做法，但这是由控制者和 DPO 来决定在特定情况下，这样做是否必要或有帮助。

---

[138] 第 4 节，数据保护官。
[139] GDPR，第 37(7) 条。

作为一种好的做法，组织应将 DPO 的姓名和详细联系方式通报给监管机构和其雇员。例如，可以在组织内部的内联网、电话簿和组织结构图中公布 DPO 的姓名和联系方式。

## DPO 的职责

GDPR 规定，控制者和处理者必须确保 DPO“适当地、及时地参与与保护个人数据有关的所有问题”。[140]

因此，至关重要的是，DPO 应尽早参与到制定隐私合规框架和与数据保护有关的所有问题中。关于 DPIA，GDPR 明确规定，DPO 应及早介入，并指出控制者在进行此类影响评估时须征求 DPO 的意见。[141] 确保从一开始就向 DPO 通报情况并征求其意见将有助于组织对 GDPR 合规，并确保通过设计的方法来开展保护数据，使其成为组织治理中的标准流程。同样重要的是，DPO 应被视为组织内对所有数据处理活动都施有关键影响的人，因此，他们应该成为组织内凡涉及数据处理活动的工作组中的一员。

举例来说，组织应确保：

· 定期邀请 DPO 参加中高级管理层的会议；

· 在做出涉及数据保护问题的决定时，他们会在场；

· 所有相关信息都会及时转交给 DPO，以便其充分发表意见；

· 始终对 DPO 的意见给予应有的考虑，如发生冲突和分歧，各方应记录不采纳意见的理由；

· 发生数据泄露时，会即时咨询 DPO。

在适当的情况下，控制者或处理者应制定正式准则，清楚地说明何时必须咨询 DPO。

## 必要的资源

GDPR 规定，各组织有法律义务为 DPO“提供所必要的资源以执行其任务，接触个人数据和处理它的业务，并维系其专业知识”。[142]

以下是履行这一义务的关键点：

[140] GDPR，第 38(1) 条。
[141] GDPR，第 35(2) 条。
[142] GDPR，第 38(2) 条。

· 董事会积极支持 DPO 有关的职能工作。

· DPO 有足够的时间履行其职责。当任命的 DPO 是兼职的，或其除数据保护外还有其他职责时，这一点尤为重要。否则，相互冲突的优先事项可能导致 DPO 的职责被忽视。有足够的时间专注于 DPO 的工作至关重要。如果不是一个全职的角色，那么为 DPO 的职能工作确定一个时间比例是一个好的做法。而确定履行该职能所需的时间、DPO 职责适当的优先级，以及为 DPO（或组织）制订和执行一个正式的工作计划，也是一种好做法。

· 可行的情况下，在财政资源、基础设施（房舍、设施、设备）和人员方面提供充分的支持。

· 向所有员工正式通报 DPO 的任命，以确保组织内都能知道他们的存在及其职能。

· 在必要时可利用其他的一些服务，例如人力资源、法律、安保等，以便通过这些服务获得必要的支持、投入和资料。

· 持续的培训。DPO 应有机会了解数据保护方面的最新发展情况。组织应致力于不断提高 DPO 的专业水平，并应鼓励他们参与数据保护的培训课程和其他形式的专业发展，例如隐私论坛、研讨会等。

· 考虑到组织的规模和结构，可能有必要成立一个 DPO 团队（一个 DPO 及其下属）。在这种情况下，应明确记录小组的内部架构及其每个成员的任务和责任。

一般来说，处理操作越复杂和 / 或越敏感，必须向 DPO 提供的资源就越多。对于正在进行的数据处理，数据保护的职能必须有效，且有充足的资源保障。

### 独立行事

为帮助确保 DPO 能够在充分自主的情况下执行其任务，GDPR 规定对此要有明确的保障。特别是控制者 / 处理者需要确保 DPO“不会收到任何关于执行其任务的指令”。[143] 此外，GDPR 还规定，DPO“不论是否为控制者的雇员，都应能够独立地履行其职责和任务”。[144]

[143] GDPR，第 38(3) 条。
[144] GDPR，鉴于条款第 97 条。

这意味着，在履行 GDPR 规定的任务时，不得指示 DPO 如何处理某一事务。例如，不得告诉他们应该取得什么样的结果，如何调查有关投诉，或者是否应该咨询监管机构。此外，不得指示他们对与数据保护法有关的问题采取何种观点，例如对法律的特定解释。但是，DPO 的自主权并不意味着它们拥有超出 GDOR 规定任务范围的决策权。[145]

控制者或处理者对遵守数据保护法规始终负有责任，并且必须能够证明其遵守了问责制原则。如果控制者或处理者做出的决策与 GDPR 的要求和 DPO 的建议不一致，DPO 应被允许向那些做出决策的人表明其不同意见。

## 对 DPO 的保护

GDPR 对 DPO 的角色给予保护；它要求 DPO “不应因执行（其）任务而被控制者或处理者解雇或处罚”。[146]

这一要求也加强了 DPO 的自主权，并有助于确保他们独立行事，且在执行数据保护任务时得到充分保护。

例如，DPO 可能会认为某项特定处理对数据主体的权利和自由构成较高风险，并建议控制者或处理者执行一个 DPIA，但控制者或处理者可能不同意 DPO 的评估。在这种情况下，DPO 不能因为提供这种建议而被解雇或受到其他处罚。

组织试图惩罚那些提出不受欢迎建议的个人的所有方式都是不合法的。这些不合法的处罚可能有各种形式，可以是直接或间接的。可能的例子包括不予升职或推迟晋升、妨碍其职业发展或剥夺其别的雇员可获得的福利。不一定要这些惩罚实际执行：只要是因与 DPO 活动有关的理由对其进行处罚，光威胁就足以定性。

作为一项正常的管理规则——同其他雇员或承包商一样——DPO 仍可因履行 DPO 的任务之外的其他原因被合法地解雇（例如有盗窃，有身体上、心理上或性的骚扰以及类似的严重不当行为等情况）。

在这方面 GDPR 没有具体说明如何以及何时可以解雇 DPO 或由另一人取代。不过，DPO 的合同越稳定，有更多不会被不公平解雇的保证，

[145] GDPR，第 39 条。
[146] GDPR，第 38(3) 条。

他们就越有可能以独立方式行事。

### 利益冲突

GDPR 有一项规定，允许 DPO“履行其他的任务和职责”。然而，它要求该组织确保“任何此类任务和职责不会导致利益冲突”。[147]

不存在利益冲突与独立行事的要求密切相关。虽然 DPO 允许承担其他职能，但只能委托其承担不会产生利益冲突的其他任务和职责。这意味着 DPO 不能在组织内担任其他会由其来决定个人数据处理目的和方法的职位，或由其来对提供服务负责。由于每个组织都有其特定的架构，因此必须根据具体情况来考虑。然而，从广义上讲，这往往意味着 IT 经理、CIO 或 CISO 不能同时担任 DPO。前面提到的比利时数据保护机构的决定也表明，大多数管理角色不适合担任 DPO。

依据组织的活动、规模和架构，对于控制者或处理者来说，好的做法可能包括：

· 确定与 DPO 职能不相容的职位；

· 制定这方面的内部规则，以避免利益冲突；

· 对利益冲突做出更通用性的解释；

· 作为提高对这一要求认识的一种方式，宣布所任命的 DPO 与 DPO 的职能间没有利益冲突；

· 在组织的规则中加入保障措施，确保 DPO 职位或服务合约的空缺通知足够准确和详细，以避免利益冲突。在这方面，还应铭记，利益冲突可能有多种形式，这取决于 DPO 是内部征聘还是外部招募。

## DPO 的职位要求

GDPR 在第 37 条中对 DPO 做出了描述，指出“数据保护官的任命应基于其专业素质，特别是对数据保护法律和实践方面的专业知识以及完成第 39 条所述任务的能力”。[148] 这种描述很宽泛，因此组织可以自行决定如何具体满足这一要求。

“完成任务的能力”至少与法律知识同样重要。毕竟，法律建议总是可以从专业顾问那里获得；对 DPO 的核心要求是，他们能够完成一

[147] GDPR，第 38(6) 条。
[148] GDPR，第 37(5) 条。

系列具体任务，这就需要他们在实施和运作有效的隐私合规框架方面具备大量的实践知识和经验。就资格和经验而言，这里有一个关于 DPO 可能需要具备的一些属性和知识的简短（且非详尽的）清单，而这些要求取决于这一具体角色的重要性。

· 有一个法律学位，最好是数据隐私法方面的专业，尤其是与 GDPR 相关的；

· 有与数据保护和 / 或信息安全有关的专业资格 / 证书，尤其是与 GDPR 相关的；

· 有与所从事的行业或部门有关的专业资格 / 证书；

· 有执行过数据保护措施和 / 或框架的经验；

· 有对保护个人数据所涉及的关键系统和程序的管理经验；

· 有在风险管理标准和框架方面的经验；

· 具有信息安全管理方面的经验和知识以及关键的网络安全保障认证。

GDPR 的鉴于条款中有一些补充信息："在数据保护法律和实践方面有专业知识的人应协助控制者或处理者监测其内部遵守本条例的情况。……必要的专业知识水平，尤其应根据所进行的数据处理操作，以及控制者或处理者处理的个人数据所需的保护来确定"。[149] 虽然很明显法律资格并不是 DPO 角色的一项要求，但其对数据隐私法的理解必不可少，这种理解可以通过经验获得。DPO 应确保他们不仅熟悉相关法律（包括 GDPR），而且熟悉处理本身的性质以及它与组织业务运作间的关系。

DPO 的典型资格包括 ISO/IEC 17024 认证的 EU GDPR 从业者资格和国际信息技术管理资质委员会 IBITGQ（www.IBITGQ.org）认证的数据保护官资格。更多信息，请参见 www.ibitgq.org/candidates/certificates.aspx。

## DPO 的职责

DPO 是一个受保护的独立角色，正如 GDPR 所规定：

控制者和处理者应确保数据保护官不会收到关于执行这些任务的任

[149] GDPR，鉴于条款第 97 条。

何指示。他不得因执行任务而被控制者或处理者开除或处罚。数据保护官应直接向控制者或处理者的最高管理层报告。[150]

显然，在控制者和 / 或处理者的充分支持和最高管理层的帮助下，DPO 将拥有高度的自主权来履行其职责。

在 GDPR 第 39 条中概述了 DPO 的主要任务[151]。其中第 1 条是：

对依据本条例和欧盟或成员国其他的数据保护规定来履行其义务的控制者或处理者及其雇员，向其提供信息和咨询意见。

也就是说，DPO 负责确保处理个人数据的控制者、处理者和雇员了解他们的义务，并就履行这些义务向其提供建议。虽然这项义务明确适用于 GDPR 以及成员国和欧盟法律规定的其他要求，但由 DPO 来负责对可能适用的其他数据保护法律提供建议也是合理的。DPO 应建议控制者和处理者实施员工意识培养和培训计划，以帮助满足这一要求。

DPO 应当能就 GDPR 第 12，13 和 14 条对一些更重要的信息提供建议，其中涉及控制者 / 处理者在透明度和如何从数据主体收集个人数据方面的职责。这些事务可能特别复杂，可能需要组织仔细考虑如何管理这些流程，以尽量减少对其他业务流程的影响。

此外，组织还需要了解可能适用于相关成员国或欧盟的其他立法。GDPR 指出：“成员国应能够对违反本条例，包括违反依据本条例或在本条例范围内所做国家规定的情况，制定相应的刑事处罚规则”。[152]GDPR 鼓励成员国在必要时制定进一步的“有效、相称和劝诫性惩罚”[153]时重申了这一点。确保控制者和处理者了解这些补充法规及其处罚的责任常常落在 DPO 身上，在很多情况下，这些还需要向员工明确传达。

DPO 的第二项任务是：

监督对 GDPR、欧盟或成员国其他数据保护规定以及控制者或处理者关于保护个人数据的政策的遵守情况，包括责任分配、提高认识和培训参与处理业务的员工及相关的审计。

[150] GDPR，第 38(3) 条。
[151] GDPR，第 39(1) 条。
[152] GDPR，鉴于条款第 149 条。
[153] GDPR，鉴于条款第 152 条。

DPO 应该对前一章中所述隐私合规框架进行监督。框架生成的文档应该能够提供有效的证据，包括记录、报告、时间表等，DPO 可以使用这些文档来监督数据保护活动。假设合规框架是得到贯彻执行且有效，DPO 将能够确认组织的流程——从制定政策到实际的日常书面程序的应用——是符合条例要求的。

这一点与 GDPR 第 30 条尤其相关（该条要求控制者保存处理活动的记录），因此控制者/处理者和 DPO 都有责任确保合规框架产生足够、适当和准确的记录。这些记录对于 DPO 确认组织合规方案的有效性是必要的。

DPO 的第三项任务是：

*就数据保护影响评估，应邀提供咨询意见，并遵照条例第 35 条对其执行监督。*

本书第三部分（第 10~12 章）详细介绍了 DPIA。DPO 在 DPIA 中起着重要的作用，因此你应该密切关注书中的这一部分。这一工作与风险管理有关，DPO 也应该参与其中（如第 35 条第 2 款所述）。

DPO 的第四和第五项任务是：

*与监管机构合作；就与处理有关的问题，包括第 36 条提到的事先磋商，充当监管机构的联络点，并酌情就任何其他事项进行磋商。*

DPO 基本上是组织与监管机构的直接联络人。由于需要设立 DPO 的组织通常参与处理大量个人数据或特殊类别的数据，他们很可能受到监管机构更多的关注。因此，DPO 作为组织和监管机构之间的单一联络点，可尽量减少其对组织的干扰。

DPO需要适当地关注高风险的处理，并考虑此类处理的性质、范围、背景和目的。对于从事大量数据处理工作的组织来说，任命一名 DPO 是强制性的，因为处理大量个人数据会带来与数量相当的内在风险。

此外，DPO 还需要理解 DPO 和数据主体之间的关系。由于组织必须公布 DPO 的详细资料，他们通常会是那些主张其 GDPR 权利的数据主体的联络人。因此，DPO 应确保他们有适当的（和记录在案的）程序，以回应数据主体的查询请求和向控制者或处理者提出的投诉，并在由此产生的讨论或回应中充当中间人。

这里涉及与控制者/处理者维护数据主体权利职责上的一些重叠。由于 GDPR 与组织业务流程之间的互动具有潜在的复杂性，特别是在一些“为促进数据主体行使 GDPR 下的权利而提供的有关管道”[154] 中，DPO 将受到帮助组织遵守 GDPR 以及支持和保障数据主体权利的双重压力的影响。

## DPO 与组织的关系

如前所述，DPO 在很大程度上是一个独立的角色，即使他还承担组织内的其他职责。这个角色是为了实现合规而存在的，由于有利益冲突，你不能在服务交付团队的领导指导下来实现合规。DPO 的主要目标应该是确保法律合规，而服务交付团队的主要目标是最大限度地提高生产力，而这有时可能会与法律合规的要求背道而驰。

一方面，为了确保自主权和监督权，DPO 应该拥有风险管理、合规或治理的相关职能。这些角色一般独立于其他业务职能，通常可直接接触高级管理层和/或董事会。确保 DPO 能做这种接触，对于确保在这一层级讨论和指导 GDPR 合规至关重要。

另一方面，在需要的时候，还必须允许 DPO 在完全保密的情况下执行其任务（让 DPO 和组织之间有一层隔离，以实现合规。

一个合格的 DPO 将确保数据保护、隐私和组织的法律义务列入董事会的议程。尽管董事会历来对数据保护和网络不感兴趣，但鉴于数据泄露可能造成的罚款规模和后果，现在董事们背负了确保这些风险得到适当的鉴别、评估和管理的义务。

除了就遵守 GDPR 提供指导外，DPO 还应能够就适当的合规最佳实践框架提供指导，从而为 EDPB 提供的这类指导提供补充。[155]

## DPO 与监管机构的关系

正如 DPO 与组织有特定的关系一样，DPO 与监管机构也有特定的关系。

在许多情况下，DPO 作为一个中间人来提供单一的联络点，确保监管机构与控制者/处理者之间的任何沟通都能被清楚地理解（因为如前

[154] GDPR，鉴于条款第 59 条。
[155] GDPR，鉴于条款第 77 条。

所述，DPO 必须胜任于此）。

控制者 / 或处理者必须将 DPO 的联系方式提供给监管机构和公众。DPO 还必须直接回应监督机关向其提出的请求，并确保监督机关向控制者提出的请求得到确认。

如果监管机构要求 DPO 与其合作，DPO 必须充分与之合作，例如：

· 当有涉及 DPO 所在组织的投诉时，DPO 针对监管机构发出的核查通知提供补充信息；

· 对监管机构所提出的建议，监督其执行进度；

· 代表监管机构收集正在审查问题的有关资料。

一个好的做法是在一个月内向监管机构做出响应，DPO 也应在同一时限内回应向控制者提出相应请求。如果无法做到这一点，DPO 必须通知监管机构将何时做出答复。

在发生数据泄露时，DPO 在监管机构和控制者 / 处理者之间所扮演的中间人角色尤为重要。通过充当中间人，一方面可以满足 GDPR 第 33 条的要求，同时也使控制者 / 处理者能够集中精力应对事件并从中恢复。

## 数据保护影响评估与风险管理

DPIA 是 DPO 的一个关键工具。

DPIA 是风险管理的工具，但其只是整个风险管理的一部分。DPO 应该确保相关方理解风险管理是一个过程，以及它如何融入合规框架。如果 DPO 是一个外包方，这一点就尤为重要，因为他们可能不太理解组织的风险管理立场和流程，或数据保护要如何融入更广泛的整体。

DPO 还应确保其了解组织的风险偏好，以及该偏好与监管机构的期望之间的差别。例如，一个机构或许愿意接受某些风险，但监管机构很可能对此说不。如果因冒这种风险而导致数据泄露，监管机构不太可能做出友好的回应。

根据 GDPR 第 36 条的规定，许多这类问题应在 DPIA 之后的磋商阶段予以解决。由于这一程序涉及有可能违反 GDPR（可能还涉及违反成员国的其他立法）的事务，DPO 需要做好充分准备，以向控制者或处理者提供建议，并对监管机构所提出的任何问询或建议做出回应。

## 内聘或外包

规模较大的组织可能会雇用一个或多个 DPO 来增强数据保护团队的实力，并提供足够的资源来应付假期、患病和继任计划。对于规模较小的组织来说，DPO 实际上可能不是一项全职活动。正如我们所看到的，在这种情况下，组织有两种选择来履行该职责：

1. 将其指派给一个现有的员工；
2. 从第三方采购。

将这一角色指派给现任员工的好处是，费用会低于雇用单独一人的支出，而且由于在现场工作，DPO 可以更容易接触。但是，你必须确保隐私相关工作的预计工作量对于兼职角色适合，更重要的是，它不应引起任何利益冲突。还应注意的是，DPO 角色的要求可能会使其在任何情况下都难以找到合适的人选，而将 DPO 的职责写入另一个职务说明中可能会使你的 DPO 更难做角色的转换。

尽管看起来更昂贵，但是将 DPO 这一角色外包给第三方可能会是一个理想的解决方案。一个外包的 DPO（或作为一种服务来提供的 DPO）更有动力跟上当前的实践和技术，并维护任何相关的专业认证。此外，由于外包的 DPO 可以在同一行业或领域的多家组织中履行相同的职责，他们对影响该行业/领域的具体数据保护问题会有更深入的理解。这类外包方通常要求每日计酬，这意味着他们可以只在需要的时候来提供服务。如果你的合规框架得到了恰当的实施和遵循，你可能会发现你对 DPO 服务的需求比预期的要少，从而使外包 DPO 成为一个比最初看起来更具成本效益的解决方案。

# 第九章　绘制数据地图

为充分了解 GDPR 的影响范围以及你与此相关的职责，你必须了解你所收集和持有的个人数据。这对于 DPIA 尤为重要，原因很简单，DPIA 依赖于对数据生命周期的全面理解。

GDPR 中并没有对绘制数据地图的明确要求，但若未能在组织中建立个人数据的生命周期，要满足 GDPR 的所有要求就异常困难。尤其是对于第 30 条中关于记录处理活动的要求，如果没有某种绘制数据地图的过程，就几乎不可能满足。

绘制数据地图通常被认为是所有数据保护或隐私合规方案的最佳实践，因为你如果不了解信息的以下方面，你就无法保护它：

a）它是否存在；

b）它在哪里及它被保存的条件。

尽管说起来简单，但绘制数据地图对于那些此前未审查过其流程、未处理过大量个人信息或依赖于不同格式来保存数据的组织来说是一个挑战。即使是那些对数据有良好组织的企业，也很少将其所有的数据采集和数据处理活动绘制于一幅集中的数据地图；通常的情况是信息碎片式地留存在过程文档与合同中。

定期绘制数据地图对依照 GDPR 规定保护个人数据至关重要。它使组织对其数据处理活动能有一个清晰的概览，从而不断优化组织的各种商业利益。

## 目标和产出

与开始任何新流程一样，在绘制数据地图之前，你需要确定其目标和期望的结果。作为 GDPR 合规目标的一部分，绘制数据地图的总体目标是识别并解决潜在的隐私问题。

数据地图绘制的过程并不总是像弄清楚数据在哪里以及数据用于何处那么简单；在许多情况下，地图的绘制过程还包括递进的分析。例如，当数据经历了存储阶段,你可能会发现它所在的服务器并没有物理设防。

数据地图绘制的输出应当记录数据工作流的关键方面，从而为你采取什么样的 GDPR 合规措施提供信息。

你还须识别个人数据的具体风险，因而你的数据地图绘制过程应有助于你识别出那些对数据未预见的或意外的使用。由于通常你需要告知数据主体你将如何处理他们的数据，任何其他的用途都可能导致违反 GDPR。

数据地图绘制过程很可能会给组织带来回报。除了确定在哪些地方可以提高效率之外，它还可以将你的注意力吸引到潜在有利可图或有用的处理机会上。

最后，也是非常重要的一点，数据地图的绘制过程应帮助你识别在数据处理活动的每个阶段有谁参与，以及谁应该参与。这将确保你能就 GDPR 合规的实际影响（包括有关控制或其他措施可能产生的影响）征询那些将使用这些信息人士的意见。

## 数据流的四要素

数据地图绘制有四个关键要素：数据项、格式、传输方法和位置。这些元素基本上就是你构建数据地图所需的全部内容。

数据项即信息本身。一个单独的数据项可以是单一的数据点（如姓名），也可以是相关数据的集合（例如组织所持有的关于一个数据主体的所有信息）。通常，你会根据数据处理本身的需要来定义数据项。例如，如果处理只用到一个人的地址，那么它就是用于该处理的数据项。

格式是数据项存储的状态。越来越多的组织会在远程位置（如云端）存储数字信息，但你仍应尽可能识别你实际使用的所有格式，包括纸张、照片、备份磁带、U 盘等。

传输方法是数据项从一个位置移动到另一个位置的明确方法，无论这些位置和传输方式是物理的还是电子的。一个处理可能包括将物理文件从文件柜拿到传真机，以便将它们传真到另一个地方。在这种情况下，挪动文件和传真文件都是传输方法，并且在传真物理文件时（在另一端的传真打印设备）创建了一个新的数据项。

位置是存储数据项和进行处理的位置。根据你所做处理的复杂度，可能需要为每个处理步骤确定几种不同“粒度”的位置。例如，你可以规定信息存储在总部所在地、安全办公室和上锁的文件柜中。这种方法允许你定义不同级别的精度，当你的一些数据项分散在各个物理或数字位置上，这种方法或许有用。

规模较小的组织可能更愿意根据自己的业务情况简化这些元素。例如，如果你的公司设立在一个办公室里，所有的处理工作都在现场进行，你生成所有数据流的位置都是那个办公室，就没有必要再具体，因为在需要时，数据可以很容易地找到。任何不是进入或离开组织的数据传输也可能被忽略。

## 数据地图绘制、DPIA 和风险管理

绘制数据地图是风险管理过程重要的组成部分。你的数据地图不需要到夸张的颗粒度或细节程度才能确保精确；你绘制的细节程度应是相称的。通过识别你所有的收集和处理活动，你将获得一个对个人数据风险的概述，以及一个识别值得进一步审查活动的相对容易的方法来作为DPIA 或风险管理过程的一部分。

当你在查看数据地图时，哪些地方可能会引起隐私问题将是显而易见的。这方面的例子可能包括数据被转移到第三方，或者数据为不同的个人或实体所使用，而其中每个个人或实体都有可能损坏数据或不当地修改数据。这些都是风险，你应该根据你的风险管理方法对其进行处理并进行纾解。

## 你想收集什么

开发数据地图需要对处理活动有很好的理解。为达到这种状态，你可以对你的处理提出一些问题：

・个人数据是如何收集的？

个人数据可以通过多种方式收集：纸质表格、网络应用程序、呼叫中心等。这些方法中的每一种都会涉及一个位置——例如，纸质表格通

常在企业外部来完成填写。

· 谁对个人数据负责?

每个处理活动都应该有一个负责处理数据的责任人。你可能还会指派其他人负责处理的各个环节，他们可能在不同的环节对数据负有不同程度的责任。

· 个人数据存放在哪里?

如前所述，个人数据可以以数字和模拟两种形式同时存储，因此跟踪存储这些数据的场所非常重要。

· 谁可以接触到个人数据?

这里可能涉及那些没必要接触个人数据的雇员，因此应对其进行审查。当然这里也可能包括数据主体本身，或者他们的朋友和家人。

· 个人数据是否会被披露或与其他人共享?

这里包括其他各方，如供应商和数据处理者。

· 系统是否与其他系统共享数据?

在系统之间共享数据可能会带来显著的业务收益，但也可能导致无意或过度的处理。

### 绘制数据地图的方法

在进行数据地图绘制时，优先要考虑的是为绘制数据地图制定一个时间表。首先，你应启动一个覆盖你所有处理程序的数据地图绘制工作，以确保你的 GDPR 合规。在此基础上，后续的数据地图绘制工作还需要与你的定期风险评估同步。除此之外，与任何其他风险管理流程一样，当出现重大变化或设计了新的处理活动，你就应该绘制新的信息流。

你还需要确定数据地图绘制的范围。与风险评估一样，第一次开展绘制工作时，你应该设法绘制你所在的组织持有的所有个人数据的生命周期。根据这些数据的规模和复杂度，将绘制分为几个阶段来做可能是不错的选择，或许可以根据部门来做划分，或根据每个处理的价值和重要性来决定绘制的优先顺序。

在确定了绘制前的这些要素之后，你可以开始数据地图的绘制工作。你采用什么样的跟踪信息流的方法将取决于组织流程的复杂性及其偏好。

最简单的做法是先创建一个信息流的可视化表示。你几乎可以用任何工具来绘图或组织信息，比如白板、便笺、软件或其他思维导图工具。

有几种绘制信息流的方法。你可能会用它们来关注具体地点之间的数据流动。图 7 给出了一个非常简单的示例。

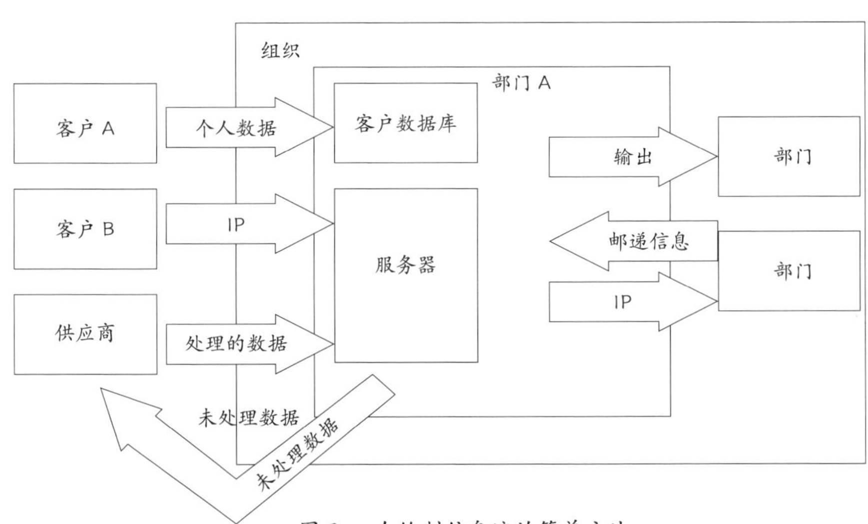


图 7　一个绘制信息流的简单方法

这种方法显示了 A 部门如何使用数据，包括该部门与内部和外部机构的联系、数据已被处理的表征、数据在部门内存储的位置等。对于许多组织来说，这种绘制方法可能就已足够，或至少可以形成组织或部门内所涉及处理的高层级视图。

另一方面，流程图关注的是流程本身如何使用数据。图 8 便是一个例子。

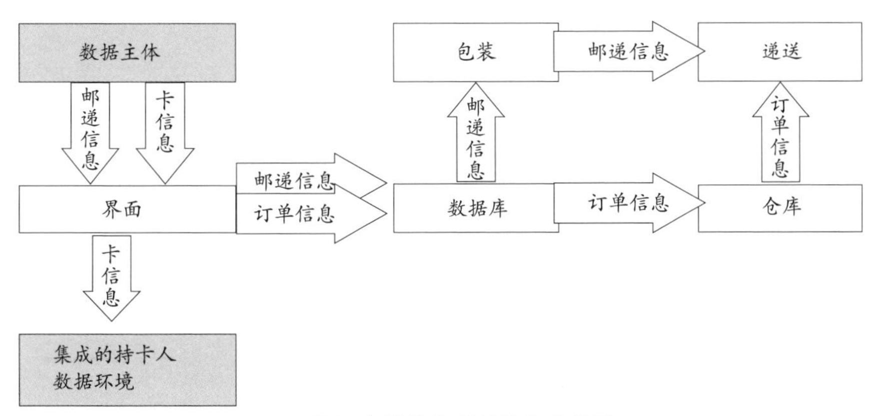


图 8　在线零售商的信息流程图

上面这个简单的例子，说明了在线零售商如何处理个人数据，包括支付卡的数据。零售商需要顾客的姓名、邮寄地址和信用卡的详细信息。信用卡的详细信息将进入隔离的持卡人数据环境（Cardholder Data Environment，CDE），该环境需要参照一个不同的流程以及合同、监管与法律的具体要求。同时，客户的订单信息会与邮寄地址分开，分别发送到执行数据库。数据库处理这一信息并将订单信息发送到仓库，而邮寄信息将被单独发送且用于包装，之后再将客户地址和订单详情信息合在一起，用于递送。

图 8 的一个更复杂的版本可能还会显示订单和客户数据被发送到一个单独的进程，用于跟踪客户的购买习惯，它可能包含更多的关于所收集个人数据（街道地址、邮政编码等）的更具体细节，或者你也可以用一个电子表格来追溯具体的数据，并使用数据地图速览。

无论你选择哪种方法，你都需要能够将数据地图中的信息传递到风险管理流程中。在许多情况下，这意味着你需要将数据地图转换为表格形式。

如果你正在寻找关于绘制数据地图的进一步指导，英国的国民保健署（National Health Service，NHS）发布了一份特别实用的信息地图绘制指南，[156] 该指南是为配合支持一个专注于信息地图绘制的工具而编写的。这份指南旨在帮助医疗机构遵守有关处理个人及敏感信息的一些法律及道德义务。虽然你的组织很有可能并不承担同样的义务，但是这个工具所提出的流程和基本关注点仍具有相当的普适性。

其他部门和司法管辖区可能有相应的类似工具，所以在开发你所在组织的数据地图的绘制过程时不要忘了它们。

IT Governance 的软件开发子公司 Vigilant 有一个数据流绘制工具可以简化这项工作，并提供长期支持。更多信息可从以下网站获得：www.vigilantsoftware.co.uk.。



[156] 详见 NHS 数字指南第 21 页：www.dsptoolkit.nhs.uk/Help/Attachment/231。

# 第三部分
# 数据保护影响评估与风险管理

## 第十章　数据保护影响评估的要求

DPIA 是 GDPR 所规定的具体程序中的一个。许多组织被要求执行 DPIA，很多时候，一个组织可能会发现，即使 GDPR 不做要求，执行一个 DPIA 也是有价值的。

DPIA 用于确定处理活动对个人数据造成的具体风险，其在个人信息管理系统（PIMS）中的作用重要性，可以与 ISO/IEC 27001 中所要求的，并在 ISO/IEC 27005 中所描述的信息安全风险评估的重要性相提并论（见第十一章）。当然，DPIA 更加关注数据保护和隐私，因此一个更有针对性的模型是有价值的。GDPR 对 DPIA 的目的做了以下描述：

为了确保安全，避免处理行为违反 GDPR，控制者或处理者应评估处理过程中的固有风险，并采取措施减轻这些风险，例如加密。在评估数据安全风险时，应考虑处理个人数据所带来的风险，例如被传输、储存的个人数据遭受意外或非法毁坏、遗失、更改、未经授权披露或接触，或以可能导致生理、物质或非物质伤害的其他方式处理。[157]

GDPR 还规定了一个 DPIA 至少应包含的内容[158]：

· 关于处理及其用途的说明；

[157] GDPR，鉴于条款第 83 条。
[158] GDPR，第 35(7) 条。

· 控制者所追求的合法利益；

· 对处理必要性和相称性的评估；

· 对数据主体权利和自由所受风险的评估；

· 为解决这些风险而预想的措施；

· 所有用于证明合规的保障和安全措施；

· 处理涉及删除时对删除时限的说明；

· 对任何基于设计和默认的数据保护措施的说明；

· 个人数据接受者的名单；

· 确认遵守经核准的行为守则；

· 是否有被数据主体咨询的有关详情。

在 GDPR 之前，隐私影响评估（PIAs）被监管者广泛认为是一种最佳实践。鉴于 PIA 被广泛接受且有相应的资源来支持，PIA 模型视为开展符合 GDPR 要求的 DPIA 的一个良好基础。从实操上说，PIA 和 DPIA 可认为是一回事。



## DPIA

DPIA 是帮助组织识别并最小化隐私风险的一个过程，且通常在实施一个新的处理、项目或政策之前进行。DPIA 的目的是找出潜在的问题，以便能够提前纾解这些问题，从而降低风险发生的可能性以及相关的开销。此外，DPIA 应该通过改进政策、流程和系统，以及保障好与客户和利益相关者的关系来使组织直接受益。

几个欧洲机构制定了与 DPIA 有关的文件[159]。其执行方法大体上是相同的，只是根据当地法律和数据保护的历史惯例做了一些不同的注解。需要记住的一点是，DPIA 目前并没有一个真正的规范：官方并未就 DPIA 必须如何做给出详细解释。[160]

为便于参考并避免翻译上的问题，我们将参考爱尔兰数据隐私委员会（DPC）的 DPIA 指南。如果你正在欧洲其他地区开展 GDPR 合规，你应当咨询当地的监管机构，以了解是否有其他适合当地的指南。

---

[159] 例如，法国的国家数据保护委员会定期更新指南 www.cnil.fr/sites/default/files/atoms/files/cnil-pia-1-enmethodology.pdf。

[160] GDPR 第 35 条确实说明了需要包括哪些内容，但没有说明应如何实施。这是一个重要的区别。

爱尔兰的 DPC 建议就 DPIA 向你的 DPO 寻求建议，但并不是所有的组织都有自己的DPO,所以确保你有机会接触到独立的顾问是必要的。由于 DPO（如果有的话）被要求监督 DPIA 的执行，所以他们不应该直接参与到 DPIA 中，因为这会造成利益冲突。

爱尔兰 DPC 的指南定义了 DPIA 的一些具体步骤：

1. 确定是否需要一个 DPIA；
2. 描绘信息流；
3. 识别数据保护相关的风险；
4. 找出和评估数据保护方案；
5. 签署 DPIA 并记录 DPIA 结果；
6. 将 DPIA 的结果重新纳入项目计划。

这些简单的步骤提供了一个很好的过程概览，且对于任何人来说都相对易懂。鉴于该指南仅仅是指导意见，并不是规定的方法，大多数组织可以根据这些步骤合理地制定自己的 DPIA 方法。要更好地理解数据保护和隐私的细微之处，可能还需要一些额外的研究，但大多数组织有能力做到这一点。我们现在简要地介绍一下这些步骤，以便引入与 DPIA 有关的各个主题及相关考量。

**步骤 1：确定是否需要一个 DPIA**

确定是否需要一个 DPIA 是关键的第一步，因为组织需要确定法律是否要求这样做，或组织是否需要这样做。在第一种情况下，我们将通过审查有关法律来确定。就我们而言，相关法律即 GDPR，它规定[161]：

某种使用了新技术的处理，如果考虑到其处理的性质、范围、背景和目的，可能对自然人的权利和自由造成高度危险，控制者应在该处理之前，对所设想的处理在保护个人数据上的影响进行评估。

当然，这只是对条例 1 中一处的简述，在 GDPR 整个条例中有多处阐明了应在什么时候来做 DPIA，特别是在鉴于条款第 91 条中。启动 DPIA 有三个主要条件[162]：

1. 当涉及在自动处理的基础上对自然人的个人方面进行系统和全

[161] GDPR，第 35(1) 条。
[162] GDPR，第 35(3) 条。

面的评价，包括特征分析，并在此基础上做出对数据主体产生法律效力或对其产生类似重大影响的决定时。

2. 当大规模处理特殊类别数据，或处理与刑事定罪和犯罪有关的个人数据时。

3. 当系统地对公共区域做大规模监测时。

值得注意的是，这些只是 GDPR 中特别指出尤其需要做 DPIA 的情况——你不应认为这些就是需要做 DPIA 仅有的一些情况。鉴于条款第 91 条给出了更多需要实施 DPIA 的场景细节。

1. 当在一个地理区域内开展大规模的处理时。例如一个组织想要收集苏格兰所有属于特定人群的人的信息。

2. 当新的技术被大规模使用时。例如一个组织开发了一种新的算法，在数据被加密之前，对大量的个人数据进行排序。

3. 当数据主体的权利和自由，或他们行使权利和自由的能力面临高风险时。例如处理个人信息会产生一份"可能成为罪犯分子目标的"人员名单。

4. 当基于特征分析的处理被用于对特定自然人做出决定时。例如，通过整理某人的社会经济地位信息，就他未来可获得的教育机会做出分组的自动处理。

5. 当通过处理特殊类别的个人数据、生物特征数据或关于刑事定罪和犯罪的数据来对特定自然人做出决定时。例如，通过整理某人的病史信息，以调整其健康保险费率的自动处理。

6. 当大规模监测公共区域，特别是在使用光电设备（如闭路电视、红外摄像机等），或当主管监管机构认为对数据主体的权利和自由造成高风险时。例如一家健身俱乐部希望在其停车场周围安装一系列摄像头，而该停车场也为一家素食供应店和社区中心的顾客所使用。

第 29 条工作组在此基础上也做了进一步扩展，发布了有关的指引来说明可用作判别高风险处理的九项标准[163]。

1. 对数据主体进行评价或打分，尤其是依据"有关数据主体的工

[163] WP 29 工作组，"数据保护影响评估指南(DPIA)"，2017.10，ec.europa.eu/newsroom/article29/itemdetail.cfm?item_id=611236。

作表现、经济状况、健康状况、个人喜好或兴趣、可信度，或其行为、位置，或活动等方面”时。[164]

2. 自动决策对自然人会产生“针对自然人的法律效力”或“对自然人产生类似重大影响”[165]。

3. 系统监测——用于观察、监测或控制数据主体的处理，包括通过网络或通过“对公共区域的系统监测”来收集数据。[166]

4. 处理敏感数据或高度个人化的数据，包括特殊类别的个人数据和与刑事定罪或罪行有关的数据。

5. 大规模的数据处理（关于什么是“大规模”的讨论详见第八章）。

6. 匹配或合并数据集，例如合并因不同目的来处理或由不同控制者所处理的数据，可能会超出数据主体对合理性的预期。

7. 涉及对弱势数据主体数据的处理，这可能包括在数据主体与控制者之间关系不平衡的情况下所做的处理。

8. 当使用创新性的处理技术或应用一些之前未用到的技术时。基于此缘由的 DPIA 还应设法了解该类处理会造成哪些意外或无法预知的结果。

9. 当处理本身“有碍数据主体行使权利或有碍其使用服务或合约”时[167]。

在 GDPR 中，DPIA 主要关注的是降低对数据主体造成伤害的风险。

在此鉴于条款中的关键术语是“大规模”和“高风险”，而其对应的标准可能难以界定。简便的做法是咨询 DPO，DPO 应该有足够的经验和专业知识来界定这些事情。如果没有可咨询的 DPO，替代办法是咨询监管机构。

监管机构通常应被视作澄清这类问题的主要渠道，监管机构须编制“有必要实施 DPIA 的处理类别清单”，或“不需要实施 DPIA 的处理类别清单”[168]。

除了上述所列的执行 DPIA 的有关要求外，成员国可能会要求公共

[164] GDPR，鉴于条款第 71 条与第 91 条。
[165] GDPR，第 35(3)(a) 条。
[166] GDPR，第 35(3)(c) 条。
[167] GDPR，第 22 条，鉴于条款第 91 条。
[168] GDPR，第 35(4) 条与第 15(5) 条。

当局就特定的、可能与具体监管领域有关的处理事务开展 DPIA。[169]

一个 DPIA 对于满足组织的风险管理要求来说可能也是必要的。许多公司很可能会建立自己的附加标准来触发一个 DPIA，例如当涉及的处理极其昂贵，且任何的违规风险都可能使其成为一个危险的商业决定，或该组织的风险偏好非常低，抑或组织只是想确保其自身守法。无论你的理由是什么，你应该将你的标准记录下来，或定义一个可重复的流程来决定一个 DPIA 是否必要。

你还可以考虑在一些情况下自愿开展 DPIA，以作为支持 GDPR 合规的一种良好做法，特别是当推行基于设计和默认的数据保护时。在某些情况下，你可以审查针对相似处理或技术的 DPIA，以发现是否有任何值得注意的地方。

自愿开展 DPIA 的一个更为明显的理由是为 GDPR 合规做好准备和验证合规。每个组织都应审查其当前和计划中的处理活动和技术，以确定其中是否有需要通过一个 DPIA 进行审查的部分。识别所有你当前的处理将是你绘制数据地图一开始的一步，这在第九章中已讨论过。

**步骤 2：描述处理和信息流**

第二步，描述处理和信息流。这涉及第九章做过细致描述的数据地图绘制。

另外值得一提的是，一个 DPIA 可以同时审查多项处理。当这些处理相关或有联系时，这样做显然更为简单，用单个的评估来确定一系列数据处理操作 / 功能的影响是可以接受的。

爱尔兰的 DPC 还建议咨询利益相关者——包括与处理活动有利益关系的内部利益相关者和可能受处理活动影响的外部个人（例如数据主体、合作伙伴、处理者等）。除非有充分的理由不这样做，否则最好征求他们（或其代表）的意见。第 29 条工作组支持这一立场，并指出控制者应记录不咨询数据主体的相关理由，以及任何违背数据主体意见的决定。

**步骤 3：识别数据保护相关风险**

了解你面对的威胁以及别人会如何利用你的漏洞是所有风险管理策略中的一个共同要素。从本质上说，凡是对你收集和 / 或处理数据所对

[169] GDPR，鉴于条款第 93 条。

应数据主体的权利和自由构成威胁的范围及其相关漏洞，你应尝试对其进行分类。

这一阶段还应评估处理的必要性和相称性，以及是否有一种更安全的方式来达到同样的效果。组织可考虑其已被证明安全的其他处理活动、可实现相同结果的其他办法，以及该如何向数据主体解释该处理等。

**步骤 4：找到和评估数据保护方案**

对于每一个已识别的个人数据风险，你应该做出以一个关于风险的决定：是接受还是拒绝该风险，还是采取措施——通过选择和实施一个或多个控制措施来减少威胁利用漏洞的影响或其可能性？ISO 27002 是为执行 ISO 27001 的附件 A 中所列控制措施来提供指导的一个标准，其价值在于其控制措施是全面的，涵盖了从人力资源到物理安全和逻辑安全的所有最可能需要开展相关活动的领域。

选择和应用控制措施的决定取决于若干因素，包括风险的可能性及其潜在影响、补救的成本等。不知道如何控制风险，其中的一些因素就不可能彻底地被检查，因此，你可能需要事先了解你的风险和解决方案，再来判定相应的解决方案是否适用于所识别的风险。一旦做出了有关风险的决定，你可以制定一个风险处置计划（RTP）来大体明确你要采取的操作步骤，以及问责制、措施等的有关细节。从而将对风险的决定转化为现实。

**步骤 5：签署并记录 DPIA 结果**

应由负责做出这些决定的人记录和签署 DPIA 的结果（步骤 1~6）。这意味着你应在每项风险旁记录下对应的风险决策和 RTP。如果你有一位 DPO，你应确保他会对其做出审查，并确认对风险已做适当的考虑且处理是可以接受的；你应向高层管理人员提供整合的 RTP 副本来让其签署并做出资源承诺；执行 RTP，向最高管理层报告进展情况；通过内部审计和相关的测试维护 RTP，并确保选择的控制措施始终符合组织的风险管理目标。当然，这与组织本身的风险管理方法有关，本书后文对此将作讨论。

做高质量的记录并编写正式报告的重要性不可低估。一份正式报告将针对 DPIA 所提出的数据保护问题给出有关措施，并使组织对这些问题负责且透明，同时也让个人更多地了解 DPIA 如何影响他们及他们的工作。

该报告还可以作为进一步审计和实施后复查的基础，以及未来隐私影响评估的参考，因此，以高标准记录 DPIA 的所有信息和其形成的结果至关重要。

**步骤 6：将 DPIA 的结果重新纳入项目计划**

伴随着完成了 DPIA、做好了相关的记录和得到最高管理层的批准，你之前的决策将变成确定的行动。这里可能需要对有关的决策进行优先排序，或更详细地再审查 DPIA，以便准确有效地纾解已识别的风险。

这些将融入 DPIA 所检查的处理功能的后续项目计划中。这意味着执行计划将做出修改和更新，以纳入 DPIA 的结果。根据处理功能的性质，相应的修改和更新还可能需要一定的技术工作（如编程 / 编码工作），并可能需要你重新审查项目的截止日期和依赖项。

此外，你所采用的一些措施可能还需要维护或定期观察，因此这些工作应该在相关的操作程序中加以说明。

DPC 的指南中还指出，对外发布你的 DPIA 报告来增强透明和问责会是一个好的做法。当然，发布 DPIA 所披露的信息必须有一个合理的限制——正如 DPC 所认为的：“是否公布报告的决定可能会影响你在报告中加入多少详细信息，因为公布商业敏感信息或包含太多关于已发现的安全漏洞细节的信息，可能并不合适。”

## 征询利益相关者

无论你采用哪种方法来开展 DPIA，你都应始终记住，你是在尽量降低处理对数据主体的权利和自由造成的影响，而涉及的利益相关者的意见应在整个过程中适当征询。寻求其他独立专家如律师、专家、社会学家或伦理学家的意见是明智的，你可以结合处理的具体性质和数据主体的风险来考虑这些意见。

你还应该确保你能接触到作为数据主体代表的利益相关者。针对所涉及的处理，这些人可能是组织内部专门设立的“异见人员”，也可能是在数据保护及隐私方面具有专业知识的外部顾问，或者一群匿名的数据主体——只要其能够了解数据主体的关切。

## 谁需要参与

数据控制者有责任确保其根据 GDPR 或其他的欧盟成员国法律的要求来执行 DPIA。这是控制者的责任，因为控制者决定了处理的目的。

DPO 是 DPIA 的核心人物。GDPR 规定，“控制者只要任命了 DPO，在其进行数据保护影响评估时，应征求 DPO 的意见”[170]。应该说，寻求 DPO（或具有类似专业知识的人）的意见对于任何 DPIA 来说都应视为一种最佳实践。GDPR 对 DPIA 的某些方面做了具体规定，但它并没有告诉你应如何进行实际操作，也不会为你提供在实际隐私和数据保护工作中所需的洞察。

资产和流程的负责人当然也应该参与其中。他们将对实际发生的处理和/或正在处理的个人数据负责，因此，他们必须彻底了解所有风险，包括那些你认为可忽略不计而未加处置的风险。

组织内的一些职能也可能牵涉其中，如风险管理、服务交付、基础设施等。这取决于组织本身、处理的规模和性质，以及处理对其业务的重要性，当然还有组织的合规立场。

你很可能会希望让一些利益相关者也参与进来。这些利益相关者不必在所有阶段都深度参与，但他们需要在关键时候提供反馈或意见。

应当记住，同任何其他业务流程一样，太多的人直接参与可能会毁掉该流程，令其陷入无关细节的泥潭。决策往往是由委员会而不是由某个权威做出的，内部政治的干扰可能会使流程失去其目标，本应几天内做出的决策最终却花费数周。这种“分析型瘫痪”对大多数组织来说并不陌生。

DPIA 的程序应该与组织的规模、营业额和处理规模相称。我们可以合理地假设，对于一家大型国际组织，相比丢掉它 4% 的全球营业额，它的 CEO 更乐意让组织来正视该问题。只要 DPIA 的程序管理得当、领导得力，它就应该不会造成太大问题。

[170] GDPR，第 35(2) 条。

## 基于设计和默认的数据保护

GDPR 规定，“控制者尤其应采取内部政策和实施有关措施来符合基于设计和默认的数据保护原则”[171]。

DPIA 是基于设计和默认的数据保护的一个重要组成部分，它是确保所有个人数据的收集、处理、储存和销毁都要设计成能够保护隐私的一个过程。爱尔兰的 DPC 将“基于设计的数据保护”描述为“在早期阶段将数据隐私功能和数据隐私增强技术直接嵌入项目的设计”[172]。在 GDPR 中，该方法被扩展并增加了一个“基于默认”，这实质上是要求开展任何处理活动的地方都应自动采取最有利于隐私的设置。正如该 DPC 所说：“基于默认的数据保护意味着用户服务设置（例如客户账户页面上的自动许可）必须自动对数据保护友好，并且只有为处理的目的所需的数据才能被收集。”[173]

根据 GDPR，控制者应制定任何必要措施以“有效贯彻数据保护原则……，并将必要的保障措施纳入处理过程，以满足本条例的要求并保护数据主体的权利”[174]。这一点在以下条款中得到了更明确的扩展，来涵盖每一项数据保护的原则：

> 控制者应采取适当的技术和组织措施，以确保在默认情况下，仅处理每个具体处理目的所需的个人数据。该义务适用于所收集的个人数据的数量、处理数据的程度、储存期限及其可获得性。这些措施尤其应确保在默认情况下，不经由与不定数量自然人的交涉，个人数据不得被查阅。[175]

GDPR 要求采取措施，确保数据主体的权利和自由靠经设计的处理就可以得到保护。这一步很合乎逻辑，也经常应用于其他的设计实践。在某些行业中，这一做法被视为必要，例如工业环境中基于设计的安全，或医护实践中基于设计的卫生。

执行 DPIA，是基于设计和默认的数据保护的一个重要部分。如果

[171] GDPR，鉴于条款 78。
[172] www.dataprotection.ie/en/organisations/know-your-obligations/data-protection-design-and-default.
[173] Ibid. 同上。
[174] GDPR，第 25(1) 条。
[175] GDPR，第 25(2) 条。

你知道数据主体的权利面临着什么样的风险，那么制定保护他们的措施就会简单得多。因此，你应该确保你的 DPIA 方法能提供可以转化为预防措施的输出，并且从一开始就应用于你对处理的设计。

20 世纪 90 年代，加拿大安大略省的信息和隐私专员编写了一本关于隐私预设（Privacy by design）的综合入门读物。该读物定期更新，至今仍然是商业应用中以默认的方式保护隐私实践的权威资料。[176] 它建立了基于设计的数据保护应参考的七项关键原则。

1. 主动而非被动，预防而非补救。
2. 隐私作为默认的设定。
3. 将隐私嵌入设计中。
4. 功能齐全——正和，而非零和。
5. 端到端的安全——全生命周期保护。
6. 可见与透明——保持开放。
7. 尊重用户隐私——以用户为中心。

《隐私预设》的文档已成为许多衍生出版物和其他指南的基础，这些出版物和指南聚焦于从项目开始到整个生命周期促进隐私和数据保护的概念。而该文档本身也被翻译成多种语言扩大了其在全世界的影响。

有了日渐普及相关材料和多方的支持来帮助你建立基于设计和默认的数据保护，你最终关注的将是如何用证据来证明其得到了执行与恰切的运用。与其他有关隐私合规框架的事情一样，你应该生成一些记录来提供这种证明。不过，GDPR 还为你提供了第二种选择——认证。

GDPR 规定，“一个核准的认证机制可作为证明合规的一个要素”[177]。虽然只是“一个要素”，但 GDPR 实际上允许通过认证来证明许多方面的合规。如果你有意这样做，你应与你的监管机构联络，了解你所在的司法管辖区是否有这类的认证。





[176] Ann Cavoukian，privacy by design，2018.1，www.ipc.on.ca/guidance-documents/.
[177] GDPR，第 25(3) 条。

# 第十一章 风险管理与DPIA

GDPR指出，控制者和处理者“应评估处理过程中固有的风险，并采取措施减轻这些风险”[178]。这一点在GDPR中多次被提到，要求控制者和处理者在有关个人数据生命周期的各个阶段考虑风险。尽管它没有说到组织应有一个明确的风险管理方案，但显然，一个系统而全面的方法是确保合规的最佳途径。

风险管理现在几乎是企业管理中一个普遍的要素。尽管规模较小的组织可能会相对非正式地来管理风险，多数组织无论其规模，都会有正式的方法来管理风险。这将包括例如一个给董事会查阅的风险登记册和董事会定期地对公司风险进行审查。风险管理并不一定多复杂，你可以以用多种方式来实现，包括通过相关的标准、模型、培训以及顾问等。

有效的风险管理也是实现GDPR合规的重要手段。GDPR要求组织必须执行风险管理以建立必要的预防措施，防止数据泄露和其他形式的网络攻击。

## 作为风险管理一部分的DPIA

DPIA在本质上是一种风险管理的形式。你利用它来识别数据主体在隐私和个人数据安全方面，以及在其数据方面的权利和自由上所面临的风险。数据保护风险（数据主体面临的风险）如今应与组织面临的风险一起被识别和管理，并作为业务日常的一部分。因此，一个DPIA应该成为你所在组织更广泛的企业风险管理活动的一部分，并由其识别一系列针对个人数据或数据主体权利的风险。然后，通过风险管理计划对这些风险进行分类和分析，并最终确定适当的应对措施。这些都属于隐

[178] GDPR，鉴于条款第83条。

私合规框架的一部分。

## 风险管理标准与方法论

风险管理是一个庞大的领域。几十年来，世界各地的组织一直在研究如何管理几乎所有商业领域的风险，因此，出现了适用于不同的行业部门、地理或政治区域、不同语言和企业意识形态的各种方法和标准。你在欧盟每个成员国都可能找到一种新的风险管理模式。

由于这种多样性，以及你所在组织可能已经有了一套自己的风险管理模式，在这里我们将着重介绍 ISO 标准所支持的较为通用的方法论，特别是 ISO 27001、ISO 27005 和 ISO 31000。国际标准化组织的标准往往是可行的，因为它们可以与许多管理系统相整合。基于数十年对最佳实践的研究，它们得到普遍认可，这也使得寻找这方面的支持或资源相对容易。

### ISO 31000

《ISO 31000:2018 风险管理指南》是 ISO 标准中关于风险管理实践的核心资料库，它在全世界范围内得到了广泛使用。国际标准化组织为之制定标准的许多领域都有自己的风险管理模式，但 ISO 31000 提供了一个框架，使这些更具体的风险管理方法能融入其中，从而使组织能够整合不同的风险管理活动。

对于需要遵守 GDPR 的组织，ISO 31000 可以提供一个模型框架来整合组织中的各种风险管理流程。对于那些已经针对各种类型风险进行了管理的组织来说，可能完全用不到这一框架，但对于那些规模较小的组织或者历来没有采取过系统方法来处置风险的组织来说，这个框架可能会是一个有用的工具。至少，该标准能提供一个有用的指引。

ISO 31000 对“风险”的定义是“不确定性对目标的影响”[179]。ISO 31000 进一步指出，“影响是对预期的偏离，它可以是积极的，也可以是消极的，或两者兼而有之，并带来相应的机会和威胁”，从而使定义更加明确。从本质上讲，风险是一种能够对你实现目标的能力产生影响的东西。在 GDPR 的背景下，这些目标将是保护个人数据，并遵守该条例和相关的地方法律。

[179] ISO/IEC 31000:2018，第 3.1 条。

根据这一定义，ISO 31000 倡导的风险管理框架侧重于减少对你的目标的威胁。它在讨论风险管理原则时非常明确地阐述了这一点：风险管理“改善业绩，鼓励创新并支持目标的实现”。[180]

ISO 31000 提出了风险管理的一个三元结构，其中风险管理框架和风险管理流程都需要遵循其原则，且框架和流程之间相互参照。图 9 以一种较为简化的格式阐述了这一结构。

这些原则、框架和流程在组织内不同层面上运作。其中原则是不变

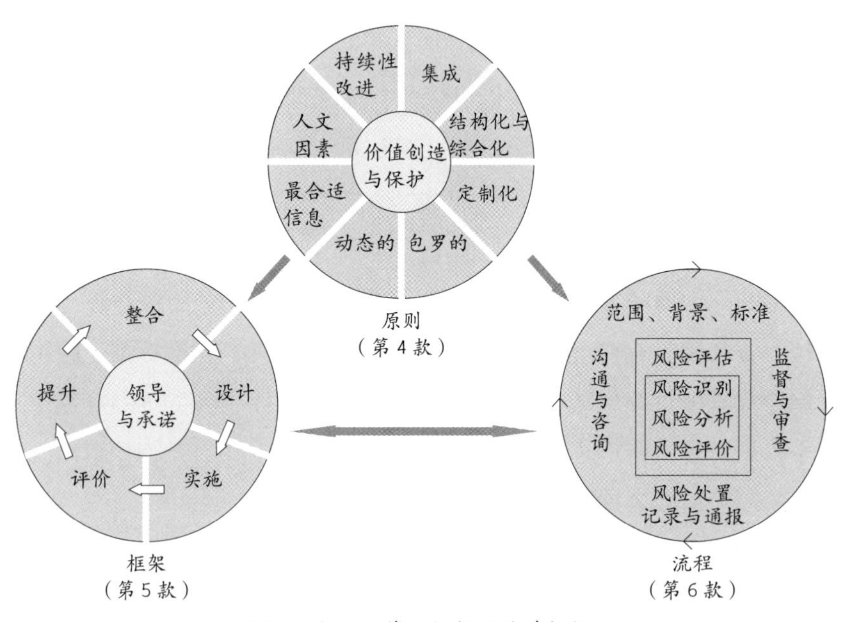


图 9 一个风险管理框架的简单架构

的，直接对应风险管理的目标；而框架由高级管理层和 / 或董事会从治理层面操作；流程则由具有适当技能和资格的员工在程序层来管理。

你可能注意到，这一框架与第四章所描述的 PDCA 循环很接近。当然它包括了一个额外的阶段——“整合”，用来描述整合整个组织风险管理的过程，你也可以将它理解为循环中“行动”阶段的一部分。

重要的是，ISO 31000 提供了一种处理具体风险的通用方法。也就是说，其框架和原则应被视为普遍适用——如果你愿意的话，它们可以作为你风险管理的一个总体方法——而其流程部分将由那些应对不同风

[180] ISO/IEC 31000:2009，第 4 条。

险类型的实际流程来确定。就 GDPR 合规而言，其对应的是隐私和信息安全风险。

即使在描述“流程”层面时，它也提供了评估内部情境、定义风险标准、评估风险等方面的指导。简而言之，它是把所有的风险管理理解为有一个大致相似的输入和输出集，以及从输入中得出这些输出的一个过程，并为读者提供一定的上下文。ISO 31000 只是一个指南，而非一个规范，它不能用于认证。

ISO 31000 中提到的风险管理流程只要你聚焦于其核心部分，就会极其简单。

1. 确保在整个风险管理过程中进行沟通和咨询（ISO 31000 第 6.2 条）。人们会被知会并邀请参与讨论，他们可能会提供一些你未曾考虑过的信息或经验。你应确保参与风险评估及处置的人员对这类沟通保持开放态度，并确保他们理解咨询的必要性。[181]

2. 明确风险评估对应的情境，包括内部和外部情境（第 6.3 条）。谁是利益相关者？什么比较重要？法律、监管及契约环境如何？组织的目标是什么？能够理解其所处的情境，对于很多管理体系来说很重要。它将告诉你如何进行风险评估，如何确定风险标准，什么是你认为的风险，你拥有哪些资源来纾解风险等。

3. 识别风险（第 6.4.2 条）。它可以通过多种方式来实现。你可以检查你的信息资产，以识别那些可能对它们造成影响的威胁，或者你可以分析会对某项资产或多项资产造成损害的场景。我们将在本章稍后进一步探讨基于资产和场景的风险评估。无论如何，你应致力于在风险评估时识别所有相关的风险。在进行涉及 GDPR 的风险评估时，应考虑的则是个人数据和数据主体的权利和自由所面临的风险。

4. 分析风险（第 6.4.3 条），以确定风险发生的可能性和对组织的潜在影响。

5. 依据风险标准来对风险做出评估（第 6.4.4 条）。ISO 31000 提出，风险标准“应反映组织的价值观、目标和资源”[182]。这里还应包括你

---

[181] 你可以回想一下第四章中描述的矩阵。例如，与信息资产或流程相关的风险应触发与相关资产或流程所有者某种形式的沟通 / 协商。

[182] ISO/IEC 31000:2009，第 5.3.5 条。

所在组织对 GDPR 合规的态度。风险标准将基于你所在组织的风险偏好来确定某一特定风险的重要性。这些标准是风险衡量的手段，而依据该标准来衡量风险的结果决定了你该如何应对风险。

6. 处置风险（第 6.5 条）。你对风险的处置将以风险评估的结果为基础，同时考虑风险的严重程度，而这与你的风险标准、组织的风险偏好和风险处置选项的可用性有关。

7. 制作一个风险处置计划的文档（第 6.5.3 条），正式记录已确定的风险、所选择的应对措施以及如何实施这些措施。这里应包括谁负责每个风险的处置，处置应该什么时候完成等。

8. 将风险评估纳入监察及复核（第 6.6 条）。你需要确定如何衡量执行的情况，以及敲定那些能证明处置措施已就位并已在执行的相关指标。这些评估的工作应接受正式的审查，任何偏离预期结果的都应得到纠正。同几乎任何其他事务一样，对风险的处置应被看作持续改进的一部分。

9. 记录风险管理过程及其结果，并向最高管理层报告（第 6.7 条）。

### ISO 27001 与 ISO 27005

本书中多次提到的 ISO 27001 是信息安全管理的 ISO 标准。该标准的一部分涉及信息安全的风险评估和处理，这显然与 GDPR 有关。它比隐私风险评估的范围更广，且一般认为这种风险评估结合 DPIA 应足以满足合规要求。

ISO 27001 将风险评估方法的细节留给组织来定义，其指出：“组织应定义并应用一个信息安全风险评估的流程”[183]。你会看到，这一流程与 ISO 31000 中所描绘的并没有太大的不同。

ISO 27001 要求你建立一套风险评估标准（第 6.1.2a 条）。这些标准应包括组织的风险接受标准和组织执行信息安全风险评估的标准。这些标准都来自该组织的风险偏好，它应该反映组织对数据泄露后果的态度。

风险评估方法需要产生“一致、有效和可比较的结果”（第 6.1.2b 条）。这对于确保组织能够准确地运用适当的处置方法是有必要的：如果同一

[183] ISO/IEC 27001:2013，第 6.1.2 条。

风险被多次评估却得出不同的结果，那么我们对风险评估和由此做的风险处置就不会有信心。

ISO 27001 还要求风险评估流程识别信息资产在保密性、完整性和可用性三个方面的风险（第 6.1.2 条）。聚焦于识别保密性、完整性和可用性方面的风险,可以确保风险不只是根据感知到的损害风险来确定:组织必须对其在信息安全的三个属性中“至少有一个可能存在风险”要有合理的预期。

每个风险都应指定一个风险负责人（6.1.2c），其职责是确保被挑选的风险应对措施得到正确实施。在大多数情况下，这涉及为纾解风险而选择的那些措施的实施。值得注意的是，单一风险可能会影响多项资产，因此风险负责人应确保所有的关联资产不受风险的影响。

与 ISO 31000 一样，该流程还包括风险分析（第 6.1.2d 条）。这种分析应侧重于三个要素：风险发生的后果、风险发生的“现实可能性”，以及作为影响和可能性的一个因素的风险等级。在大多数风险评估方案中，分析结果将用影响和可能性的对照表来表示，如表 3 所示。

**表 3 影响与可能性**

| 很大影响 | 中风险 | 中风险 | 高风险 | 高风险 | 严重 |
|---|---|---|---|---|---|
| 较高影响 | 低风险 | 中风险 | 中风险 | 高风险 | 高风险 |
| 一定影响 | 低风险 | 低风险 | 中风险 | 中风险 | 高风险 |
| 较低影响 | 非常低风险 | 低风险 | 低风险 | 中风险 | 中风险 |
| 很小影响 | 非常低风险 | 非常低风险 | 低风险 | 低风险 | 中风险 |
|  | 基本不可能 | 不太可能 | 有一定可能 | 可能 | 非常可能 |

在这种方法中，将风险的影响与其可能性进行映射就可以得到风险等级。

影响与可能性的衡量通常是定性的，但也可能会与更具体的货币价值挂钩。例如，你可能会判定，“非常低的影响”是指年度损失不到 100 英镑，而非常高的影响是指年度损失超过 5 万英镑。同样，“非常不可能”可被理解为“每年发生不到一次”，而“非常有可能”则是“每天都会发生”。

一旦你分析了风险，就可以根据风险接受标准（第 6.1.2e 条）来评估它们。一种方法可能是确定被归为“低”或“极低”的风险属于组织的风险承受范围内，但更严重的风险则需要采取适当的应对措施，例如对于面临“严重”风险的所有活动做出终止决定。

与 ISO 31000 一样，风险评估的下一阶段是确定对风险的应对措施，并将对应的 RTP 文档化（第 6.1.3 条）。这里包括两个主要阶段：针对每个风险选择适当的应对措施，然后确定实施这些应对措施所需的控制。其中 RTP 应该被清楚地写明，并由风险负责人签字同意。

ISO 27001 还要求制定一份适用性声明，以记录该组织所选择的所有控制措施，以及这些措施是否已经实施，包括将标准附件 A 中任何的控制措施排除在外的理由。这一工作将确保组织对其提供的最佳实践的全套控制措施都做了考虑。

控制措施是为减小风险的影响或可能性（或同时减小二者）而设置的流程或做法。它们通常被视为最佳实践的一部分，并且有很多这方面的参考。[184] 当然，控制措施通常有很多，（用来构建一个“安全边界”），因此你需要自己决定如何在你的组织中实施这些控制。风险负责人还将负责确保控制措施能得到有效执行，并对其进行监测，以确保其持续有效。

ISO 27005 是一个明确侧重于信息安全风险管理的相关标准。它为那些希望建立更完整的风险管理框架以支持其信息安全工作的组织提供了更多的上下文背景和指导。

### 风险应对

你需要对超出你所在组织的风险接受标准的每个风险给予响应。有时我们称其为风险处置，它具体包括以下四大类响应：

1. 应对（也称为“控制”或“风险修正”）；
2. 容忍（也称为“风险接受”或“风险自留”）；
3. 终止（也称为“风险规避”）；

[184] ISO 27001 的附件 A 是显而易见的来源；其中列出的每个控件在 ISO 27002 中都有延伸的指导意见，以作为附属的实践守则。其他来源包括 COBIT、云安全联盟的云控制矩阵、NIST 的 SP 800-53 等。

4. 转移（也称为“风险分担”）；

“应对”包括应用控制措施来降低风险水平。控制措施有可能降低风险的影响或可能性，抑或降低两者，甚至可能完全消除风险（尽管对于大多数风险来说几乎不可能）。应用控制措施的目标是降低风险，直到它符合你的风险接受标准。

在表 4 所示的例子中，加粗的线条代表了组织的风险接受标准，而给定风险的等级在顶部被椭圆形圈了起来。为了应对这种风险，组织可以采取几种方法：他们可以采取控制措施来同时降低风险的影响和可能性，或者采取足够的控制措施来显著降低风险影响。在任何情况下，一旦应用了控制措施，风险就应该在风险接受标准的范围内。

**表 4 组织的风险接受标准（粗线条）与给定风险的等级（椭圆）**

| | | | | | |
|---|---|---|---|---|---|
| 很大影响 | 中风险 | 中风险 | 高风险 | 高风险 | 严重 |
| 较高影响 | 低风险 | 中风险 | 中风险 | 高风险 | 高风险 |
| 一定影响 | 低风险 | 低风险 | 中风险 | 中风险 | 高风险 |
| 较低影响 | 非常低风险 | 低风险 | 低风险 | 中风险 | 中风险 |
| 很小影响 | 非常低风险 | 非常低风险 | 低风险 | 低风险 | 中风险 |
| | 基本不可能 | 不太可能 | 有一定可能 | 可能 | 非常可能 |

“容忍”是一种知情的决定，即决定什么也不做。这通常是对已经在风险接受标准范围内的风险的默认响应，但也可能适用于对成本超过收益的风险的应对。例如，一个每天发生 50 次的风险，可能只会产生 10 英镑的年度财务影响。或者，该风险可能会产生重大影响，但其可能性微乎其微，以至于你不得不怀疑为什么一开始要把它作为一种风险。

“终止”是指完全消除风险。这通常是通过简单地移除风险目标物来实现，比如终止流程或者摆脱有关资产。如果处理风险的成本过高，且投资回报不值得，你可能会选择这种对策。

“转移”是指与其他各方分担风险的行为。有几种方式可供选择，例如将流程或资产外包给另一家公司，这样他们就不得不共同面对风险（但要注意，以这种方式转移数据保护风险并不能免除数据控制者根据 GDPR 负有的保护个人数据的责任），或者购买保险以降低风险的影响等。[185]如果应对风险的成本过高，但流程或资产太有价值而无法“终止”，你可能就会选择转移风险。

## 风险关系

当考虑隐私风险这类抽象的事物时，必须了解各种实际风险，以及看似不相干的风险如何对隐私产生重大影响。

你尤其应该记住物理风险也可能是隐私上的风险。例如，在一个靠近窗户的屏幕上可以看到信息，未上锁的门和物理性的损坏都是可能成为隐私风险的物理风险。

网络风险是与信息和通信技术有关的风险，它与隐私风险有更明显的重叠。鉴于当代的信息处理对信息技术的过度依赖，任何重大的网络风险都可能是一个重大的隐私风险，而网络风险的传播速度和涉及的规模可以使它们比其他类型的风险更加危险。

业务连续性风险（continuity risks）可能会使一个组织永久或暂时无法运营。由于 GDPR 要求你能让数据主体查阅他们的信息，而这可能会迅速成为一个隐私风险。如果你遭遇影响你业务连续性的事件，并且在较长一段时间内数据主体都无法查阅，那就不仅仅是你自己无法查阅的问题，它还一并限制了数据主体行使其权利。

业务连续性的丧失可能会引发其他风险。如果影响业务连续性的事件导致电子门不能上锁，它们就会对特定的场所带来物理风险，如我们前面讨论的，这也会是一个潜在的隐私风险。

随着你的组织在进行风险评估方面经验的增加，你会厘清不同类型的风险之间的关系，而一个能够将这些风险考虑在内并适当地处理它们的综合风险管理框架，是保护组织及其所持有个人数据的最佳方法。

## 风险管理及个人数据

一个组织的风险管理框架为适应 GDPR 合规所必须采取的额外关键

[185] 为了 GDPR 合规，通过投保来转移风险不被认为是一种处理风险的恰当方式。

一步是意识到特定处理活动对数据主体的权利和自由带来的风险，而这与该活动对组织所造成的风险不同。单个数据主体的数据损坏可能对一个处理数千条数据记录的组织影响甚微，但可能对单个人产生重大影响。GDPR 要求组织考虑对个体的影响，并采取适当的控制措施，将这些对个体的影响降低到法律和数据主体都可接受的水平。这一额外的考虑，对组织风险管理者至关重要，他必须将其记录在案，并保留适当的证据，以表明组织已经履行了确定和实施适当的组织和技术控制措施的义务。

# 第十二章　执行

重要的是要认识到执行 DPIA 的实际好处，而这些好处不仅限于守法。DPIA 可以建立信任。你可以公布一个 DPIA 的结果，以显示你所在组织正在保护个人数据的安全，并采取了严格的方法来确保这一点。通过这样做，你还可以证明你对处理透明的承诺。

一贯地使用 DPIA 可提高你对 GDPR 合规的认识。从内部来说，这将转化为个人对其责任更好的认知；从外部来说，它将转化为更好的声誉和更多的信任。此外，这种意识可以提升你的整体隐私合规框架的有效性。

DPIA 还可以帮助你及早发现问题——通常是在你花费大量时间和金钱实施一个项目之前——并帮助你找到其他的收益。你可以将其延伸到根据数据最小化原则来修改你要收集的实际数据这类工作上来。

DPIA 的整个过程可能很长也很复杂，尤其是对于大型组织或处理大量复杂数据的组织而言。DPIA 是组织风险管理框架的一个组成部分，因此有一些核心的原则可适用于任何的此类项目。

## DPIA 的五个关键阶段

DPIA 的主要阶段有：

1. 确定对 DPIA 的需求；
2. 描述信息流；
3. 识别隐私相关的风险；
4. 找出和评估隐私解决方案；
5. 签署并记录结果；

## 确认对 DPIA 的需求

首先，只要是执行 DPIA 仍有可能对相关项目带来正面的影响，你就应该执行 DPIA。虽然“迟到总比不到好”，但如果你在合规项目一开始就执行 DPIA，那么你就能对已有的处理做很好的审查，而利益相关者会很乐于看到你在认真对待合规。

你可以使用一组有关你项目的问题来确定该项目是否需要一个 DPIA：

· 该项目是否涉及收集关于个人的新的信息？

· 该项目是否会迫使个人提供有关自己的信息？

· 个人信息是否会透露给以前未曾接触过该信息的组织或个人？

· 你是否将个人信息用于当前目的以外的用途，或以当前未用过的一种方式来使用？

· 该项目是否涉及使用可能被认为侵犯隐私的新技术？

· 该项目是否会导致对个人可能产生重大影响的决定或行动？

· 所涉及信息是否会激起人们对隐私的关注或期待？

· 该项目是否会采取被他人认为是侵扰的方式来取得联系？

上述问题的答案只要有一个 “是”，就表明执行一个 DPIA 可能是有益的，哪怕它只是尽职调查的一部分。如果你在 GDPR 要求执行 DPIA 的情况下未执行，可能会产生严重影响，因此你应确保你有一个程序来迫使你做出评判：你的任何一个新的处理活动或改动了的处理活动是否需要一个 DPIA。

正如在第十章中所描述的，有一系列的情况需要你开展一个 DPIA。GDPR 本身在其第 35 条和若干鉴于条款中说明了这些情况。你绘制的数据地图会使 GDPR 中规定需要执行 DPIA 的那些处理活动得以凸显。而第 29 条工作组也制定了关于何时应开展 DPIA 的指引。[186]

你还需要留意那些监管机构认为有必要开展 DPIA 的任何附加条件。

你可能会希望你是为了你的组织的利益，而不是出于迫不得已或谨慎行事来执行一个 DPIA。正如本章前文所述，DPIA 有一些明显的好处，

[186] https://ico.org.uk/for-organisations/guide-to-data-protection/guideto-the-general-data-protection-regulation-gdpr/accountability-andgovernance/data-protection-impact-assessments.

这些好处本身就可以成为执行它的动机。

即使你选择不执行 DPIA，你也应该保留用来说明你选择不执行 DPIA 的原因的任何记录。这样做既是对你尽职的一个证明，同时也可以最小化那些发生的个人数据泄露对你造成的不利影响。

### 目标和产出

像任何其他项目一样，DPIA 应该有一系列的目标和明确的产出要求。如此前所述，GDPR 规定了一套产出的最低要求：

（a）对计划的处理操作和处理目的的系统性描述（适用情况下可包括控制者的合法利益诉求）；

（b）处理操作相对于上述目的的必要性和相称性评估；

（c）对（受处理操作影响的）数据主体的权利和自由的风险评估；

（d）为应对风险而设想的措施，包括确保个人数据受到保护，并在考虑到数据主体和其他有关人员的权利和合法利益的情况下证明其合规的，有关安全保障措施与机制。[187]

简而言之，可以将一个的预期产出简化为：

· 关于处理及其目的的说明；

· 在该处理中所追求的合法利益；

· 对处理必要性和相称性的评估；

· 对数据主体权利和自由受到风险的评估；

· 为解决这些风险而设想的措施；

· 所有用于证明 GDPR 合规的安全保障措施；

· 处理涉及个人数据删除时的时限说明；

· 用到任何基于设计和默认的数据保护措施的说明；

· 个人数据接受者的名单；

· 表明对受核准的行为守则的遵守

· 数据主体是否有被咨询且给予同意的有关详情。

以上这些应被确定为任何一个 DPIA 的最低产出。除此之外，你还可以根据组织的需要或处理本身的性质确定一些其他必要的特定产出。

举例来说，你可能会由一个 DPIA 来确定要达成处理的预期结果最

[187] GDPR，第 35（7）条。

少需要多少个人数据，从而提升效率并符合（如前所述的）数据最小化原则。或者，你可能会要求某个 DPIA 特别注意处理过程中的特定元素，因为该组织过去在这方面曾出现过问题。

由于 DPIA 是范围更大的风险管理过程的一部分，你还应设法根据与你风险管理框架相一致的术语来确定“处理这类风险的预期措施”。由于这些措施是满足法律要求所必需,因此它们也成了基线安全标准(作为企业经营活动中一套常规的控制措施和业务流程）的一部分。

## 咨询

在整个 DPIA 过程中，你将需要咨询一些人或实体。其中一些人将提供意见或见解，一些人是有关处理或项目领域方面的专家，另一些人则是在该处理中有其自身利益。同样，你可能需要同时从内部和外部展开咨询。

内部利益相关者可能以某种方式参与处理或项目。为了更好地了解所涉及的风险、应对该风险带来的影响或就风险应对措施和处理办法获取意见，你可能需要对他们进行咨询。这些利益相关者可能包括项目管理团队、DPO、工程师、IT 团队、采购、客户支持、法律顾问等。

GDPR 规定“在适当情况下，（数据控制者）应就拟进行的处理征求数据主体或其代表的意见”。[188]GDPR 没有明确规定什么是“适当”的情况，但可以肯定的是，如果你正严肃地考虑某一情况是否属于适当，那么它很可能就是适当的。在大多数情况下，最好假设监管机构会站在数据主体一边。

咨询数据主体等外部利益相关者使人们了解有关他们的信息如何使用，可以提高透明度。当然，外部利益相关者很容易忽视那些他们对其并没有投入，他们可能不完全了解，抑或他们可能根本不感兴趣的事务。因此，构建这种咨询的框架就很重要，它可帮助你获得有关结论，以用于你的 DPIA。

在咨询外部利益相关者时，你应该遵循一系列原则：

· 适时开展。在合适的阶段进行咨询，给利益相关者足够的时间做出回应。如果你希望从在线调查中得到答案，你需要考虑流量和转化率，

[188] GDPR，第 35（9）条。

以获得足够多的反馈。

· 使之清晰并且适度。提供必要的信息——不多不少。提供太多的信息或背景会让人们感到困惑,而隐瞒信息只会导致含糊或无用的反馈。

· 咨询恰当的代表。你应该确保你接触的人能够公平地代表那些可能受到影响的人，或代表那些会提出意见的人（比如地方当局或监管机构）。

· 客观且现实。为外部利益相关者提供现实的选择，并且不带偏见地提供信息。如果你发现你不得不回避这些问题，这可能是这个项目存在更大问题的征兆。

· 双向反馈。你得到反馈的同时确保你也提供反馈。在许多情况下，利益相关者最终会为各种组织和机构的多个项目提供咨询，所以从长远来看，向其做反馈将被证明是有价值的，尤其是当你还需要再次咨询他们时。

需要咨询的最重要的外部利益相关者是监管机构。GDPR 第 36 条规定，如果 DPIA“表明在控制者没有可采取的措施来纾解风险的情况下，处理将导致高风险”[189]，则控制者必须咨询监管机构。这意味着，监管机构可被允许延长甚至暂停咨询反馈的期限，进而可能无限期地对该组织形成拖延。[190]

为了避免出现这种情况，在 DPIA 过程中遇到拿不准如何处置隐私风险时，就应征求监管机构的意见。这可能涉及终止处理并重新设计以避免重大风险。

## 描述信息流

你的数据地图绘制工作对于描述信息流至关重要。你需要能够描述你如何收集、存储、使用和删除个人数据，它应该能以摘要的形式从你绘制的数据地图中获得。

尽管数据地图绘制将为你提供所有处理活动的一个大尺度的概览，但它也可以生成针对各项处理的更细粒度的地图。只有你所在的组织完全了解了信息的实际使用情况，才有可能对隐私风险进行全面的评估。

[189] GDPR，第 36（1）条。
[190] GDPR，第 36（2）条。

对于某些 DPIA——尤其是当处理复杂或分多个阶段时——你可能需要比绘制这类地图做得更加深入。你可能还需要将其转换为另一种格式，如电子表格或书面报告。

## 识别隐私及相关风险

风险识别本身就是一门艺术，有许多培训机构可以提供资格认证，帮助你获得风险识别（以及更广泛的风险管理）方面的背景知识。

你应依据数据保护原则，识别数据主体的权利和自由所面对的风险。这意味你要找到这样一些数据：

· 不准确、不充分或过时的；

· 过多或无关的；

· 存放过长的；

· 向错误的人或实体披露的；

· 会以数据主体不能接受或意想不到的方式来使用的；

· 储存或传送不够安全的。

当然，这些都是宽泛的分类，如果你希望减轻这些威胁，那么这些分类并不是特别有用。而个人数据的实际风险可能包括：

· 黑客入侵；

· 病毒和其他恶意软件；

· 入侵者窃取或破坏数据；

· 仿冒诈骗；

· 未得到充分培训的员工；

· 经营场所外使用的未加密的笔记本电脑；

· 弱访问控制；

· 弱密码。

无论你做什么，这些风险中的一些都将继续存在（如恶意软件、黑客、自然灾害等），而另一些风险则可以基本上被消除（如弱密码、未锁门等）。前者可以通过主动应对来减小风险的可能性或潜在影响。而后者中的许多风险，则可以被完全消除。例如，可以通过改进密码策略，强制用户创建每三个月更改一次的强密码，从而消除弱密码的影响。

在识别隐私风险时，你需要评估其潜在的影响。在 DPIA 中，这种影响是对数据主体的危害，而不是对组织的危害，它将被包括在一个更广泛的信息安全风险评估中。同样值得考虑的是，如果你打算在组织之外发布 DPIA 的结果，你是否希望披露那些有关组织所面临危害的信息。

这里的危害首要的考虑因素之一是所涉及的数据是否能够识别数据主体。这将取决于数据本身，有些个人数据集并不能识别具体的个人。例如，包含出生日期、邮政编码或性别的数据通常不能提供足够的信息来直接识别，但是上下文背景和样本规模可能会增加这种可能性。同时，由姓名、指纹或身份证号码组成的数据，则可以识别单独的数据主体。

关于危害的第二个考虑因素是所涉及的数据量。例如，如果特定的风险导致了 25 条项记录丢失，那么它对社会（和组织）的危害是有限的。结合数据的可识别性，它甚至可能是无害的。例如，散列化的数据（hashed data）通常是非常安全的，但是如果散列化方法自身有缺陷，那么通过使用足够大的样本来识别其中模式就有可能对其进行破解。

关于危害的第三个考虑因素是数据的敏感性和多样性。有些信息本来就是敏感的，比如医疗方面的信息和政治立场。GDPR 中所指的“特殊类别的个人数据”[191] 始终是敏感的。关于第 10 条所提到的数据主体的刑事定罪和犯罪的数据，也应同样处理。[192] 而不太敏感的信息也有可能被用于其他用途，或者在某些上下文中明显变得更敏感。例如，拥有数据主体的身份证号及其母亲的婚前姓名，可用于获取更加敏感的信息和进行欺诈或身份盗窃。

危害通常是有形的和可量化的，且当你在执行一个 DPIA 时危害会变得显而易见。危害的形式可能是经济或工作上的损失，也可能是由于披露敏感信息而损害个人关系和社会地位。这些信息可以很容易转化为对数据主体的危害和组织的危害（在赔偿金等方面）。

然而，危害可能也不总是有形的和可量化的。在个人数据被泄露后对身份被盗的担忧也是一种危害。而这种危害可能更难确认，因为它往往并不直接来自实际数据。考虑到这一点，许多司法管辖区的判例法已

[191] GDPR，第 9（1）条：“揭示种族或族裔出身、政治见解、宗教或哲学信仰或工会成员身份的个人数据，以及对基因数据、以唯一识别自然人为目的的生物识别数据、有关健康的数据、有关自然人性生活或性取向的数据的处理。”

[192] GDPR，第 35（3）（b）条规定，“大规模处理特殊类别数据……或与刑事定罪和犯罪有关的个人数据时”，需要一个 DPIA。

经允许法院为“忧虑”做出裁决。

同样重要的是，要认识到单纯数据的损坏或丢失也可能造成危害——而这并不总是与盗窃或犯罪分子的行为有关。例如，医疗机构可能会混淆病人数据，导致错误的诊断、对严重疾病的治疗失败，或敏感信息意外泄露给其他的病人等。

## 确定和评估隐私解决方案

以下涉及为防止风险造成危害而采取的措施。在第十一章中，我们确定了四种可能的风险响应策略：

1. 应对；
2. 容忍；
3. 终止；
4. 转移。

这些策略在这里同样适用，就如同“普通”风险管理一样。你的决策将受到各种因素的影响，比如应对风险的成本可能会超过风险转移的成本。请记住，成本不仅仅是实施控制所需的现金成本，它还包括对项目结果的影响。如果风险使处理减慢了 20%，或者降低了产出的最终价值，那么这些应该被纳入你的决策考虑中。在应对风险的费用过高的情况下，其他选项，例如终止风险，可能更可取。

采用多种处置办法，甚至混合使用也是有可能的。例如，有一个涉及五项风险的处理，其中两项风险较小，而另外三项风险较大，其中最后一项风险与该处理的一个关键环节有关。风险评估人员可能决定容忍这两种较小的风险，对两种非必要的严重风险采取终止策略，采取多种应对办法来减少最后一个涉及关键业务风险的影响和可能性，也可以考虑通过保险来转移部分风险。

也没有必要根除所有隐私风险。关键是将风险降低到一个可接受的水平（基于你的风险接受标准），而让一个有用的项目继续进行。在一个 DPIA 中，需要记住“可接受的”风险应该基于哪些是数据主体可接受的，而不仅仅是组织可接受的风险。

不同的资料来源给出了不同的风险应对措施，以下所列的是一个组织可能采取的应对、转移或终止个人数据风险的典型措施的例子[193]：

· 减少所收集的数据量；

· 制定一项存留政策，规定个人数据的存留时长和格式；

· 在不需要的时候安全地销毁信息；

· 用于最小化个人数据接触的访问控制政策及程序；

· 开展培训和意识培养，以减少个人数据的意外暴露或损害；

· 匿名化个人数据；

· 订立合同或数据共享协议；

· 制定主体查阅请求程序，以保障数据主体的权利；

· 要求供应商进行风险评估并向你提供评估结果。

这一分析过程的结果应记录在数据保护风险登记册中。与其他风险的登记册一样，该登记册不仅应记录风险，还应说明为应对风险已经采取或将要采取哪些行动，并确定谁负责批准和执行所选择的解决方案。它与一个风险处置计划相当，并看上去可能与表5中的示例类似。

**表5 风险登记示例表**

| 风险 | 影响 | 可能性 | 响应 | 行动 | 责任人 |
|---|---|---|---|---|---|
| 员工误用个人数据 | 高 | 高 | 应对 | 开发隐私政策，沟通并通过培训和意识提升计划验证 | 信息安全经理 |
| 信息被无限期地收集和存储 | 中等 | 低 | 应对 | 制定留存政策 | 运营经理 |
| 第三方数据泄露 | 高 | 中等 | 容忍 | 在现有合同中有适当条款 | 客户关系经理与法务 |
| 数据意外丢失或被窃 | 高 | 中等 | 转移 | 保险政策 | 首席财务官 |

你的风险登记册应根据你的业务需求进行定制。它可能会自动计算风险评分，并对超过风险接受标准的风险进行颜色编码，以便于参考；也可能会是增加额外的栏目，以记录与处理或风险应对措施以及与你所

[193] 在对风险进行了相应处置、转移并做了相关的终止后才能考虑容忍剩余的风险，或许你的各种应对措施不能充分降低风险，但这个过程是必不可少的。

在组织相关的其他数据。

你应确保你选择容忍的风险都有理由解释。这不仅适用于你完全可承受的风险，也适用于风险应对后仍然存在的残留风险。

### 签署与记录结果

你在 DPIA 过程中产生的许多文档，对组织以外的利益相关者，例如监管机构、合作伙伴、客户或更广泛的公众来说，作用有限。然而这些实体恰恰是你需要去打动的，所以你还需要确保你有一个适合对外发布 DPIA 的最终报告。

无论项目的性质和你提供的信息是什么，你的 DPIA 报告应包括一个项目概述，其中应说明涉及哪些个人数据、你正在用它做什么、为什么要处理，以及数据将保存多长时间。该项目可能涉及一组处理功能，也有可能只是对应单个处理，或一个在一定时期内运作的业务项目。

DPIA 报告还应提供有关信息以证明你已充分评估了项目对数据保护的影响，这其中包括对数据流和已识别的隐私风险的描述，以及如何处理隐私风险的详细信息。你的监管机构可能会对 DPIA 的报告提出进一步的要求。

DPIA 报告的内容还应做适当的“清洗”，以保护数据主体及组织自身，并符合受众的要求。如果你只是简单地将报告提交给你所在组织的董事会批准，你可能会排除那些过于技术性的信息。依靠于公司员工的专业知识，董事会只需要有一个好的、可靠的概述来做出战略决策。

DPIA 报告在发出去之前，应由合适的权威人士来签署。在内部，该人士通常应是 DPO。外部性审批可能由监管机构来完成，在某些情况下，法律可能会要求如此。

一旦你得到外部的签署，报告就可以发布，或以摘要形式提供给利益相关者。如果你希望公布全部细节，对报告的第二轮审查可能是必要的。发布 DPIA 报告可以为你赢得真正的信任，并建立透明的声誉。公布与 DPIA 有关的材料是一种好的做法：一个经济体中发布此类报告的组织越多，其经济就越透明，也就越容易吸引国际业务和投资。

## 将 DPIA 纳入项目计划

DPIA 的结果需要纳入项目计划。你将需要不断地回顾你做的 DPIA，以确保其得到遵守，并确保其对风险的应对措施得到有效执行。

你应制定风险应对措施有效性的衡量标准。在某些情况下，衡量标准可以简单到如“信息仍然完好无损”，而在其他情况下则可能更为复杂，有可能是“非管理人员访问日志的次数”。

在任何情况下，你都需要确保你的隐私合规框架考虑了其有效性。例如，ISO 27001 为信息安全管理系统提供了一系列检查，以确保所有必要的程序都在正常运行且有效。即使你没有选择实施 ISO 27001，看看该标准第 9 条和第 10 条中如何来做信息安全的监控、测量、分析和评估，以及对监控结果的审查和回应，也是很有价值的。

DPIA 是表明你决心在整个项目期间保护个人数据的一份书面记录，而且外部的利益相关者——包括监管机构——也将据此来要求你。此外，如果你选择发布你的 DPIA 报告，这些外部的利益相关者也可能会向你提出关于安全措施有效性的具体问题。

# 第四部分 国际传输与事故管理

## 第十三章 跨国管理个人数据

为了在欧盟范围之外执行 GDPR，GDPR 设计了一些旨在控制欧盟内组织如何能够在国际上传输个人数据的要素。

关于“第三国”一词在 GDPR 中并没有定义，但参照欧盟的主要条约，那些不是这些条约缔约国的国家即被认为是第三国。这是欧盟法律中的一个常用术语，通常指不受其法律约束的任何国家——因为 GDPR 作为法律适用于欧盟和欧洲经济区，这里的“第三国”指的是欧盟或欧洲经济区成员国之外的国家。GDPR 中虽然没有单独定义，但可以认为这一定义可以适用于此。鉴于欧洲委员会包含欧盟（EU）、欧洲经济区（EEA）、欧元区和欧洲自由贸易联盟（EFTA）等 17 个不同的组织，并互相有重叠，因此搞清楚你可以向“欧洲内”的谁发送信息，以及为此你需要制定哪些规则是至关重要的。

为便于参考，表 6 列出了欧盟和欧洲经济区的国家。

**表 6 欧盟和欧洲经济区国家清单**

| | | |
|---|---|---|
| 奥地利 | 德国 | 马耳他 |
| 比利时 | 希腊 | 荷兰 |
| 保加利亚 | 匈牙利 | 挪威 |
| 克罗地亚 | 冰岛 | 波兰 |
| 塞浦路斯 | 爱尔兰 | 葡萄牙 |
| 捷克 | 意大利 | 罗马尼亚 |
| 丹麦 | 拉脱维亚 | 斯洛伐克 |
| 爱沙尼亚 | 列支敦士登 | 斯洛文尼亚 |
| 芬兰 | 立陶宛 | 西班牙 |
| 法国 | 卢森堡 | 瑞典 |



英国已于 2020 年 1 月确定脱欧，但在 2020 年底之前仍处于过渡阶段，在此之前，就 GDPR 而言，英国仍将被认作欧盟的一部分。然而，从 2021 年 1 月 1 日起，它将不再自动符合有关数据传输的充分性检验（等待年底前的谈判结果）。

向第三国传输数据的附加条件也适用于向国际组织传输数据。与第三国不同，GDPR 对国际组织的定义如下：

“国际组织”是指受国际公法管辖的组织及其附属机构，或由两个或更多国家达成的协议为基础设立的其他机构。

国际公法是国家之间、国家与个人、组织和其他实体开展国际互动的一系列条件。因此，一个国际组织可以是一个在贸易协定或条约协调下进行国际运作的组织。

国际组织的定义包含了极其广泛的组织类型。这一名称甚至适用于总部设在欧盟 / 欧洲经济区内，但在欧盟 / 欧洲经济区之外有业务的组织。例如，一家在美国有业务的德国公司是一家国际组织，尽管其核心业务位于欧洲经济区内。你应该时刻确保你了解与你互动的组织其完整的业务性质。

## 关键要求

向欧盟 / 欧洲经济区以外的国家传输个人数据只能在两个特定条件下进行：

1. 传输目的地已通过欧盟委员会的充分性认定。

2. 个人数据的传输须得到适当的保障，以保护个人数据。

仅仅满足其中一个条件本身可能是不够的，而且无论你采取了什么样的安全措施，你都有可能被有关当局禁止向特定国家传输个人数据。

任何进一步的个人数据传输——无论是在目标国家或其他国家——也同样受到这些限制。如果你所在的组织位于欧洲经济区，并且希望将数据传输给第三国或国际组织，你需要确保所有条件都得到满足，包括那些第三国或国际组织将遵守 GDPR 的要求。

组织可传输个人数据的例外情况包括：

1. 得到数据主体同意，且已告知数据主体的风险，特别是那些由于缺乏充分性认定和保障措施所可能造成的风险。

2. 当传输是为了履行数据主体和控制者之间的合约，或是为了应数据主体的请求来执行签约前的有关措施。

3. 当传输是履行数据主体利益下的合同所需要的。

4. 当传输出于公众利益的重要原因。

5. 当传输是确立、行使或者维护法律主张所需要的。

6. 当传输是为保护数据主体或者其他人的切身利益所需要的，且数据主体无法给出同意的情况时。

7. 当传输源自一个旨在向公众提供信息的登记，并且属于公开征求意见时（但应仅限于相关法律允许征求意见的范围）。

你需要确保你清楚地记录了你传输的理由，并且这些文档可以应要求提供给监管机构。

## 充分性认定

充分性认定是欧盟委员会做出的一种认定，即某一国家或组织是被认可的个人数据传输目的地。这通常是因为传输的目的地国符合了法律中的有关标准。充分性认定的标准要求第三国至少具备以下条件：

- 法治；
- 追求司法公正；
- 尊重人权和基本自由；
- 有关下列方面的一般立法和部门立法：公共安全、国防、国家安全、公共秩序、刑法。[194]

目前已经有一个符合充分性认定标准的国家名单，如表 7 所示。

**表 7 达到充分性认定标准的国家**

| 安道尔 | 根西岛 | 泽西岛 |
|---|---|---|
| 阿根廷 | 以色列 | 新西兰 |
| 加拿大 | 马恩岛 | 瑞士 |
| 法罗群岛 | 日本 | 乌拉圭 |

表 5 中一些“欧洲”国家也被列入在内，因为它们实际上不是欧洲经济区的成员国。例如，瑞士是欧洲自由贸易联盟的成员，而泽西岛、根西岛和马恩岛是欧洲共同体的一部分（因此它们可以进入该单一市场，但实际上却不是欧盟或欧洲经济区的成员）。

请注意，美国不是获充分性认定的国家之一。这在一定程度上是因为美国没有全国性（联邦一级）的数据保护法。美国大多数州有自己的数据保护或数据泄露法律，这些法律为消费者提供了不同程度的保护。如前所述，虽然美国之前与欧盟有相关的约定以便于从欧盟传输数据，但这一权利已被欧盟法院驳回。欧盟与美国间的数据传输此前是合法的，而原来的隐私盾框架现在必须同欧盟/欧洲经济区以外的其他国家一样，要有被提供的一些方式来确保传输的安全，且没有充分性的认定。

个人数据可以像在欧洲经济区内传输一样，传输到表 5 中的任何一个国家，除了 GDPR 对传输的正常规定外，没有进一步的要求。

充分性认定每四年进行一次审查，因此必须确保基于此认定向其传输个人数据的任何国家都维持了这一认定。你有必要时不时地检查一下，看是否有哪个国家被加入了此名单，因为它们很可能为你的组织带来商业机会。得到此充分性认定的国家完整清单会在《欧盟官方公报》和欧盟委员会网站上公布。

## 保障措施

如果有适当的措施保护数据主体的权利和自由，而且数据主体有可执行的权利和获得法律救济的办法，则允许向第三国和国际组织传输数据。鉴于 Schrems Ⅱ案的调查结果，这些要求对欧盟外的任何传输都是

[194] GDPR，第 45 条。

非常重要的，无论组织采取什么措施使这种传输合法化（如下面讨论的BCR 或 SCC），都要从属于这些要求。如果你不能确保有这类的措施来保护数据主体的权利和自由，或者没有可供数据主体寻求法律救济的机制，那么就不能进行传输。

GDPR 提供一套可接受的保障措施，其中一些措施选项须经监管机构特别批准，才可被视为合规：

· 公共当局或机构之间有具备法律约束力和执行力的文书。

· 约束性企业规则。

· 欧盟委员会通过的标准数据保护条款。

· 监管机构通过并经欧盟委员会核准的标准数据保护条款。

· 经核准的行为守则，以及具有约束力和执行力的由第三国控制者 / 处理者给出的采取适当保障措施和保护数据主体权利的承诺。

· 经核准的认证机制，以及具有约束力和执行力的由第三国控制者 / 处理者给出的采取适当保障措施和保护数据主体权利的承诺。

· 控制者 / 处理者与第三国或国际组织的控制者 / 处理者 / 接收者之间的合同条款。

· 在公共当局或机构间的行政安排中加入的规定中，包括可执行和有效的数据主体权利。[195]

最后两项保障措施需要得到监管机构的批准。保护个人数据的许多选项依赖于法律规定的框架，或事先得到监管机构和 / 或欧盟委员会批准的框架。

必须认识到，一套被接受的保障措施并不是一个简单的措施或控制清单。更确切地说，上述的保障措施可以代表一系列由法律措施支持的解决方案。

如果你选择来使用这些选项，以便将个人数据传输到欧洲经济区之外，你应该咨询监管机构，以了解你的可选项是什么。你不必使用以上任何一种可获预先批准的模式，但如果你想制定自己的解决方案来使你和你打交道的组织之间达成一致，这些模式可能会对你有启发，而且几乎肯定会使你更容易获得监管机构的批准。

[195] GDPR，第 46 条。

### 约束性企业规则

约束性企业规则最初是由第 29 条工作组制定的，目的是允许大型组织或集团组织在国际间安全地传输数据，同时减少官僚主义的干扰。它在 GDPR 中最终被定义为：

"约束性企业规则"指在一个成员国境内设立的控制者或处理者，在将个人数据传输给设立在一个或多个第三国的、隶属同一企业集团或从事联合经济活动的同一组企业的控制者或处理者时，所遵守的个人数据保护政策。

GDPR 为各成员国制定自己的约束性企业规则以简化国际传输订立了条件。

约束性企业规则的优势在于，有关组织可以快捷地传输个人数据，而且监管机构的干预最少。然而，它们只能在多组织或跨国组织的情况下使用，而且你选择实施一套此类规则需要得到监管机构的批准。

约束性企业规则并不对获批的组织集团之外所进行的传输提供依据。如果你想扩大规则适用的组织，需要得到监管机构的进一步批准。

### 标准合同条款

标准合同条款（SCC）是经过核准的合同条款，可纳入欧盟控制者和非欧盟控制者之间以及欧盟控制者和非欧盟处理者之间的合同中。它们以法律上可执行的条款清楚地阐明了 GDPR 的要求如何应用于这种合同关系。这些条款是保证安全传输的有效方法（假定双方当事人都遵守条款），但它们不得修改，必须完全按照欧盟委员会提供的条款来使用。

作为 Schrems II 案裁决的一部分，欧洲法院认为标准合同条款仍然是国际传输的有效保障措施。然而，欧洲法院也指出：

最为重要的是，该控制者或处理者应逐例——酌情与数据接收者合作——核实作为目的地的第三国的法律能否确保依据标准数据保护条款所传输的个人数据能得到欧盟法律下所要求的适当保护，并在必要时在这些条款提供的保护措施之外提供额外保障。[196]

这意味着，任何希望在标准合同条款的基础上将个人数据传输给第三国的组织，必须评估该国的法律是否支持标准合同条款的要求。如果不支

[196] http:/curia.europa.eu/iuris/document/document.jsf;jsessionid=CF8C3306269B93564DF861B57785FDEE?docid=−228677&doclamg=EN.

持，组织必须确保采取额外的措施。如果此类措施仍不能确保数据主体的权利和自由得到保护，也不能提供法律救济的办法，则不能进行传输。

## 有限的传输

可以在“有限”基础上传输个人数据而不必制定更正式或永久的措施。根据 GDPR 第 49 条，在以下情况下传输是被许可的：

传输不是重复性的，只涉及有限数量的数据主体，对于控制者实现其所诉求的令人信服的合法利益确属必要，且这些利益不会因数据主体的权益或权利与自由而否决，控制者已评估与数据传输有关的所有情况，并根据该评估为个人数据的保护提供了适当的保障。

你需要将该传输和“令人信服的合法利益”告知监管机构和数据主体。通知时应留有足够的时间，以便当事方中的任何一方能够提出反对，这一点很重要。

## 云服务

如你的组织使用云服务提供商来储存或处理个人数据，你需要确认储存个人数据的数据中心的位置。云服务提供商很容易被忽视，特别是当他们以服务的方式交付软件（SaaS）、基础设施（IaaS）或平台（PaaS）时。在这些情况下，用户往往不知道他们使用的是远程托管的工具，而且许多时候，该工具实际上在另一个国家。

因为云服务提供商经常利用位于世界各地不同国家的庞大服务器集群，它们中的许多服务商都有资格成为国际组织，因此，你需要确保建立适当的保障措施来保护个人数据。如果云服务提供商对数据实际存储的环境几乎没有控制权，也无法从其他相关方获得适当的保证，那么最好更换服务商或开发内部能力来取代云服务。

此外，由于云服务可能会将数据存储在第三国，控制者将必须满足 GDPR 中有关国际数据传输的一般要求。这包括：有合法的传输理由，坚持数据保护原则，应用适当的控制措施来保护个人数据（例如欧盟委员会核准的标准合同条款），并告知数据主体对其个人数据的传输。

ISO/IEC 27018:2014 是 ISO 27000 系列标准的一部分，它为保护云端托管的个人数据提供了一个好的起点。该标准提出了一套可用于保护这类信息的控制措施，并提供了实施这些控制措施的指导。

# 第十四章　事故响应的管理与通报

组织必须做好涉及个人数据的安全侵害的应对，这一点至关重要。每个组织迟早都会遭遇数据泄露，这已经成为一个不争的事实。很多调查和报告表明，大多数组织在一年内会遭遇多次不同规模和影响的侵害。问题不在于“是否会”，而在于“何时”。当出现数据泄露时，你需要有一种机制，使你能够快速且有效地做出应对。

根据 GDPR，个人数据泄露不仅仅是以数据流失到外部为标志，而是有更广泛的定义：

> “个人数据泄露”是指导致传输的、储存的或以其他方式处理的个人数据遭意外或非法破坏、遗失、更改、未经授权披露或查阅的安全侵害。[197]

事故管理是将此类侵害的持续影响降到最低的一个过程。它需要认识到一个事件已发生，对当下和长期的关切做出响应，并跟踪事件，以确保所采取的步骤是有效的。

## 通知

GDPR 对于何时以及如何向监管机构和受影响的数据主体通报事件有具体的规定。数据控制者必须“在控制者意识到发生了数据泄露时，及时通知监管机构，不得无故拖延。在可行的情况下，不得迟于发现后的 72 小时”。[198]

尽管在“个人数据被泄露不大可能导致自然人的权利和自由受到威胁”[199] 时组织可以豁免于此要求，但你的事故管理程序可能无法立即

[197]　GDPR，第 4(12) 条。
[198]　GDPR，鉴于条款第 85 条。
[199]　GDPR，第 33(1) 条。

对风险是否符合通知条件做出判断。因此，好的做法是默认通知，以避免意外地触犯法律。

通知需要包括以下若干具体信息，必要时可以分阶段提交[200]：

1. 个人数据泄露的性质，包括受影响的数据主体的类别及大概数量，以及相关个人数据记录的类别及大概数量。

2. DPO 或其他联络人的姓名及联系方式，以获取进一步信息。

3. 个人数据泄露可能造成的后果。

4. 为解决个人数据泄露而采取或计划的措施，包括为减轻可能出现的不良影响而采取的措施。

建议在报告模板中加入这些内容，以确保你向监管机构提交的报告是全面且符合要求的。

请注意，许多监管机构提供标准化的表格，用以报告个人数据泄露及其他事故，这些表格还可能会强调事故发生后你应采取的行动。通过了解监管机构所期望的最低回应要求，你可以制定一个事故应对的最佳实践方法，以安抚你的监管机构。

GDPR 亦规定，如果“个人数据泄露可能对自然人的权利和自由构成高风险”[201]，就应通知数据主体。应当指出，这与通知监管机构的要求不同，后者是存在风险即要求，而不必是“高”风险。因泄露而需要通知数据主体的例外情况如下[202]：

1. 控制者已经采取了加密等措施，这意味着未经授权的人不能读取数据；

2. 控制者已采取措施，确保高风险不可能再发生；

3. 通知受影响的人将涉及不相称的努力。这种情况下，数据控制者将需要通过公报，以“同样有效的方式”来告知数据主体。

数据泄露通知必须以“明确和通俗的语言”[203]向数据主体提供，并且要“与监管机构密切合作”[204]，其中通知的内容应包括：

1. DPO 或其他联络人的姓名及联系方式，以便进一步了解情况；

[200] GDPR，第 33(3) 条和第 33(4) 条。
[201] GDPR，第 34(1) 条。
[202] GDPR，第 34(3) 条。
[203] GDPR，第 34(2) 条。
[204] GDPR，鉴于条款第 86 条。

2. 个人数据泄露可能带来的后果，以及为解决个人数据泄露问题而采取或计划的措施，包括为减轻可能出现的不利影响而采取的措施。

与通知监管机构不同，在通知数据主体时，使用标准通知是不可取的。一份清楚地描述发生了什么、你打算怎么处理并包含恰当联系方式的声明，如果它看起来是专门为收件人写的，而不是一封形式化的信件，那么你收到负面回应的可能性就会小得多。

数据处理者必须协助数据控制者满足数据泄露的通知要求，根据第28条的规定，处理者应“根据处理的性质和处理者可得到的信息，协助控制者确保遵守第32条至第36条所规定的义务”[205]，以及根据第33条的规定，“处理者在发现个人数据泄露后应立即通知控制者，不得无故拖延”[206]。

## 事件与事故

在信息安全的术语中，信息安全事件是指一次对信息安全策略可能的违反或相关控制措施的失效，[207] 而信息安全事故则是指一次很可能已发生的信息安全侵害。[208] 信息安全事故是信息安全事件的子集。

例如，从入侵预防系统（IPS）收到警报就是一个信息安全事件。如果警告提示入侵已按计划阻止，那么它甚至不是一个事件，因为控制已按预期执行。然而，如果警报显示未能阻止入侵，那么这肯定是一个事件，但由于这是一个预期可能发生的事件，一个组织通常会有额外的预备控制措施被自动触发。而如果绕过了其中一个或多个控制措施，则事件可能升级为事故。事故则需要进行调查。

事故管理方案应明确如何区分事件和事故，还应确保对事件进行适当评估，以确认它们是否构成事故。事件通常会通过自动化系统、相关员工的电子邮件等方式进行报告。然后，对每个事件可能会进行人工审查或系统自动审查（取决于事件的性质），以确定该事件是否对信息安全构成威胁。

[205] GDPR，第28(3)(f)条。
[206] GDPR，第33(2)条。
[207] ISO/IEC27000:2018，第3.30条。
[208] ISO/IEC27000:2018，第3.31条。

## 事故类型

信息安全事故可能以各种各样的形式发生，从物理干扰到电子入侵，不一而足。人们很容易陷入这样的思维陷阱：如果数据是以电子方式存储的，那么只需要担心基于计算机的事故。然而如果漏水屋顶的滴水导致服务器短路而无法恢复信息，那么这也属于一个造成数据丢失的信息安全事故。如果一个事故导致无法访问个人数据，也就意味着你无法对数据主体查阅或更正其数据的权利提供支持。

事故是威胁成功利用了漏洞的结果，因此你的风险评估应更好地帮助你了解你的组织内可能发生的各种事故。要注意，并不是所有的事故都可以预测，一些未来将发生的事故可能与任何已识别的风险无关。这并不意味着这类事故是无害的；它只是提醒你在下一次风险评估中需要考虑一个额外的点。

## 网络安全事故响应计划

许多标准和框架都对事故响应做出了规定，其中的一些将会是保障 GDPR 合规极好的工具。ISO 27001、ISO 22301 和支付卡行业数据安全标准都要求建立系统事故管理制度。

这些标准规定了一系列核心要求和记录保存措施，以确保事故得到妥善管理，但同时也为组织制定适合其自身需要的方案留出了余地。

作为一个信息安全渗透测试领域的非营利组织，CREST 开发了一个分为三阶段的网络事故管理流程，这个流程总体上适用于任何组织。[209]用最简单的话来说，这一流程涉及：

1. 准备
    a. 为你的组织执行一个关键风险评估。
    b. 开展网络安全威胁分析，辅以现实场景和演练。
    c. 考虑人员、过程、技术和信息的影响。
    d. 创建一个合适的控制框架。
    e. 检查你在网络安全事件应对方面的准备状态。
2. 响应





[209] CREST，“网络安全事故应对指南”，2013，www.crest-approved.org/wp-content/uploads/2014/11/CSIR.Procurement-Guide.pdf.

    a. 识别网络安全事故。
    b. 确定目标并调查情况。
    c. 采取适当的行动。
    d. 恢复你的系统、数据和连接。

3. 跟进
    a. 更彻底地调查事故。
    b. 向利益相关者报告事故。
    c. 开展事后审查。
    d. 交流和吸取经验教训。
    e. 更新关键信息、控制和流程。
    f. 进行趋势分析。

根据这一最佳实践的框架来定制你的事故管理，可以确保事故在发生前后都得到处置，且确保任何事故都会为事故本身以及如何处置带来更好的理解。

CREST 框架中包含的许多要点也包含在 ISO 27001 中。例如，“准备”阶段与 ISO 27001 中所描述的风险管理实践相一致，而“跟进”阶段可以纳入其审查和持续改进的过程。

事故管理程序应纳入更宽泛的业务连续性管理系统中去，以确保其程序的连续性和完整性，以及在网络事件升级为影响到总体业务的连续性时，确保相关的角色和责任清楚。作为业务连续性管理系统最佳实践的国际标准是 ISO 22301。ISO 27001 系列中还有另外两个标准可用于构建事故应对程序：关于信息和通信技术业务连续性的 ISO/IEC 27031 标准和关于事故管理的 ISO/IEC 27035 标准。

当 CREST 的框架聚焦于网络事件时，你的组织需要为可能损害个人数据的各种事件做好准备。这里包括在没有人为干预情况下发生的事故（自然灾害等）以及因不作为而引起的事故（如疏忽或处理不当），而不仅仅是有明确攻击者或恶意意图的事故。除此之外，CREST 三个阶段的总体方法还为管理所有类型的事故提供了支持。

## 事故管理中的关键角色

事故管理应该得到整个组织内一系列人员的支持。首先，它需要得到高层的支持，以确保它得到所需的资源，并确保人们了解为事故做准备的程序（包括预防措施）并非是无意义或无用的工作。应该明确地告知大家，事故可能会威胁到整个组织，并使每个人的工作都处于危险之中。

实施预防措施的人和在这些措施约束下工作的人都需要参与其中。例如，如果员工每次穿过一道门都需要锁门，他们应该明白为什么要这么做，以及不这么做的后果。员工可能此前没有执行过该措施，但他们必须每天坚持遵循，即使一开始可能看起来很烦琐或浪费时间。

组织内的每个人都需要了解自己的报告义务。如果有人看到一些奇怪的事情，他们需要知道：a）应该报告；b）他们应该向谁报告，即使可能只是简单地向他们的上级经理报告。应该有一个清楚的报告结构，以便能够上报、升级、调查和做出适当的响应。

关键的是——希望其不言而喻——应该指派一个人负责事故管理的过程。他应该是一个确定的人，有权力和责任调查事故（或要求调查），在事故发生时向高级管理人员报告，并管理组织的通报程序。

## 准备

几乎可以肯定的是，准备工作是整个过程中较为重要的一步。只有做好充分准备的组织才能减轻事故的影响，从事故中快速恢复，甚至有可能从事故中恢复得比以前更好。

事故管理的准备阶段类似于你的风险管理和 DPIA 过程。鉴于事故可能突然发生，而不做出反应几乎总是使情况恶化，因此你的准备工作应确保能够迅速查明事件并做出几乎同样迅速的反应。

你的事故响应计划应该经过测试和演练，以确保它们是有效的，并能够迅速启动。如果测试表明该计划是无效或缓慢的，那么你还有时间来修改计划，而在处理实际事件的过程中你是不太会有这个时间的。

## 响应

在事故响应程序被启动的那一刻，也是你处于最大的压力时，做好响应工作至关重要。时间窗在事故管理中非常重要，所以你需要尽快启动相应措施以将损害降到最低，就像在医疗护理中一样，及时处理事故可以将长期损害的风险降到最低。

为了识别事故，你应该有报告事件和疑似事故的方法，以及执行报告“分流”以确定其中哪些报告需要启动事故响应程序。许多事故只会对少数人显而易见——例如，更新网站的人可能是第一个发现网站因遭受拒绝服务攻击（Dos 攻击）而不可访问的人。此人必须了解如何报告，并且必须有一个明确的方法来确定所报告的是否达到信息安全事件或信息安全事故的标准。

当确定发生事故后，应调查情况以确定原因和明确应对的目标。如果发生拒绝服务攻击，应对的目标可能是让网站在 4 小时内重新上线。你甚至可能有一些更简单的目标，以确保在进入恢复前，响应的所有步骤都已执行。

根据对事故的理解，确定了响应目标后，你第一个可采取的直接行动是遏制。这可能包括阻止攻击者从其接入点进入你的网络，稳定被破坏的系统，或采取其他措施以防止进一步的直接损害。

此外，你还须尽早决定有关事故是否要向你的监管机构报告。预先设定的严重等级、明确的角色和责任，以及经过演练和测试的报告程序，都是确保在允许的时间窗内就泄露通知做出正确决定的重要组成部分。

一旦事故得到控制，你就可以采取相应步骤来消除其根由。这些步骤应包括采取措施以确保事件不再发生，并消除事故造成损害的能力，例如修正应用程序的弱点，使其无法被利用。在某些情况下，这一阶段的成本还会超过事故本身的成本，因此减少未来事故影响的其他解决方案也应被考虑。

在整个事故响应程序中，你应收集和保存证据，以便清楚地说明发生了什么，以及你的组织为何未能避免事故的发生。事故管理计划其中的一部分应确保你了解你在提供法庭证据方面的法律义务。举例来说，爱尔兰的《刑事证据法》就对证据的保存有着各种要求。

应对事故的最后一步是恢复你的系统、数据、连接以及被事故中断的任何其他流程或资源。你的事故应对计划应包括你的主要基础设施和资源方的合适联系人、备选供应商的名单等。你还应该建立一套从备份中恢复数据、隔离和清除恶意软件的感染以及其他任何相关操作的流程。

## 跟进

事故管理的跟进阶段可确保你的组织应用所吸取到的经验和教训，并对应对措施进行适当的审查，以确保其有效性。虽然与响应阶段相比，其时间限制较少，但确保人们在对事故仍然记忆犹新且所收集的证据仍然有效时就做跟进很重要。

跟进的第一个阶段是对事故进行彻底的调查。没有了在响应阶段的压力和所需的时效性操作，你可以花更多的时间来确定事故的精确细节，并应用更严格的分析方法。CREST 建议：

· 问题原因分析，使用失效模式和影响分析（FMEA），或现况树（CRT）方法。

· 根源识别，使用五问法/因果分析法（WBA），或因果图（鱼骨图）。

· 量化事故对业务的影响。

无论你使用什么方法，你的目标都是积极识别肇事者或事件的主要原因。

当你完成调查后，应将事故报告给适当的利益相关者。在许多情况下，相关者包括客户和合作伙伴，但也可能扩展到官方机构、执法部门、供应商、行业团体或同一行业、部门或地理区域的其他组织。你需要确定报告中需要包括多少细节，哪些信息需要受到保护或进行编辑，以及你是否需要提供关于个人数据安全或控制的有效性的保证。

组织应在事故发生后彻底审查，以确定事故管理计划针对事故、事故原因、影响及响应措施的有效性。与ISO 27001标准下的管理审查一样，事故后的审查应该有一些明确的输入和产出，以支持对事故管理方案做出改进。

组织还需要记录、整合和清楚地传达所吸取的经验和教训。如果一个流程因事故所吸取的教训而做出了改变，但人们对发生的改变和改变的目的并不清楚，那么他们在下一次调用该流程时，可能还是不会正确地遵循这一改变。如果这个流程刚好是预防措施的一部分，那么对之前事故检查的努力和从中所学实际上就白费了。

在事故发生后，你所有关于事故管理的关键信息、配套的控制措施以及其他各种文档都需要做出更新。

例如，如果你发现你的供应商在你试图恢复的时候响应太慢，你就需要找一个更好的供应商。如果你已经为你的入侵预防机制设定了一个更有效的配置，那么你还需要对其进行文档化，以便对其进行维护。

事故跟进的最后应该是对事故进行趋势分析，包括你所在市场及行业的趋势。例如，如果网络犯罪分子掌握了能提供更强攻击能力的新技术，你就需要了解它，以便能够预测半年或一年后的发展情况等。跟进阶段的这部分工作不应是一次性的事务，你应该持续研究有关的趋势，以便你能够相应地更新和修改你的控制和响应措施。

# 第五部分
# 执法与合规过渡

## 第十五章　执法

尽管因违反 GDPR 导致的罚款规模通常是新闻报道的焦点，但针对它的执法可能比表面看到的更为复杂。对于所有寻求行为合法的组织来说，理解 GDPR 如何执法至关重要。

### 权力机关层级

GDPR 中提到了一些具有不同权力级别的组织和团体，了解这些不同的团体可以如何帮助你实现合规，对于确保你始终合法行事很关键。

你所在国家的监管机构将是了解你所在国家法律情况的主要信息来源，同时也是主要负责调查和起诉 GDPR 违规行为的一方。他们可能已经发布了一些指导意见，以说明他们期望从需要对 GDPR 合规的组织那里看到什么。

对于一些国家来说，联邦结构可能会使这一问题变得复杂，在这种结构中，中央政府对地方实行不同程度的控制。GDPR 考虑到了这些情况，并通过规定每个成员国要有一个牵头监管机构来负责，以确保监管活动的一致性。

无论是何情况，你都应该确定最直接的监管机构是谁。该机构应能够就其他地方法律法规、经批准的指导意见和行为守则等方面对于你的适用性向你提供建议。如果你有 DPO，如在第八章所述，你需要在监管机构处做登记确认。

GDPR 为成员国在如何执行方面留有了一定的余地。虽然 GDPR 本身是一项法律，但也特别要求成员国在一些情况下制定相应标准和进一步的限制条件。许多情况下，成员国的判例法可能会对 GDPR 的适用性及适用场景带来影响。

GDPR 第 68 条规定，EDPB 作为一个中央机构，由各成员国监管机构的代表组成。EDPB 的职责是确保 GDPR 在整个欧盟范围内得到一致性的适用，并就与 GDPR 有关的问题向欧盟委员会提供咨询。EDPB 将对行为守则和认证机制、相关的指引、建议和最佳实践的选择和制定进行协调。

GDPR 的最高权力机构是欧盟委员会。欧盟委员会是欧盟的执行机构，负责欧盟的大量日常管理工作，很像“常规”民主国家的内阁。欧盟委员可就诸如给予第三国充分性认定等议题做出行政决定。在遵守 GDPR 的过程中，任何组织直接与欧盟委员打交道的机会非常小。

## 一站式机制

GDPR 所指的“一站式机制”是指确保被调查的组织不受多重审查的机制。GDPR 规定，牵头监管机构应决定是否根据牵头监管机构与其他有关监管机构之间合作的规定（“一站式机制”）处理案件，还是由监管机构告知其应在地方一级处理案件。[210]

通过将审查限于单一的监管机构，GDPR 实现了以下目标：

1. 组织无须就同一个案接受多次调查。

2. 由于这一机制适用于组织存在于多个司法管辖区的情况，因此可以消除在每个国家接受单独调查的潜在困难。

这一机制不适用于公共当局或私营机构为公共利益进行处理的情况。在该情况下，应始终由公共当局或私人机构所在成员国的监管机构当局进行审查。

## 监管机构的职责

监管机构具有广泛的职责，并有若干权力来做支持。除了对合规做

[210] GDPR，鉴于条款第 127 条。

监督和执法，监管机构还应发挥公共教育者的作用。特别是，GDPR 所要求的“促进公众对与处理有关的风险、规则、保障和权利的认识和理解”[211]。这是监管机构一项重要的职责，因为受过该教育的公众更有可能发现被滥用的、不良的实践，并将他们的怀疑或关切转达给监管机构。

这个教育者的角色并不仅仅针对公众。监管机构还被要求提高控制者、处理者和政府对 GDPR 的认识，以确保商业和监管环境能支持针对隐私和数据保护的最佳实践。

监管机构还必须为组织提供其合规所需要的所有相关信息，包括在约束性企业规则、标准合同条款、行为守则以及认证机构的选择和认证等方面的指导。在寻求指导意见或确定是否存在获核准的方法时，应首先考虑监管机构。

## 监管机构的权力

监管机构的权力分为三类：

1. 调查；
2. 纠正；
3. 授权和咨询。

### 1. 调查

调查权力使监管机构能够收集适当的信息或证据，包括查阅个人数据和进入控制者和处理者所在场地的广泛权利。

### 2. 纠正

纠正权力允许监管机构在其发现控制者或处理者违反 GDPR 时，升级其对控制者或处理者的行动。这一纠正权力的范围包括发出“预期的处理可能违反 GDPR 规定”的警告，以及处以行政罚款，并下令中止向第三国或国际组织的接收者传输数据。[212]

### 3. 授权和咨询

授权和咨询的权力使监管机构能够制定和推广标准、业务守则、认

[211] GDPR，第 57(1)(b) 条。
[212] GDPR，第 58(2) 条。

证机制等。这基本上保障了所有成员国都有权制定一套能与其他国家相一致的标准。

### 欧洲数据保护委员会的职责与权力

EDPB 还拥有一系列的职责和相关权力来负责确保 GDPR 在整个欧盟范围内一致适用。由于 EDPB 是由来自欧盟每个成员国的一名成员以及欧盟委员会任命的一名代表构成，它是讨论如何在不同司法管辖区应用 GDPR 的一个绝佳之处。

与监管机构一样，EDPB 也能够制定和推动有关的业务守则和认证机制。但与监管机构所制定和推动的不同，EDPB 制定和推动的业务守则和认证机制将更加普遍适用，因为 EDPB 是对欧盟，而不只是对一个国家的 GDPR 施行负责。

此外，由于 EDPB 直接向欧盟委员会报告，而且其决定是根据整个欧盟的经验而做出的，因此这些决定将对数据保护以及 GDPR 未来的演进产生更大的影响。跟踪 EDPB 的报告可以深入了解未来的需求和变化。EDPB 每年会写一份以“在欧盟和相关第三国和国际组织做处理时对自然人的保护”为主题的公开报告，[213] 如果你所在组织严重依赖于在 GDPR 中可能被视为有风险的处理，那么这份报告将是你所在组织的有用参考。

### 数据主体的救济权利

数据主体享有如何就违反 GDPR 的行为寻求补偿和/或司法补救的若干权利[214]：

· 向监管机构提出申诉的权利——数据主体如果认为处理其个人数据违反了 GDPR，其有权向相关监管机构提出申诉。

· 针对监管机构提请有效司法救济的权利——允许数据主体对监管机构对其做出的任何有关决定提出重新司法审查。

· 针对控制者或处理者提请有效司法救济的权利——数据主体如果认为其权利因其个人数据被违规处理而受到侵害，其有权针对控制者或处理者寻求司法救济。

[213] GDPR，第 71(1) 条。
[214] GDPR，第 77—82 条。

· 代表权——数据主体可由非营利组织代表其提出申诉并寻求赔偿。

· 获得赔偿的权利——任何因违反 GDPR 而遭受损害的个人都有权向控制者或处理者寻求赔偿。请注意，此人不一定是数据主体才遭受损害和寻求赔偿。

这些权利是监管机构对控制者和处理者行使调查权之外的权利，在某些情况下可能导致不同的判决。例如，监管机构可能会发现控制者的操作符合 GDPR 的规定，但当数据主体要求复审时，法院可能会做出不利于控制者的裁决并判处赔偿。但这只有在监管机构选择不对此事诉诸审判的情况下，才有可能出现这种情况，因为 GDPR 遵守“一罪不二审”的原则[215]，这意味着控制者或处理者不能因同一罪行而重复受审。

## 行政罚款

行政罚款经常出现在有关 GDPR 的头条新闻中。的确，它们的数额比以前法律允许的数额要大得多，这是为使惩罚更有效。正如 GDPR 所述，这些罚款“应在每个个案中都应当是有效的、相称的和有劝诫性的”。[216]

对于许多组织而言，行政罚款的数额足以给合规工作以经济上的理由。也就是说，其投资回报突然变得相当可观。如果花费 2 万欧元能堵住一个可能导致 GDPR 违规、可能被处以年均 10 万欧元潜在罚款的严重漏洞，那么一次性地花费这 2 万欧元就变得相当划算。

此外，作为监管机构纠正权力的一部分，其在有关措施之外还可另外施加行政罚款。

GDPR 规定，在决定每笔行政罚款数额时应考虑到某些条件，[217] 这些条件强调了在遵循 GDPR 时特定因素的重要性：

（a）侵害行为的性质、严重程度和持续时间，包括考虑有关的处理程序、受影响的数据主体数量及其遭受的损害程度。

（b）侵害是不是由于疏忽所造成的。

（c）控制者或处理者为减轻对数据主体的损害而采取的行动。

[215] GDPR，鉴于条款第 149 条。
[216] GDPR，第 83(1) 条。
[217] GDPR，第 83(2) 条。

(d) 考虑已被采取的技术和组织措施，控制者或处理者还应承担的责任。

(e) 控制者或处理者以前的侵害行为。

(f) 控制者或处理者与监管机构在纠正侵害行为和减轻负面影响方面的合作情况。

(g) 受影响的数据类别。

(h) 监管机构是如何得知侵害行为的。

(i) 监管机构是否此前已就同一事项责令过控制者或处理者采取纠正措施。

(j) 控制者或处理者是否遵守了获准的行为守则或认证机制。

(k) 与案件有关的其他加重处罚或减轻处罚的因素。

实际上，征收行政罚款有两类条件：一类是体现你合规意愿的条件，另一类是反映你疏忽大意或有意规避、避免或违反规定的条件。为尽量减少你可能受到的行政罚款，你应该[218]：

· 立即采取行动以减轻损害；

· 在有关情况下尽早通知监管机构；

· 在处理事故并尽量减小对数据主体的损害时与监管机构合作；

· 准备证据，包括你所遵守的经核准的行为守则和 / 或认证机制，以证明你遵守 GDPR。

对违反 GDPR 的组织可处以两个等级的行政罚款。较低等级的罚款金额最高可达 1000 万欧元，或就企业而言，最高可达上一财政年度全球总营业额（而非利润）的 2%，以金额较高者为准。较高等级的金额最高可达 2000 万欧元，或就企业而言，最高可达上一财政年度全球总营业额（而非利润）的 4%，以金额较高者为准。

罚款本身是根据控制者或处理者所违反的具体条款而定的。[219] 简单来说，控制者或处理人因违背其义务将受到较低一级的处罚；而侵害数据主体的权利和自由，包括违背和个人数据的国际传输条件，将受到较高一级的处罚。

---

[218] 作为你隐私合规框架的一部分，应该通过纠正措施和持续改进过程来相对简单地来处理轻微的侵害行为。

[219] GDPR，第 83(4) 和 83(5) 条。

一些监管机构已经就如何界定一个“企业”以及如何计算罚款做出了裁定。在德国，巴伐利亚数据保护局明确表示，“在处以罚款时，受罚的是整个集体，而不仅仅是集团中的单个公司。因此，罚款是按照整个集团年营业额的百分比来计算”。[220]

## GDPR 对其他法律的影响

GDPR 对先前立法最明显的影响是它废除了 1995 年通过的数据保护指令（DPD）。自 GDPR 生效以来，“对已废除指令的引用应被转引至本条例”。[221]

这也意味着，GDPR 已取代欧盟各国之前为遵守 DPD 而颁布的所有法律。应当指出，对于一些成员国之前为遵守 DPD 而更新的那些效用范围更广的法律,其中与数据保护和隐私无关的部分不应受到影响。

针对《电子隐私指令》（又称“cookies 法”），GDPR 明确指出，其不会“对自然人或法人在提供公开电子通信服务时所做有关的处理规定额外的义务”[222]。也就是说，GDPR 不应让有关的 cookies 同意过程变得更加烦琐。Cookies 法在整个欧盟内部一直存在争议，许多组织声称它给用户和被迫遵守它的组织带来了不必要的麻烦，因此，许多执法机构——包括英国的 ICO——拒绝执行该方面的指令内容。

不过 GDPR 确实要求，“当 cookies 与服务器收到的唯一标识符和其他信息聚合能用于建立自然人的档案并识别他们时”，组织应将 cookies 视为个人数据。[223] 虽然使用 cookies 不需要特别的批准，但是某些 cookies 及其关联数据需要在获得了适当的同意或在有关豁免的情况下才能使用，并且你需要确保它们得到了适当的保护。

[220] www.privacylaws.com/news/bavaria-issues-gdpr-guidance-onsanctions/.
[221] GDPR，第 94(2) 条。
[222] GDPR，第 95 条。
[223] GDPR，鉴于条款第 30 条。

# 第十六章　合规过渡与证明

已建立的程序针对此前的数据保护和隐私法规做合规管理的组织将需要做出调整，以确保它们遵守新的要求。

假设你当前的合规方案与 DPD 保持一致，那么对你来说，在此要求基础上满足 GDPR 的要求应是相对简单的。你应该寻求法律意见，以确保你清楚地了解针对你的具体情况需要做哪些适当的改变。

如果你已经有了一个隐私合规框架，那么这一转换过程可能会比那些临时做做 DPD 合规管理的组织要容易一些。不过，你仍应定义一个过渡的过程来证明你对 GDPR 合规做的准备。

## 过渡框架

可以利用现有的过渡框架来管理从满足 DPD 要求到满足 GDPR 要求的过渡。而 COBIT 的实施生命周期，如图 10 所示，是规划过渡的一个简要模型。

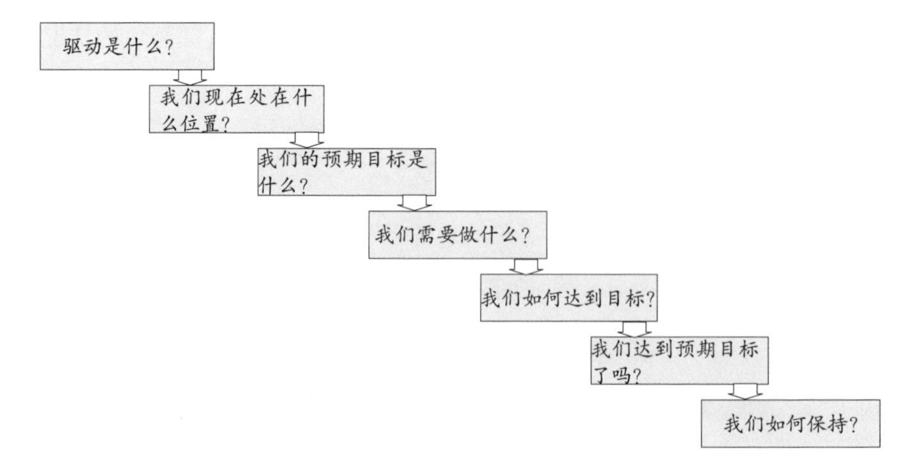


图 10　COBIT 的实施生命周期

在这一模型中，每个阶段都由一个可以逐步回答的问题来表示。这使组织能够随着变革生命周期的推进、遇到的新挑战或呈现的新信息而调整其方法。

尽管 COBIT 模型通常是循环的和迭代的，但是你的过渡并不需要如此。如果你有一个现成的隐私合规框架，通过一个改进过程，如 COBIT 的单次迭代，对其框架和要求做出调整就已足够。更新后的框架应能持续地对合规进行管理。

上述过渡过程的每个阶段和迭代都应该生成某种报告。这些产出将为后续的阶段提供基础。如果迭代地使用该流程，每个完整的周期将提供一份报告以备单独或独立的审查，以及为下一次迭代提供资料。

每次迭代不需要很长时间，其周期取决于组织的规模和复杂性。与任何大的或重要进程一样，保持其势头，让人们保持兴趣是至关重要的，从一个阶段到另一个阶段花费太长时间可能会毁了整个过程。鉴于与 GDPR 相关行政罚款的潜在严重性，有效管理 DPD 合规向 GDPR 合规的过渡尤为重要，因为该条例在 2018 年 5 月 25 日就已生效。

## 通过政策以证明合规

GDPR 提出了一些对任何组织都做要求的具体做法和文档，其中有几项特别提到了“政策文件”，它可以用来证明你的组织至少已经建立了基本的隐私保护方法。

为了能够证明遵守该条例，控制者应制定内部政策并执行有关措施，尤其是遵从基于设计和默认的数据保护原则。[224]

这里的“内部政策”应表明组织就如何满足 GDPR 的要求形成了明确一致的意见。尽管上述鉴于条款内容主要讨论了基于设计和默认的数据保护原则，但 GDPR 也描述了组织还需建立的其他一些政策立场。

例如，在 GDPR 第 4 条的约束性企业规则的定义中指出，内部政策是指“控制者或处理者所遵守的个人数据保护政策”[225]。除此之外，GDPR 还提到下列情况下的政策：

在与处理活动相称的情况下，相关措施应包括控制者对适当数据保

[224] GDPR，鉴于条款第 78 条。
[225] GDPR，第 4（20）条。

护政策的执行。[226]

（DPO 将）监督对本条例、欧盟或成员国其他数据保护规定，以及对控制者或处理者的个人数据保护政策的遵守情况。[227]

控制者应制定一项明确的（且记录在案的）个人数据保护政策，该政策将与该组织的 GDPR 合规密切相关。鉴于政策与合规之间的关系，DPO（或同等人员）应监督组织对政策的遵守情况，以作为确保遵守所有相应法律法规工作的一部分。

潜在合作伙伴和客户也会对一个可审核的、正式的数据保护和隐私政策感兴趣，这一点不足为奇。

要确保处理符合 GDPR 的原则，公开隐私政策应第一个被考虑。公开的政策有助于提高透明度，使客户和合作伙伴能够对其进行评估，并对监管机构和其他监管者可以据此对该组织进行评估做出一个明确的声明。

GDPR 第 13 条列出了应在隐私政策中提供的信息。这包括在收集个人数据时应提供的细节，例如控制者的身份及联系方式、相关的 DPO，以及控制者是否打算将个人数据传输至第三国或国际组织等。[228]

你的隐私政策还应提供有关公平及透明处理的其他信息，例如数据保留期、数据主体的权利（例如查阅、删除及限制处理的权利）、（适用时）撤回同意的权利、向监管机构提出投诉的权利等。[229]

关于公平和透明处理的信息是补充性的，根据具体情况在细节上可能有很大的差异。你可能需要参考其他文档，或者，如果情况足够简单，则可以用一般的术语来说明。例如，个人数据的留存期可描述为“在与数据主体签订的合同期限内”。

你的隐私政策应在你收集个人数据的同一地方可随时查阅。例如，如果你通过网站收集个人数据，你的隐私政策应该可以在那里查看。如果你从一个实体位置收集个人数据，该位置应有一份隐私政策的副本。如果你是从多个地方收集数据，例如挨家挨户地收集，你应确保数据主



[226] GDPR，第 24（2）条。
[227] GDPR，第 39（1）（b）条。
[228] GDPR，第 13（1）条。
[229] GDPR，第 13（2）条。

体不难找到你的隐私政策副本。它可以是通过你的实体办公室、一个网站或通过其他机制获得。

除了隐私政策之外，你还应确定你的组织还需要哪些政策，比如信息安全政策就尤其有价值。它们可能是包括一份单一的政策文档或不同政策的集合，但并不是所有策略都需要像隐私策略那样方便数据主体访问。

你的信息安全政策可以考虑的主题包括：

· 访问控制。
· 信息分类。
· 备份。
· 信息传输。
· 防病毒和反恶意软件。
· 漏洞管理。
· 加密。
· 通信。
· 供应商关系。

为了确保有效，这些政策需要满足一定的条件。一个好的政策既能反映一个组织的目标，也能指导它的行动，所以这些条件实际上是好政策的标志。

· 政策必须：
  能被执行；
  可贯彻；
  简明易懂；
  平衡生产与保护。
· 政策应该：
  解释政策的必要性；
  描述政策所涵盖的内容（范围）；
  明确联系人及其责任；
  至少包含一个目标；
  解释将如何处理违规。

这些条件应与组织的其他业务相关联。例如，这里的目标需要与组织更广泛的业务目标相联系——如果组织的目标是提高一定百分比的收益，那么信息安全政策可能就会有一个目标是通过避免违规的罚款来减少损失。

制定良好的政策只是这场战斗的一部分。使政策发挥作用，需要得到保障该政策的流程和过程支持。创建相应的流程和程序时应提供证据来证明它们得到了正确的部署，从而证明它们对这些政策的支持是有效的。

证明合规的能力很关键，一个全面而有效的隐私合规框架将提供证据来支持你对合规做出的声明。

有关的文档工具包，可以成为你开发合适的合规文档一个实用且经济的起点；这些工具包（其中有一个由 IT Governance 出版社发布[230]）为所有关键的文档提供了预先编写的模板，然后你可以根据自己的合规和隐私框架需求对这些模板进行改编。

## 行为守则和认证机制

证明合规的一个比较可行的方法是通过执行核准的行为守则和参与核准的认证机制。你需要确认有哪些被批准的行为守则和认证机制，而你的监管机构应就此给出明确说明。可以肯定的是，采用像 ISO 27001 这样的框架，以及对例如 BS 10012 这类个人信息管理系统做基于地域差异的改良，会被看作是良好实践的有利证据。

这些行为守则应该从一开始就纳入你的隐私合规框架，因为它们可能对你的机构如何管理合规或保护个人数据产生重大影响。你应该了解特定行业的行为守则和认证机制，以及示范性合同条款、约束性企业规则等。

行为守则和认证机制并不能直接证明你的 GDPR 合规，但它们确实对你宣称的合规提供支持。举例来说，如果你目前拥有一个 ISO 27001 的有效认证，这并不一定意味着你的组织实际就遵守了该标准。它表示的是，你所在组织在特定的时间点上有着支持有效信息安全的各种措施。由于这些措施必然包括那些确保体系正常运转的机制，因此或许可以假

[230] www.itgovernancepublishing.co.uk/product/eu-general-dataprotection-regulation-gdpr-documentation-toolkit-v2-0.

定，你的组织始终遵循了该标准的要求。当涉及 GDPR 的合规，同样可参照此逻辑评估。

遵守经核准的行为守则和 / 或认证机制，对监管机构在个人数据泄露事件中如何评价组织也有一定的影响。考虑到罚款和其他处罚的潜在力度，以及调查对你的潜在侵扰性，明智的做法是让你的组织能够提供可审核的证据，证明你已采取了有关的最佳实践。

# 附录一　条例索引

## 第一章 一般规定

1. 主旨与目标
2. 适用范围
3. 地域范围
4. 定义

## 第二章 原则

5. 与处理个人数据有关的原则
6. 处理的合法性
7. 同意的条件
8. 在信息社会服务方面适用于儿童同意的条件
9. 特殊类别个人数据的处理
10. 有关刑事定罪及犯罪的个人数据的处理
11. 无须识别身份的处理

## 第三章 数据主体的权利

### 第一节 透明度及有关形式

12. 数据主体行使权利时的信息透明、沟通和有关管道

### 第二节 信息提供与个人数据查阅

13. 从数据主体处收集个人数据时须提供的信息
14. 并非从数据主体处收集个人数据时须提供的信息
15. 数据主体的数据查阅权

### 第三节 更正和删除

16. 更正权
17. 删除权（“被遗忘权”）
18. 限制处理权

19. 更正、删除或限制处理个人数据时的告知义务
20. 数据可携带权

### 第四节 反对权和针对个人的自动化决策

21. 反对权
22. 针对个人的自动化决策，包括数据特征分析

### 第五节 限制

23. 限制

## 第四章 控制者和处理者

### 第一节 一般义务

24. 控制者的责任
25. 基于设计和默认的数据保护
26. 联合控制者
27. 并非在欧盟所成立的控制者或处理者的代表
28. 处理者
29. 经控制者或处理者授权的处理
30. 处理活动的记录
31. 配合监管机构

### 第二节 个人数据安全

32. 处理的安全性
33. 向监管机构通报个人数据泄露
34. 与数据主体沟通有关的个人数据泄露

### 第三节 数据保护影响评估和事先咨询

35. 数据保护影响评估
36. 事先咨询

### 第四节 数据保护官

37. 数据保护官的任命

38. 数据保护官的职责

39. 数据保护官的任务

### 第五节 行为守则与认证

40. 行为守则

41. 监督对已核准行为守则的遵守

42. 认证

43. 认证机构

## 第五章 向第三国或国际组织传输个人数据

44. 传输的一般原则

45. 在充分性认定基础上的传输

46. 在适当保障下的传输

47. 企业约束性规则

48. 未经欧盟法律授权的传输或披露

49. 针对特定情况的克减

50. 个人数据保护的国际合作

## 第六章 独立监管机构

### 第一节 独立地位

51. 监管机构

52. 独立性

53. 监管机构成员的一般条件

54. 监管机构的设立规则

### 第二节 权限、任务和权力

55. 权限

56. 牵头监管机构的权限

57. 任务

58. 权力

59. 活动报告

# 第七章 合作与一致性

## 第一节 合作

60. 牵头监管机构与其他有关监管机构间的合作
61. 相互协作
62. 监管机构的联合行动

## 第二节 一致性

63. 一致性机制
64. 欧洲数据保护委员会的意见
65. 欧洲数据保护委员会的争议解决
66. 紧急程序
67. 信息交换

## 第三节 欧洲数据保护委员会

68. 欧洲数据保护委员会
69. 独立性
70. 欧洲数据保护委员会的任务
71. 报告
72. 程序
73. 主席
74. 主席的任务
75. 秘书处
76. 保密

# 第八章 救济、责任及处罚

77. 向监管机构申诉的权利
78. 对监管机构提请有效司法救济的权利
79. 对控制者或处理者提请有效司法救济的权利
80. 数据主体的代表
81. 诉讼中止

82. 获得赔偿的权利与责任

83. 处以行政罚款的一般条件

84. 罚则

## 第九章 与具体处理情形有关的规定

85. 处理与言论、信息自由

86. 官方文件的处理和公开查阅

87. 身份证号码的处理

88. 雇佣情形下的处理

89. 为公共利益下进行归档，为科学或历史研究或统计目的而做处理时相关的保障和克减

90. 保密义务

91. 现行的针对教会和宗教协会的数据保护规则

## 第十章 授权法案与执行法案

92. 授权的行使

93. 欧盟委员会程序

## 第十一章 终章

94. 废止 95/46/EC 号指令

95. 与 2002/58/EC 号指令的关系

96. 与以前缔结协定的关系

97. 欧盟委员会报告

98. 对欧盟其他数据保护法案的审查

99. 生效和适用

# 附录二　欧盟/欧洲经济区各国的监管机构

| 序号 | 国别 | 数据保护机构 | 网站 |
|---|---|---|---|
| 1 | 奥地利 | 奥地利数据保护局 | www.dsb.gv.at |
| 2 | 比利时 | 隐私保护委员会 | www.privacycommission.be |
| 3 | 保加利亚 | 个人数据保护委员会 | www.cpdp.bg |
| 4 | 克罗地亚 | 克罗地亚个人数据保护局 | www.azop.hr |
| 5 | 塞浦路斯 | 个人数据保护委员会 | www.dataprotection.gov.cy |
| 6 | 捷克 | 个人数据保护办公室 | www.uoou.cz |
| 7 | 丹麦 | 数据监察局 | www.datatilsynet.dk |
| 8 | 爱沙尼亚 | 爱沙尼亚数据保护监察局 | www.aki.ee/en |
| 9 | 芬兰 | 数据保护办公室申诉专员 | www.tietosuoja.fi/en |
| 10 | 法国 | 国家信息技术与自由委员会 | www.cnil.fr |
| 11 | 德国 | 联邦数据保护和信息自由专员 | www.bfdi.bund.de |
| 12 | 希腊 | 希腊数据保护局 | www.dpa.gr |
| 13 | 匈牙利 | 匈牙利数据保护委员会 | www.naih.hu |
| 14 | 冰岛 | 冰岛数据保护局 | personuvernd.is |
| 15 | 爱尔兰 | 数据保护委员会 | www.dataprotection.ie |
| 16 | 意大利 | 个人数据保护局 | www.garanteprivacy.it |
| 17 | 拉脱维亚 | 数据国家监察局 | www.dvi.gov.lv |
| 18 | 列支敦士登 | 数据保护办公室 | www.dss.llv.li |
| 19 | 立陶宛 | 国家数据保护局 | www.ada.lt |
| 20 | 卢森堡 | 国家数据保护委员会 | www.cnpd.lu |
| 21 | 马耳他 | 信息与数据保护委员会办公室 | www.dataprotection.gov.mt |
| 22 | 荷兰 | 荷兰数据保护局 | autoriteitpersoonsgegevens.nl |
| 23 | 挪威 | 数据监察局 | www.datatilsynet.no |
| 24 | 波兰 | 个人数据保护监察局 | www.giodo.gov.pl |
| 25 | 葡萄牙 | 国家数据保护委员会 | www.cnpd.pt |
| 26 | 罗马尼亚 | 国家个人数据处理监督局 | www.dataprotection.ro |

| 序号 | 国别 | 数据保护机构 | 网站 |
|---|---|---|---|
| 27 | 斯洛伐克 | 斯洛伐克个人数据保护办公室 | www.dataprotection.gov.sk |
| 28 | 斯洛文尼亚 | 信息委员会 | www.ip-rs.si |
| 29 | 西班牙 | 西班牙数据保护局 | www.agpd.es |
| 30 | 瑞典 | 数据监察局 | www.datainspektionen.se |
| 31 | 瑞士 | 瑞士数据保护与信息专员 | www.edoeb.admin.ch |
| 32 | 欧盟 | 欧洲数据保护主管 | www.edps.europa.eu/EDPSWEB |

# 附录三　实施问答

以下回答了阐释和实施时最常见的一些问题。

## 适用范围和法律影响

### GDPR 是否适用于所有媒体和所有的个人数据？

GDPR 适用于在欧盟收集的所有个人数据，不论这些数据在世界的什么地方处理。任何存有在欧盟范围内收集的个人数据或敏感数据的数据库以及包含这类数据的任何媒体都在 GDPR 的适用范围之内。任何在其系统中拥有此类数据的组织，无论其业务规模或行业，都必须遵守 GDPR。

个人数据是与可识别“自然人”（在世的人）有关的任何资料，可包括姓名、照片、电邮地址（包括工作电邮地址）、银行资料、社交网站上的帖子、医疗信息或电脑的 IP 地址等。尽管某些数据本身不足以识别某人，但如果它可以与其他数据连接或组合来识别某人，那么它仍然可能属于个人数据。例如，血型本身并不是个人数据，但是如果它与一个人的姓名或其他身份信息相关联，那么它就是个人数据。

参照 GDPR：

· 第 2 条

· 第 4 条

### 以前，一些欧盟国家对个人数据有不同的定义，现在还是这样吗？

GDPR 标准化了整个欧盟的数据保护制度。之前 DPD（数据保护指令）给予成员国执行本国法律的灵活性，以落实该指令的规定，同时也允许它们为“个人数据”给出不同的定义。

GDPR 消除了这种情况，因为它是一项法规。欧盟法规对所有欧盟成员国和欧洲经济区都有直接影响，因此“个人数据”的定义在这些国家都将是一致的。

GDPR 还建立了一个“一致性机制”，以确保各成员国的定义和做法一致，从而为数据控制者、处理者以及数据主体提供一个公平的环境。

然而，GDPR 允许其成员国在特殊类别的数据（敏感数据）的界定上有所不同。在这种情况下，跨国公司可能需要根据数据主体所在成员国的法律处理敏感数据。对不断变化的数据保护环境要保持警惕！

**参照 GDPR：**

· 第 4 条

· 第 9 条

### GDPR 更关注 B2C 而非 B2B 或 B2E（企业对雇员）的组织吗？

任何在其地域范围内所做的个人数据处理都属于 GDPR 的职权范围。在这方面，B2C、B2B 和 B2E（企业对雇员）的组织都有相同的义务来合规。

**参照 GDPR：**

· 第 2 条

· 第 3 条

### 个人数据或个人身份信息（PII）是否有一个业界标准定义？

“PII”最初是一个来自美国的术语，它在美国国家标准与技术研究所（NIET）的专题出版物 SP 800-122 中定义如下：

由机构保存的关于个人的任何信息，包括：（1）可用于识别或追踪个人身份的任何信息，如姓名、社会保障号、出生日期和地点、母亲的娘家姓氏或生物识别记录；（2）与个人有关或可关联的任何其他信息，如医疗、教育、财务和就业信息。

这个PII的定义及其在美国的使用与GDPR对个人数据的定义并不完全一致。GDPR首选的术语是“个人数据”，其定义是“与已识别或可识别的自然人有关的任何信息”，不论其是否涉及其私人、职业或公共生活。作为一般规则，任何可用于识别个人的信息——无论是单独使用还是与其他信息结合使用——都被归类为个人数据。这可能包括生物特征、基因和位置数据。值得注意的是，IP地址和电子邮件地址都在这一定义的范围内。

**参照GDPR：**

· 第4条

**什么是在线标识符？**

在线标识符是个人标识符（PID）的一种形式。PID是个人数据的一个子集，用于识别一个唯一的个人，它可以让其他人无须了解该人或得到其同意就可以假定该人的个人身份。当PID数据元素单独使用，或与个人姓名、其他PID数据元素或其他个人数据结合使用时，都可能会发生这种情况。PID包括账号、个人身份识别码（PIN码）、密码、声纹、信用卡号等。

**参照GDPR：**

· 鉴于条款第30条

**公共事业账单、驾驶执照和护照信息是否属于特殊类别的个人数据？**

不属于。根据GDPR的规定，个人数据的特殊类别包括揭示种族或族裔出身、政治观点、宗教或哲学信仰或工会成员资格的个人数据，以及基因数据、生物特征数据、健康数据或自然人性生活或性取向的数据。

**参照GDPR：**

· 第9条

**GDPR是否适用于生物特征信息？**

适用。生物特征数据被归类为一种特殊的数据类别，并且严格属于GDPR的范围。这类数据的处理需要数据主体的明确许可。

### 参照 GDPR：

· 第 9 条

### GDPR 如何应用于健康数据？

在 GDPR 中，健康信息被视作特殊类别数据。处理健康数据的组织必须有合法依据，并且必须得到数据主体的明确许可，除非有不需要明确同意的处理依据。

健康数据的控制者 / 处理者通常会依赖于同意这一方式。然而，如果处理是出于预防或职业医学、医疗诊断、提供健康或社会性的护理或治疗、管理健康或社会护理系统和服务的目的，或依据与卫生专业人员或其他受法律保密约束的人签订的合同，他们可以不经同意来收集和使用健康数据。如果处理是出于公共卫生的目的，或者组织可以证明处理为科学研究所必要，那么也不需要征得同意。

如果你认为这些理由中的任何一个可能适用于你的组织，请确保与你的法律顾问就你对同意的相关打算展开讨论。

### 参照 GDPR：

· 第 9 条

### GDPR 是否意味着不能再使用“均等机会表格”[231] 收集信息？

并非如此，均等机会表格（equal opportunities forms）在任何情况下都应该是可选择填写的。在 GDPR 下，如果数据主体同意，组织是可以处理特殊类别的数据的。不过，你必须确保你就均等机会表格所取得的同意是明确的、知情的、具体的和自由给出的。如果你认为在未经明确同意的情况下，你有收集这些信息的合同、法律或其他依据，你应该与法律顾问讨论如何处理这一问题。

### 参照 GDPR：

· 第 9 条

[231] 译者注：均等机会表格是在欧洲普遍运用的一种表格，其主要目的是了解应聘者是否属于该国有关公平就业等法规和政策中要求均等对待的特定人群。它属于一种保护社会少数人群及弱势人群的举措。

**GDPR 是否适用于大学和中小学校?**

GDPR 适用于所有部门或活动。只要你正在处理个人数据，并且是在欧盟 / 欧洲经济区内设立的处理者 / 控制者，或你的处理会影响欧盟 / 欧洲经济区的数据主体，GDPR 就适用。大学和中小学校并不比其他任何机构更具豁免权。此外，中小学校可能还需要考虑如何获得处理儿童个人数据的同意等事宜。

**参照 GDPR:**

· 第 2 条

**如果你只是查阅信息，但不对其进行储存，你是否必须遵守该条例?**

如果你查阅的信息能够识别自然人，那么就属于 GDPR 的管辖范围。你是否自己存储信息并不重要；有些控制者会让数据处理者来收集和存储数据，以便其远程访问，或者让处理者远程访问数据。

**参照 GDPR:**

· 第 2 条

**如果个人数据在其整个生命周期中使用了强有力的 / 被认可的算法进行加密，是否就不在 GDPR 的管辖范围内?**

加密可以使个人数据脱离 GDPR 的管辖范围。GDPR 的第 32(1)(a) 条将其判定为一种适当的安全技术。然而，在这一点上仍然有不确定性，特别是关于"匿名化"的解释。一些加密技术可能不足以将个人数据排除在 GDPR 的管辖范围之外。

控制者应对他们的加密数据进行审查，须评估数据被解密的合理可能性，并考虑到未来的技术。

**参照 GDPR:**

· 第 32 条

**公开的个人数据是否在 GDPR 的管辖范围内，例如为拓展商业机会而收集的联系方式?**

虽然你在处理某人故意公开的个人数据时无须取得同意，但你必须通知数据主体你打算处理他们的数据，并向他们提供一个选择退出的途径。GDPR 第 14 条规定了对处理这类信息的要求。

对于为直接营销而处理的个人数据，你还应确保你对欧盟 2002 年颁布的《隐私及电子通信指令》在本地化应用时的合规。

**参照 GDPR：**

· 第 14 条

### GDPR 是否适用于业余爱好组织，比如会员制的业余爱好小组？

GDPR 的范围不包括由自然人纯粹出于个人原因所处理的数据。目前尚不清楚这一点在多大程度上适用于业余爱好组织，但其很可能取决于组织的规模、所收集的数据以及该组织是否发展为超出了可被归类为个人活动的范畴。

**参照 GDPR：**

· 第 2 条

### GDPR 对于旅行时的手机和其上的电子邮件数据有何影响？

个人数据不论在何处存放，均属个人数据。如果载有个人数据的移动设备在旅途中被侵害，这与欧盟境内的数据库遭侵害一样，在 GDPR 下都属于数据泄露。

如果该设备被带出欧盟，可能会构成一个必须根据 GDPR 第五章的规定给予说明的个人数据传输。

**参照 GDPR：**

· 第五章

### IP 地址是不是个人数据？

如果 IP 地址能单独或与其他信息一起用来识别自然人，它就是，否则就不是。

参照 GDPR：

· 第 2 条

## GDPR 执行的时间轴

### 英国脱欧将如何改变英国对于 GDPR 的执行？

英国已经通过其数据保护法（DPA）将 GDPR 大部分条款落实为法律，并且有计划通过一个“英国的 GDPR”来落实其余条款，英国政府将在 2020 年 12 月 31 日结束过渡期后使其生效。

从实际角度来看，涉及英国组织的许多变化，都与英国将不再是欧盟成员国这一事实有关，因为欧盟内的组织将不得不视英国为第三国。由于这些变化，英国将不再能够批准约束性企业规则，同时在英国和欧盟运营的组织因此可能无法依靠这些规则继续在欧盟和英国之间传输个人数据，这也意味着英国的组织将需要在欧盟内设立代表。同样，如果欧盟 / 欧洲经济区和英国以外的组织希望处理英国居民的个人数据，也可能需要在英国设立代表。

### 目前根据 GDPR 提出的检控或罚款还很少，监管当局是否没有严格执法？

尽管监管机构开始追究侵犯 GDPR 的进展似乎很慢，但这基本上完全是因为数据保护的案件需要花费很长时间来调查和起诉。不过，这一步伐正在不断加快。

在 2020 年的上半年，监管部门就共计开出了 5100 万欧元的行政罚款。

## 地域范围、跨境传输和充分性认定（考虑英国脱欧和 Schrems II 案）

为欧盟 / 欧洲经济区控制者处理个人数据的欧洲经济区以外的处理者，是否必须采取与欧洲经济区内的处理者同等的方式来遵守？

GDPR 第 3 条规定了其地域范围：

1. 本条例适用于在欧盟内设立机构的控制者或处理者的个人数据处理活动，不论处理本身是否在欧盟内进行。

2. 本条例适用于由欧盟以外设立的控制者或处理者处理欧盟内数据主体的个人数据，其处理活动涉及：

a）向欧盟内的数据主体提供货品或服务，不论数据主体是否需要付费；

b）对他们的行为进行监测，只要他们的行为是发生在欧盟境内。

这意味着不设立在欧盟的组织，无论他们是控制者还是处理者，都必须遵守。代表欧盟内的控制者行事的数据处理者通常会发现，他们在GDPR方面的义务已被写入了合同。

### 参照 GDPR：

· 第 3 条

### GDPR 是否适用于设立在欧盟的公司（作为控制者或处理者）处理非欧盟居民的个人数据？

适用。发生在欧盟/欧洲经济区内所有的个人数据处理均适用GDPR。无论处理的是谁的个人数据，也无论数据主体属于哪里。

### 参照 GDPR：

· 第 3 条

### 如果某人居住在欧盟，但实际上不是欧盟公民（例如外籍人士），GDPR 是否仍然适用？

适用。当你出国旅行时，你会受你所在国家法律的保护和约束。同样，当你生活在欧盟时，你的个人数据也会受欧盟法律法规的保护和约束。

此外，GDPR 在鉴于条款第 14 条中明确表明了其意图：“本条例所提供的保护应适用于其个人数据被处理的自然人，不论其国籍或居住地。”

### 参照 GDPR：

· 第 3 条

· 鉴于条款第 14 条

**随着欧盟与美国的"隐私盾"协议被宣布无效，有什么机制可以将个人数据传输到美国的组织？**

欧盟与美国的"隐私盾"协议只是一种用于证明组织满足某些有关个人数据安全性条件的机制。从本质上讲，它是一种简化机制，使大西洋两岸的组织可以更容易地使用欧盟居民的个人数据。

这一简化机制现在不再有效，因此各组织必须使用其他可用的机制，如 BCR 或 SCC。

参照 GDPR：

· 第 46 条



**所有欧盟国家是否必须严格按照规定执行该条例，还是有一定的灵活性？**

灵活性非常小。GDPR 是一项欧盟法规，这意味着该立法直接适用于每一个欧盟成员国。GDPR 的具体执行无须进一步立法，GDPR 的驱动力之一就是确保整个欧盟数据保护制度的标准化。

但在某些条款上，GDPR 给予成员国一定程度的灵活性。例如，成员国可以更改特殊类别数据的定义，以及它们为信息社会服务所设置的未成年人的年龄门槛。

**进行国际传输的程序是什么？**

将数据从欧盟 / 欧洲经济区传输到世界其他地方的组织有以下几个可选项：

· 基于欧盟委员会的充分性认定。

· 使用标准合约条款。

· 使用约束性企业规则管理集团内部的数据传输。

· 依靠豁免。

充分性认定须定期审查，欧盟委员会在审查中与特定的实体协商，并对该实体相关发展变化和其他相关来源的信息进行考虑。因此，充分性认定可能涉及对国际组织的某种类型的审计。

而标准合同条款和约束性企业规则在本书中已经作了较为深入的探讨。

参照 GDPR：

· 第五章（注意第 45 条）

**英国脱欧如何影响你对监管机构的选择?**

在英国脱欧后，ICO 将继续作为英国的监管机构。由于英国或将成为第三国，ICO 继续作为 GDPR 监管机构的理由不再充分。在这种情况下，设在英国的组织可能需要在一个欧盟成员国另外确定一个监管机构并任命一个代表。目前依靠 ICO 作为监管机构的第三国组织可能需要在其余的欧盟成员国中寻求一个新的监管机构。

同样值得注意的是，任何已经被 ICO 批准的 BCR 将不再对从欧盟 / 欧洲经济区向英国传输的个人数据有效。新的监管机构将需要在其重新变得有效之前对其做出审查，并可能要求其进行修改。

参照 GDPR：

· 第 27 条

**就美国公司而言，NIST 800 中的控制措施是否涵盖了 GDPR 中的要求？如果有涵盖，涵盖了多少？全部还是部分?**

这些公司没有理由不参考这些控制措施。NIST 800 出版物包含了一套很好的控制措施，可能会覆盖所有相关的数据风险。但关键是要确保 GDPR 的所有要求都得到满足，而不仅仅是与信息安全有关的要求。也就是说，你需要确保这些控制措施能够保障数据主体的权利，坚守数据处理原则等。

**什么是“第三国”?**

不是欧盟或欧洲经济区成员国的国家。

### GDPR 如何确保第三国组织合规？

非欧洲经济区的控制者必须指定一名欧盟代表——这是监管机构获得执法力的第一步。此外，国与国之间的贸易是在许多国际协定的基础上进行的，这些协定允许组织和政府对其他组织和政府采取惩戒措施。这意味着，即使是在欧盟内部没有代表的组织也要承担责任。

此外，任何无意遵守 GDPR 要求的组织，很可能会发现很难与个人数据处理活动受 GDPR 管辖的组织取得业务往来。在这种情况下，这些组织确保其合规对它们自己来说是件好事。

参照 GDPR：

- 第 27 条



### 与美国公司共享的一个在欧盟的服务器是否会被归为跨国数据传输？云环境部署在欧盟，但在逻辑上是由欧洲经济区以外的技术支持人员提供支持怎么办？

如果第三国、公司或个人可以访问英国 / 欧盟服务器，那么你就是在向欧洲经济区以外的人提供访问——你在允许欧洲经济区以外的人做处理，而“处理”的定义里明确包括了“查询”和“使用”数据。

参照 GDPR：

- 第 4 条
- 第 44 条

### 如果一个欧盟以外的组织认为它不在欧盟的管辖范围之内，而拒绝支付罚款，会怎么样？

依据国际条约来执行。

### 由信息保障专家或法律 / 政策团队来领导 GDPR 合规是否会更好？

如果由能提供大量法律意见和建议的专业人士来领导，合规方案通常会执行得更好。重要的是如何落实法律的要求，而不是如何在文档中反映出这些要求。

**如果要与目前没有数据保护法规或与 GDPR 有相抵触法规的国家开展业务，跨国公司及其内部的数据保护官应如何应对？**

跨国公司能通过使用约束性企业规则来解决这个问题。请注意，如果个人数据受侵犯数据主体权利的法律或活动的影响，那么根据 GDPR，无论是否有 BCR 或 SCC，它们都不可能有效。

## 控制者，还是处理者？

**数据控制者和数据处理者之间的区别是什么？**

GDPR 第 4 条对处理者和控制者的角色作了单独的定义。在确定 GDPR 下的处理者或控制者时，需要考虑的关键问题是处理的方法和目的将由谁决定。根据法律规定，任何决定手段和目的的一方将被视为控制者，他们需要对处理者做出指示并在合同中规定处理者的义务。

从根本上说，遵守数据处理原则是控制者的职责，他们必须将这些要求传达给任何根据其指示来操作的数据处理者。此外，他们必须只使用那些能“为执行适当技术和组织措施提供充分保证，使处理工作符合（GDPR）的要求，并确保数据主体的权利得到保护”的数据处理者。数据处理者通常只有在未得到控制者指示（或违反其指示）而行事时，或者在知情情况下违反 GDPR 的规定时，才对 GDPR 的违规行为承担责任。

**参照 GDPR：**

· 第 4 条

· 第 24 条

· 第 28 条

**发生数据泄露事件时，控制者或处理者是否有责任通知数据主体？**

一般而言，处理者有责任在第一时间将泄露事件通知控制者，而控制者则有责任在泄露事件有可能对数据主体的权利和自由构成高风险时，通知数据主体。

数据控制者还负责向监管机构通报数据泄露情况。

### 参照 GDPR：

· 第 33 条

### 数据处理者是否和数据控制者一样有义务来就 DPIA 寻求建议？

控制者通常负责 DPIA，因此一般由他们来负责寻求建议。评估所确定的相关控制和保障措施应随后在处理协议中得到体现。

### 参照 GDPR：

· 第 35 条

### 如果你将数据传输给第三方，你会成为数据控制者吗？

任何决定处理方式和目的的人都是控制者；未经数据控制者同意，处理者不得将数据传输给任何第三方。

### 参照 GDPR：

· 第 4 条

### 供应商作为数据处理者将承担哪些义务？我们是否应该在供应商尽职调查中加上 GDPR 合规的部分？

根据 GDPR，数据处理者在安全、记录保存和国际传输等方面承担直接的法律义务。

根据 GDPR，控制者只能使用那些能“为执行适当技术和组织措施提供充分保证，使处理工作符合（GDPR）的要求，并确保数据主体的权利得到保护”的数据处理者。这意味着控制者在选择处理者时，可能需要进行比以往更广泛的尽职调查。

处理者必须在与控制者商定的合同范围内行事。任何处理协议必须包括详细的条款清单，这样能使控制者减少与处理者有关的一些风险。

同样重要的是，要注意到对分包处理的限制。

· 不允许处理者在未经控制者事先书面同意的情况下分包。

· 如果只是获得了控制者笼统而非具体的同意，处理者必须将任何变更通知控制者。

· 分包合同必须包含与主处理协议所规定的相同的数据保护义务。

参照 GDPR：

· 第 28 条

## 合法权益

**GDPR 第 10 条涉及了与刑事定罪和犯罪有关的个人数据的处理。我们是否还需要从第 5 条或第 6 条中找到相关的处理条件才能对其进行处理？**

与刑事定罪和犯罪有关的数据只能在官方授权下或经欧盟或其成员国法律授权后处理，这意味着控制者 / 处理者需要确保他们就每个不同目的的个人数据处理都有一个或多个法律理由。

参照 GDPR：

· 第 10 条

**面对 GDPR，组织是否可以基于其合法利益，使用经“软性许可（soft opt-in）[232]”所收集的数据，而无须再次确认同意？**

不一定。最好征求专业的法律意见。

## 数据主体的权利

**对于需要收集数据来为银行和其他客户提供建议和信贷评级信息的信贷机构来说，被遗忘权如何发挥作用？**

被遗忘权不是一种绝对权利——数据主体只有在一定条件下才享有

[232] 译者注：软性许可（soft opt-in）是用在《隐私与电子通信条例》（The Privacy and Electronic Communications Regulations, PECR）中所承认的一种方式来处理电子通信或讯信（包括电邮）的数据，该规则下你可以使用电子信息与现有客户联络，但不适用于准客户或新联络人（须取得同意）。

这种权利。例如，信贷机构可以根据“合法利益”为条件作为处理的合法依据。只要数据是合法收集和处理的，数据主体就很难主张被遗忘权。

参照 GDPR：

· 第 6 条
· 第 17 条

**“被遗忘权”会主张机构删除他们所拥有的有关数据主体的任何个人数据。那他们需要保留对这一操作的记录吗？**

是的，需要保存处理的记录。删除是一种处理的方式。在这种情况下，记录可能需要保留一些关于数据主体的信息（例如他们的姓名），以便能够证明已经执行了他们的删除请求。

参照 GDPR：

· 第 17 条

**删除权是否会被其他法律要求（如强制的记录保留期）所推翻？**

是的，与所有的法律问题一样，GDPR 的要求必须在其法律背景下加以考虑。

参照 GDPR：

· 第 17 条

同意

**2018 年 5 月之后，联系以往的客户 / 顾客以追加同意，是否构成违规？**

如你未按 GDPR 规定来使用个人数据（例如未获明确同意，或者你将数据用于收集数据目的以外的用途等），你就违反了这一法规。

如果你还没有联系，建议你先明确你目前持有哪些个人数据，并确认这些数据根据 GDPR 条款是否属于合法持有。在 2018 年 5 月 25 日之前获得的同意仍可能有效，但你必须能够证明这一点。你也有可能不需要征得对具体的处理活动的同意，而是依靠其他的法律依据。

**参照 GDPR：**

· 第 6 条

**以前的合同是否凌驾于 GDPR 之上？例如客户在 2018 年 5 月 25 日前提供其数据，继续使用该数据是否合法？**

这里需要考虑两个方面：

1. 如果你只是为了收集数据时的目的而使用数据，并且你符合法例的其他规定，那么你可以继续使用这些数据。鉴于条款第 171 条还规定，如果你收集数据的依据符合 GDPR 的要求，则同意仍然有效。

2. 重要的是要记住，同意总是可以撤回的，而且 GDPR 规定撤回同意必须跟给予同意时一样容易。如果顾客不再同意你将数据继续用于你收集数据时的目的，那么你必须尊重客户的意愿。除非你在处理个人数据方面有其他的法律依据，如优先于个人利益、权利和自由之上的强制性合法理由，或处理是为了提出、行使或捍卫法律主张，否则同意可以被撤回。

**参照 GDPR：**

· 鉴于条款第 67 条

· 鉴于条款第 171 条

· 第 18 条

· 第 19 条

**如果允许撤回同意，这是否意味着公司可以解雇这样做的员工？**

由于雇员与组织之间固有的权力差异，同意很少能成为处理雇员个人数据适当的法律依据。在这种情况下，个人数据处理可能应基于其他合法理由，例如为了履行合同或为了企业的合法利益。

**参照 GDPR：**

· 鉴于条款第 43 条

· 第 6 条

· 第 7 条

**如果有一个复选框，上面写着“我们可以今后与您联系以询问你可能感兴趣的其他项目吗？”，可以接受吗？**

只要复选框没有预先被勾选，这是可接受的。然而，与所有这类问题一样，你应该从你的法律顾问那里获取建议并遵循它。

参照 GDPR：

· 第 7 条

**如果以往的数据主体没有就征求同意所做的联系回应你，是否该认为他们未给予同意？**

是的。默许或隐含的同意（从未行动中推定的同意）是被禁止的。

参照 GDPR：

· 鉴于条款第 32 条

· 第 6 条

· 第 7 条

**出于排查目的（例如经济制裁），你能否在未经数据主体同意的情况下处理个人数据？**

不一定。建议你采取专业的法律咨询。

参照 GDPR：

· 第 6 条

· 第 7 条

**如果个人 / 公司只是要求提供进一步信息或做一个回电，那么在网站的联系表格上是否需要提出有关同意的问题？**

可能不需要。如果处理该信息是“在订立合同前应数据主体的要求采取有关步骤”所必要，那么这可能就是合规的。不过，如果你计划使用这些个人数据而不只是简单地联络个人/公司，那么你可能需要加上对他们同意的征求。

参照 GDPR：

· 第 6 条

### 组织能否从社交媒体档案中收集个人数据？

无论出于何种目的，从社交媒体平台收集数据的组织几乎肯定都是数据处理者，因而需要与数据控制者签订合同。数据控制者必须确保这种处理是合法的，而这可能需要也可能不需要他们征求数据主体的同意。

参照 GDPR：

· 第 6 条

· 第 7 条

### 对于员工，我们需要如何以及怎样获得一个新的同意？

鉴于雇主与雇员间的关系，一般不认为雇佣情况下的同意是自由给出的，这意味着雇主需要对他们处理雇员数据的法律依据进行审查。

如果处理是依赖于同意，雇主则需要确保同意可以随时被撤回。因此，大多数组织需要依靠其他的法律依据来处理数据。要么是合约需要（例如处理雇员的报酬数据），要么是法律义务（例如处理与社会保障有关的雇员数据），要么是雇主的合法权益（例如在监测雇员的情况下）。

需要对法律依据需进行狭义解释，以确保与作为数据主体的雇员权利取得平衡。

如果雇主无法为其找到一个法律依据，他们就需要限制其处理的数据范围或完全停止处理。

参照 GDPR：

· 鉴于条款第 43 条

· 第 88 条

**在与数据主体接触时，是否需要在第一次接触前或第一次接触时取得同意？**

如果你的处理依赖于同意，那么在使用该数据前你就需要确保数据主体的同意。

参照 GDPR：

- 第 6 条
- 第 7 条

**儿童是否可以对处理给予同意？**

儿童在法律上不能对信息社会服务处理他们的数据给予同意。这些服务多是线上服务。不过，这也意味着儿童可以同意其他类型的处理，虽然这可能受到当地法律的限制，特别是在可能涉及特殊类别的数据（例如卫生数据）时。

参照 GDPR：

- 第 8 条

**对于想获得我们产品或服务的人，我们可否要求他们同意处理？**

这是一个你最好咨询你的法律顾问的话题。爱尔兰的 DPC 明确说过：“同意必须与其他事项明确区分开来。”

参照 GDPR：

- 鉴于条款第 32 条
- 第 6 条
- 第 7 条

## 留存与处置

**GDPR 中的第 5 项数据处理原则要求个人数据的保存应“不得超过必要的时限”，那什么是必要的时限？**

GDPR 要求个人数据的保存不得超过“处理个人数据的目的”所需

的时限，这意味着组织需要确定其处理是哪些个人数据以及处理它们的目的，以便为每种数据类型确定适当的保存期限。

根据 GDPR，个人数据可以存储更长的时间，但前提是个人数据是用于其第 89 条第（1）款所规定的公共利益、科学或历史研究的目的或统计目的。留存的个人数据必须有适当的技术和组织措施来存储，以保障数据主体的权利和自由，并且必须适当考虑数据最小化的原则。

参照 GDPR：

· 第 5 条

· 第 89 条

**如果个人数据，出于各种最佳实践的目的，保存在一个用作备份的 SQL 数据库系统中，那么当要删除数据时，你要如何管理这些数据？**

当你不再被同意保存数据，或者你不再为收集数据时的目的而处理数据时，你必须采取合理的步骤删除数据，包括数据的副本。

**SaaS 服务提供商往往依赖各种形式的存储技术将数据存储在世界各地。其客户应该注意什么来避免不合规的风险？**

确保 SaaS 服务提供商提供——并且你也选择了——符合欧盟规定的数据存储。这一点应在合同以及条款和条件中明确规定，以确保你的供应商受法律强制性协议的约束。

这些协议还应该能让你对数据缓存副本的可删除做出保证，无论是主动删除它们，还是在从数据源更新缓存时删除它们。

参照 GDPR：

· 第 19 条

· 第 28 条

**如果你没有所需的技术控制来删除数据，你该怎么办？**

采取相应措施。否则，你将触犯法律，因为你会违规留存个人数据。

请记住，删除数据并不是数据主体一项绝对的权利；你或许可以声辩，删除数据对你来说既不实际，也不可能。这时，请征求法律建议。

### 当数据被删除时需要什么样的证据？

GDPR 对此有默认的要求。你需要保留一份删除的记录，因为这也是一种形式的处理。这一记录可能需要包括一些个人数据的元素来证明数据已被删除。

### 是否为特定类型的信息规定了必要的保留期限？

没有。其他的法律法规可能会规定最短或最长的保留期限。

## 合规与认证

### 政策与员工指引等需要多详细才能证明 GDPR 合规？

由每个组织自己来决定其应对合规所需达到的详细程度。我们提倡遵循 ISO 27001 之类的标准，因为它表明你正在追求一个得到广泛认可的最佳实践标准，并为建立适当的文档提供了一个框架。

### 是否有任何可用于证明合规的认证？

目前还没有，但欧盟各国可能会出台可用于认证的数据保护标准——当然也有推出一个欧洲数据保护印章的说法。

获得 ISO 27001 认证的组织有可能会满足许多在“适当的技术和组织措施”方面的安全要求。在这种情况下进行差距分析，有助于确定需要怎么做才能使符合 ISO 27001 标准的系统达到 GDPR 的要求。

此外，组织还应考虑实施一个 PIMS，以满足 GDPR 的数据保护要求。BS 10012:2017 可以帮助实施一个全面的 PIMS。

此外，可以运用新推出的 ISO 27701 标准来扩展 ISO 27001 标准，以便在信息安全外还顾及数据保护的要求。

目前还没有关于 ISO 27701 的认证，但是根据 ISO 27701 实施 PIMS 应有助于组织证明其符合 GDPR 的要求。

参照 GDPR：

· 第 32 条
· 第 42 条

**合规在多大程度上可以通过一个 ISMS 来实现？**

GDPR 是“数据保护法”在 21 世纪的一个现代化版本。这意味着，如果要保护个人数据的机密性、完整性和可用性，数据保护的考虑因素中必须包含信息安全。此外，GDPR 的主旨是数据保护必须成为一个组织的基石。采取组织和技术性措施与 GDPR 合规同等重要。如何平衡你所实施的组织和技术性措施取决于你处理数据的性质和目的。

因此，鉴于 GDPR 对信息安全的重视，已采用 ISMS 的企业可能会有一个好的基础来搭建一个 GDPR 合规框架。

**是否有一个官方的控制框架或检查清单来用于 GDPR 合规？**

目前没有这样的框架或清单。适当的控制措施因组织而异，但它们通常总是包括加密、渗透测试、访问控制和备份。你需要进行详细的风险评估，以确定你的风险在哪里，以及适当的缓解措施可能是什么。

**我们已经有了 ISO 27001 认证。我们还需要参考 GDPR 吗？**

是需要的。虽然 ISO 27001 将为合规框架提供一个好的基础，但它本身并不足以确保遵守该条例 GDPR。

**是否有任何关于数据应该加密到什么级别，以及数据应存储在系统的什么位置的指南？**

WP 29 工作组在 GDPR 生效前不久发表了一份关于加密的声明。网址如下：

https://ec.europa.eu/newsroom/article29/item-detail.cfm?Item_id=622229.

此外，EDPB 已将加密作为其 GDPR 合规要素指南中的一部分。

### 对于小企业来说，合规的第一步是什么？

任何规模的企业都应该首先确定它们持有或处理哪些数据，这些数据是从哪里获得的，以及你是否拥有继续处理这些数据的适当权限和理由。而这一工作可以通过绘制数据地图来有效地完成，这将使你能够确定在实现 GDPR 合规的道路上需要采取哪些步骤。

### 对于任何供应商，新合同是否都需要引入 GDPR 的考量？

是的。处理者属于 GDPR 的管辖范畴，这意味着处理者有特定的义务，同时，控制者也必须确保有一个书面处理协议来要求处理者满足 GDPR 的要求。

实际上，这意味着对现有供应商的合同也应做审查和修订，以确保其合规。

#### 参照 GDPR：

· 第 28 条

### 备份应该如何管理？

数据存储解决方案的设计和构建必须保护数据并维护隐私。需要制定适当的安全措施来保护数据，包括有关数据访问的明确规则和访问敏感数据时适当的认证机制。授权必须及时更新，以确保合适的访问权限，并且所有数据必须接受审计。

为了满足这些要求，IT 团队应：

· 使数据访问的流程自动化，包括那些授权、审查和撤销访问的流程；

· 自动化地检查内容以识别敏感数据；

· 对访问进行跟踪和分析。

由于个人可以选择其数据不再被处理，因此组织应确保能够很容易地删除个人数据。同样重要的是，必要时，构建的解决方案应确保数据的可携性。

### GDPR 合规性会被审计吗？

对 GDPR 或 DPA 的合规性审计不属于例行事务。一些行业监管机构已经要求各组织来证明自己的 DPA 合规。根据 GDPR 的要求，管理层必须通过执行内部审计和效能监督等方式来确保 GDPR 得到了恰当的执行。

监管机构在 GDPR 下拥有更多权力，并有权调查投诉，这可能会涉及审计。

### 小型慈善机构要确保其合规，应从何入手？

第一步是盘点个人数据，审查其处理，确保你有必要的权限，并保护数据。

### 处理活动的记录应该有多详细？

GDPR 明确规定了应当如何记录，详见其第 30 条。

**参照 GDPR：**

- 第 30 条

### 我们有数百条雇佣记录需要保留若干年，怎样才能满足 GDPR 的要求？

清点这些记录，明确你继续处理它们的依据，相应地设定保存期限并遵循该期限。

### 是否有任何针对特定行业（例如医疗保健）的指引或已经公布的指引？

欧盟各地的监管机构已经为特定行业领域颁布了一些指导文件和常见问答。

**支付卡行业数据安全标准（PCI DSS）建议在招聘潜在新雇员时进行背景调查，但 GDPR 规定，如果这些数据可能对个人产生负面影响，我们就不能使用这些数据。这一矛盾将如何处理？**

不存在矛盾。你可以做背景调查——你只需将自动处理的可能结果告知数据主体，他们可以反对，你也可以拒绝其进一步申请。

## GDPR 与治理

**我们如何让高级经理层认同 GDPR 的这些要求？**

向他们指出组织遭受行政罚款、数据主体法律诉讼以及法律问责的可能。对于英国的组织，你还可以指出 GDPR 与 PECR（《隐私及电子通信条例》）密切相关，而后者现在已规定管理层也要承担罚款。鉴于两者间的重叠，对 GDPR 违规的组织很可能也对 PECR 违规。

如果他们搞不明白这一点，那么你最好另外找一份工作。

**如果发生数据泄露，控制者这一方中谁将对此负责？**

这是涉及数据控制者的一个治理问题，GDPR 并没有规定由具体什么角色来对此负责。

**是否每个组织都需要任命一个数据 DPO？**

只有在 GDPR 第 37 条规定的条件下，任命数据保护官才是强制性的要求。

**参照 GDPR：**

- 第 37 条

**如果一家公司在三个欧盟国家都设有办事处，是否可以只由一个人（负责人）来负责 GDPR 事务？**

可以。

## 遗留数据

**对于电子邮件，如考虑到被遗忘权——数据控制者是否必须审查系统，并在有个人数据的地方去掉对该个人的提及？**

严格遵守 GDPR 意味着你需要审查所有的数据，并识别任何的个人数据，要么安全地销毁它，要么确保你有适当的理由来处理它。

无论保留什么数据，都必须采取适当的保护措施（如加密）来做恰当的保护。另外请记住，GDPR 所要求的必定是于你可行与合理的，这就意味着在实践中，你可能永远不必删除你所有的数据。

### 参照 GDPR：

· 第 6 条

· 第 32 条

**如果我在数月的时间内通过电邮陆续接收了若干个人数据（例如出生日期及地址），我是否需要翻阅以往的电子邮件（可能数以千计），以清除不再需要的个人数据？**

处理者或控制者所持有的任何个人数据必须符合 GDPR 的要求。因此，各组织必须完成数据审计，以确定哪些地方需要获得同意，而哪些地方已正确地获得，同时删除那些需要同意却未得到同意的数据。如果数据不能被删除（例如出于财务或合规的原因），GDPR 则建议组织对数据做假名化或匿名化处理。

### 参照 GDPR：

· 鉴于条款第 28 条

· 鉴于条款第 32 条

· 第 4 条

· 第 5 条

· 第 6 条

· 第 7 条

· 第 32 条

· 第 89 条

## DPO

### DPO 是否必须设在欧盟?

虽然对 DPO 设置在哪儿似乎并没有限制（只要其容易接触上），但如果 DPO 设置在欧洲以外，则可能与（欧盟的）企业难以建立起牢固的关系。DPO 的有关职责，例如监督一个组织对 GDPR 合规，可能很难远程地履行。

如果 DPO 设置在欧盟之外的地方，那么作为一个（欧盟的）组织就很难理解其角色，也很难有效地利用该角色。

**参照 GDPR：**

· 第 39 条

### 在一个拥有 100 ~ 200 人的公司里，如果没有法律 / 合规 / 风险部门，DPO 通常向谁汇报?

首席执行官或首席财务官。

### 信息安全经理是否可作为 DPO ?

可以，只要他不同时负责个人数据的实际处理和对处理方式的决策，并且没有其他利益冲突。然而这仍可能是有问题的，因为任何经理或部门主管都可能会对一些个人数据处理活动负责。

**参照 GDPR：**

· 第 38 条

### EDPB 是否会就 DPO 的角色发布指引?

已通过了第 29 条工作组的 DPO 指引，今后可能会有进一步的指引作为补充。

### 什么时候必须任命一个 DPO ?

GDPR 规定以下情况下你必须任命一个 DPO：

· 当你的组织属于公共当局（以司法身份行事的法院除外）；

· 当你对个人进行大规模、有系统的监测；

· 当你对与刑事定罪和犯罪有关的数据或特殊类别的数据进行大规模处理。

考虑到所涉及组织的规模和结构，你可以为一组公司或一组公共当局共同任命一个 DPO。

任何组织均可任命一个 DPO。同时，无论 GDPR 是否要求你任命一个 DPO，你都须确保你的组织有合适的员工及专业知识来履行你组织的职责。

**参照 GDPR：**

· 鉴于条款第 97 条

· 第 37 条

· 第 39 条

### 对 DPO 最低的培训要求是什么？

第 29 条工作组关于 DPO 的指南，明确了 DPO 所需的技能要求，其特别指出 DPO 应：

· 具备对各国和欧洲数据保护法律和实践方面的专门知识，并对 GDPR 有深入的理解；

· 了解商业领域和控制者组织的情况；

· 充分理解控制者的处理操作，以及控制者的信息系统、数据安全和数据保护需求；

· 对公共机构的行政规则和程序有充分的认知（当涉及这类机构时）。

### 你认为 DPO 需要团队的支持吗？你希望其团队的规模是多大？

正如第 29 条工作组的 DPO 指南里所强调的那样，DPO 必须得到组织适当的支持，并能直接接触高级管理层。该指南特别列出了在财政资源、基础设施和人员方面所需要的充分支持。

用以支持 DPO 的团队规模，取决于组织处理活动的性质、规模以及组织系统的复杂性。

### 参照 GDPR：

·第 38 条

### 什么是大规模的敏感个人数据？

第 29 条工作组在 DPO 指南中提供了一些指引。该指南建议，在确定处理是否属于“大规模”时，应考虑以下因素：

·涉及的数据主体数量；

·处理的数据量和 / 或覆盖不同数据项的广度；

·处理的持续时间或持久性；

·处理涉及的地理范围。

它还提供了一些大规模处理的实例：

·医院在日常业务过程中处理病人数据；

·对使用城市公共交通系统（例如交通卡）的个人处理其行程数据。

·由专门提供顾客实时地理位置数据处理服务的处理者，处理一家国际快餐连锁的有关数据，以做统计用途；

·保险公司或银行在正常业务过程中处理客户数据；

·搜索引擎处理个人数据来做行为广告；

·电话或互联网服务供应商处理诸如内容、位置等方面的数据。

非大规模处理的例子则有：

·个别医生处理病人的数据。

·个别律师处理与刑事定罪和犯罪有关的个人数据。

### 一个组织是否还应指定一个备用的 DPO？

这完全取决于你所预计的你的 DPO 缺席的频率。

### DPO 应该是一个单一角色吗？

DPO 不一定是单一的角色——但 DPO 确实需要足够的时间来履行

其职责，而且他在别的需求下的角色或汇报关系不得与其DPO的角色相冲突。

参照GDPR：

· 第38条

### DPO在英国是一个受保护的角色吗？

DPO必须有权向最高管理层报告，必须能够独立执行其任务和职责，且不得因执行其任务而被解雇或受处罚。

参照GDPR：

· 第38条

### 组织是否应该配备一个数据泄露调查员来支持DPO？

这取决于你预计可能的泄露次数。

## 数据泄露

### 是否有发生数据泄露时通知数据主体的指引？

大多数监管机构提供了非常明确的数据泄露通知指南。

每个组织都有责任制定自己的内部政策，以规定应如何向数据主体发出通告以作为对安全侵害事件的回应。在通知数据主体有关的数据泄露时，必须以清晰易懂的语言提供下列信息：

· 个人数据泄露的性质；

· 相关DPO的姓名及联系方式；

· 该次个人数据泄露可能的后果；

· 为解决本次泄露而采取/建议的措施，包括用以减轻任何可能带来不利影响的措施。

最后，需要说明的是，在众多数据主体的个人数据被泄露的情况下，发布公告可能是一种适当的通告方式。

参照GDPR：

· 鉴于条款第 86 条
· 第 33 条
· 第 34 条

### 如何能让 72 小时内通报数据泄露的时限要求得到贯彻?

如果对欧盟自然人权利和自由造成高风险的数据泄露未通报，组织将被处以 1000 万欧元或相当于其全球年营业额的 2% 的罚款，以金额较大者为准。第 83 条第（2）款（h）项规定，监管机构得知数据泄露的方式，将成为对任何数据泄露处以行政罚款的一个考虑因素。因此，未及时通报当局数据泄露情况的组织，可能会被处以更高的罚款。

虽然这里并没有回答监管机构要如何才能确保数据泄露在发生后 72 小时内得到通报，但仅就组织被发现没有遵守通知义务时所面临巨额罚款的威胁而言，就会使这项要求变得有威慑力。

**参照 GDPR：**

· 第 31 条

### 我们真的需要报告每一次数据泄露吗，无论它们有多小?

只有在数据泄露可能对自然人的权利和自由构成风险时，才需要向监管机构报告。

**参照 GDPR：**

· 第 33 条
· 第 34 条

### 是否有一套可以为事故评分、决定什么应该报告以及哪些事故可自行处置的标准?

任何可能对自然人的权利和自由造成风险的数据泄露，都必须向机关机构报告，并且必须被逐个评估。

第 29 条工作组提供了以下示例：“一个存有控制者客户数据库副本的设备丢失或被盗。丢失的另一种情况是一组个人数据的唯一副本已被勒索软件加密，或被控制者以不再拥有的密钥进行了加密。”[233]

### “没有无故拖延”对应的是多长时间？

第 29 条工作组建议，“没有无故拖延 ”是指“处理者”立即通知控制者，并在有更多详细信息时提供有关泄露的更多信息。”[234]

### 你应通报数据泄露给谁？

如果对自然人的权利和自由可能造成风险，你必须向监管机构通报该数据泄露。当这种风险为高风险时，你还需要通知受影响的数据主体。

如果你是一个发生了数据泄露的处理者，需要立即通知你的控制者，不得无故拖延。而控制者在必要时，必须通知监管当局 / 数据主体。

参照 GDPR：

· 第 33 条

· 第 34 条

### 即使没有数据被窃取，例如只是遭遇勒索软件，是否也算发生一次数据泄露？

是的。数据泄露并不只限于数据窃取，而且还包括任何导致个人数据被非法地破坏、遗失、篡改、披露或未授权地访问。

参照 GDPR：

· 第 4 条

### 如果我们无意中让某些人访问了一些他们不应该看到的数据，即使他们没有看到或使用这些数据，这算是一次泄露吗？

技术上讲，这算是一次个人数据泄露。

### 测试数据（如随机个人的数据）的泄露是否属于可被处罚的一

[233] WP29 工作组，《基于 2016/679 条例的个人数据泄露通知指南》，2018 年 2 月。
[234] 同上。

**种数据泄露？**

如果测试数据包括能够识别自然人的数据，则该数据属于 GDPR 的管辖范围。如果该数据的安全性被破坏，那么它就属于一个数据泄露。如果数据在未经数据主体许可的情况下被用于测试，则也构成一个数据泄露。

如果数据被恰当地假名化或加密，并且关联到数据主体所必需的数据没有被泄露，那么它很可能不算一个数据泄露。

## 数据主体查阅请求（DSAR）

**我们需要在多长时间内对数据主体的查阅请求做出回应？**

根据 GDPR 的规定，对数据主体查阅请求的响应时限为收到请求后一个月内，如果是复杂的请求，则时限为两个月，但控制者如果打算将响应时间延长到两个月，则必须在收到请求后一个月内通知数据主体。

参照 GDPR：

· 第 12 条

**对 DSAR 收费有无任何的豁免？**

你必须免费提供一份资料副本。

不过，当一个请求明显没有根据或明显过度时，特别是当重复请求时，你可以收取“合理的费用”。

你也可以对针对同一信息索要更多副本的请求收取合理的费用，但这并不意味着你可以对所有后续的查阅请求收费。

费用必须以提供信息的管理成本为依据。

参照 GDPR：

· 第 15 条

**当回应一个 DSAR 时，你是否应对其中可识别他人的数据做出删节？**

在回应一个数据主体查阅请求时，你不能向其提供那些未给予同意的人士的信息，因此你需要删节有关信息。

参照 GDPR：

· 鉴于条款第 63 条
· 第 12 条
· 第 13 条

**GDPR 是否承认有“无理取闹”的主体查阅请求，并让你能够控制其数量？**

是的。GDPR 允许你对毫无根据、过多或重复的请求收取行政费用，也允许你拒绝回应这类请求，但你必须能够证明这类请求属于无理取闹的性质。

参照 GDPR：

· 第 12 条

## 监督机构和行政罚款

**我必须向监管机构登记吗？**

一些成员国要求数据控制者向监管机构登记，并可能会为你提供某种便利的在线方式来完成——如果你对此并不确定，请征询你的监管机构。

在英国，你可以通过 ICO 网站轻松地完成你的组织在 ICO 的登记。它将引导你填写登记表，大约需要 15 分钟时间完成。对于大多数组织来说，注册费用为每年 40~60 英镑。

**如何界定罚款的高低？**

有两个级别的罚款：

1. 违反数据保护基本原则或侵犯数据主体权利的，将被处以上一年度全球年营业额的 4% 或 2000 万欧元，以数额较大者为准。

· 违反第 5，6，7，9，12~22 和 44~49 条时判罚。

2. 未妥善归档和整理记录，未将数据泄露事件通报监管当局和数据主体，以及未做影响评估的，将被处以全球年营业额的 2% 或 1000 万欧元，以数额较大者为准。

· 违反第 8，11，25，26，27，28，29，30，31，32，33，34，35，36，37，38，39，42 和 43 条时判罚。

GDPR 第 83（2）条列举了在确定针对数据泄露的罚款时应考虑的因素。这些因素包括但不限于：

· 侵害行为的性质、严重程度及持续时间；

· 受影响的数据主体数目以及所受损害的程度；

· 侵害属于有意还是疏忽；

· 控制者 / 处理者所采取的缓解举措；

· 控制者 / 处理者的负责任程度，包括为保护数据而采取的技术和组织措施（包括加密）；

· 是否有相关的 / 以前的侵害行为；

· 受泄露影响的个人数据的类别等。

从上述情况可以看出，采取适当措施使其流程和程序与 GDPR 保持一致的组织有可能避免更重的罚款。随着监管机制的建立，如何精确地判定罚款金额的下限和上限将变得更加明晰。

## 参照 GDPR：

· 第 83 条

### 选择监管机构时应考虑什么？这样做的意义又是什么？

GDPR 明确了三种“类型”的监管机构：

1. 监管机构；

2. 有关监管机构；

3. 牵头监管机构。

监管机构是你所在成员国所指定的一个独立的公共主管机构。如果一个成员国有一个以上的主管机构，则该成员国将指定由哪一个主管机构担任监管机构。监管机构的权力仅限于其国家领土范围内。

每当涉及跨境处理时，就需要有一个牵头的监管机构。在大多数情况下，牵头监管机构将成为控制者/处理者主营机构的监管部门（主营机构是确定处理目的和方法的地方——通常是控制者/处理者的总部）。

在跨境处理同时涉及控制者和处理者的情况下，控制者主营机构对应的监管机构来充当“牵头监管机构”。而处理者的主要监管机构则成为“有关监管机构”。

了解谁是你的监管机构和牵头监管机构非常重要，因为它们在GDPR合规的监督和执法方面发挥着重要作用。

此外，监管机构还负责制定指南和行为守则，它们会是你实现合规的有用资源。

最后，考虑到72小时时限的泄露通知规则，知道谁是你的监管机构并与其建立联系，对于确保你履行GDPR规定的所有法律义务至关重要。

### 参照GDPR：

- 鉴于条款第36条
- 鉴于条款第124条第8项
- 第六章
- 第七章

### 经济处罚是否也适用于慈善机构或公共部门的组织?

是的。行政罚款适用于任何处理个人数据或个人敏感数据并因此违反GDPR的控制者或处理者。慈善机构和公共部门组织并不比其他组织享有更多的豁免权（因为，这会破坏欧盟的一致性目标）。

### 跨国公司应如何确定自己属于哪个监管机构管辖?

监管机构是在国家一级设置，因此跨国组织将涉及多个监管机构——每个成员国都有一个。跨国公司可以从中选择一个牵头的监管机构。在涉及泄露、审查等情况时，将指明一个牵头监管机构，而与跨国组织有关联的其他监管机构将成为有关监管机构。

牵头监管机构是根据控制者/处理者的主营机构（决定处理方法和目的的地方）所在地来确定的。然而，必须指出，只有在处理活动涉及跨境时，才需要设立牵头的监管机构。

参照 GDPR：

· 第 56 条

### 如何使 GDPR 得到贯彻落实？

该制度建立在“自我保证”的基础上，一旦出现问题，再由监管机构进行干预。



### 德国法院要求 Facebook 不得从 WhatsApp 收集数据，这是否属于 GDPR 下适用于整个欧洲的一个判例？

事实上，这项裁决的依据是 WhatsApp 和 Facebook 都没有构建一个共享数据的法律基础。根据 GDPR，这将构成对第一项数据处理原则的侵犯。

### 谁来对控制者和处理者做出评估和认证？

目前还没有针对控制者或处理者的认证框架。而 ISO 27001 认证可提供的是已实施适当的技术和行政控制的证据。

### 针对判决的上诉程序是什么？

这取决于有关成员国的法律程序。

### 你是否需要向任何机构提交合规的证明？

你通常不需要向任何机构“证明”你的合规。但是，如果你发生了数据泄露，或者某个数据主体对你提起了诉讼，你就需要证明你的合规，以作为你抗辩的一部分。

### GDPR 罚款适用于医疗卫生机构吗？

与其他处理个人和健康数据的组织一样，医疗卫生机构也在 GDPR 的管辖范围内。如果发现一个医疗卫生机构侵犯了有关的基本原则或数据主体的权利，且监管机构认为罚款是相称的、有劝诫性的和有效的，那么理论上，医疗卫生机构有可能会看到自己被处以更高的罚款。

## 隐私政策及声明

### 你是否需要为使用其他语言的人提供隐私声明的翻译？

在某些情况下，比如在威尔士，法律规定你必须用另一种语言提供隐私声明。不过，关于声明必须以“简洁、透明、明白易懂且易于阅读的形式，并使用清晰平实的语言”来发出的要求表明，这些声明至少应该以你的目标受众最有可能理解的语言提供。

参照 GDPR：

· 第 12 条

### 我们是否需要为每项处理活动或每组数据主体提供给一个单独的隐私声明？

应针对每项处理活动来提供。

每次你处理数据的目的与最初收集数据时的目的不同时，都必须发布隐私声明。这项规定与有关机构不得对数据主体使用一揽子同意的规定有关——如果处理的目的、方法或理由与最初的不同，则必须就每项处理活动重新收集同意，以确保处理过程保持透明。

参照 GDPR：

· 第 23 条

· 第 14 条

## DPIA 和数据地图绘制

### 在什么情况下，组织需要开展 DPIA？

并不是在每种情况下都需要执行 DPIA，只有在数据处理可能对自然人的权利和自由造成高风险的情况下才需要。GDPR 第 35 条第（3）款（a）至（c）项具体规定了三种具体要求的情况：

1. 基于自动处理，对自然人有关的个人方面进行系统和广泛的评估，并在此基础上做出对自然人产生法律影响或能严重影响他的决定；

2. 大规模处理特殊类别的数据或与刑事定罪和犯罪有关的个人数据；

3. 处理涉及对公共区域进行大规模的系统监控。

属于上述范围的任何处理，实际上都必须执行一个 DPIA，以确保采取适当的措施和控制来保护任何面临高风险的数据。你可以对产生类似高风险的近似处理操作采取一次单一评估。

还有其他情况可能需要执行 DPIA。EDPB 和监管机构维护了一份应开展 DPIA 的处理活动类型清单。ICO 还提供了一个实践守则，解释了何时需要开展 DPIA。

确定你的组织所处理数据的数量、价值和种类，会有助于你判定执行 DPIA 的必要性。个人数据的数量、种类越多，价值越高，就越有可能需要执行 DPIA。

**参照 GDPR：**

- 第 9 条
- 第 10 条
- 第 35 条



**你是应该为组织还是为每类个人数据（例如雇员资料、客户资料）来做一个 DPIA？**

你需要首先为整个组织开展一次数据地图的绘制工作，以确定你在哪里以及如何收集和处理个人数据。一旦数据地图绘制的工作完成，你就可以查看这些活动，以确定哪些活动可能需要执行一个 DPIA，以及在这些活动中，哪些活动相似到可以只用执行同一个 DPIA。

**参照 GDPR：**

- 第 35 条

### DPIA 和 PIA 一样吗？

是的，本质上相同。

### 是否建议使用技术的解决方案来构建你的数据地图？

建议。一个有效的工具将大大简化项目，并帮助你跟踪 GDPR 合规活动。我们推荐 Vigilant Software 的数据流绘图工具：

www.vigilantsoftware.co.uk/topic/Data-Flow-Mapping-Tool.

### 什么会构成“对自然人权利和自由的高风险”？

可能导致“歧视、身份盗用或欺诈、财务损失”的活动被作为高风险的明确例子（鉴于条款第 75 条提供了更详细的可归类为高风险活动的事务类型清单）。这意味着你需要确定你处理的是哪种类型的个人数据，并考虑其丢失、损坏或被盗而导致歧视、身份盗用、欺诈或经济损失的情况，以确定你的高风险在哪里。

鉴于条款第 76 条建议根据处理的性质、范围、背景和目的进行客观的风险评估。

EDPB 和监管机构刊发了有关的出版物，以规定哪些属于高风险的处理。

#### 参照 GDPR：

· 鉴于条款第 75 条

· 鉴于条款第 76 条

· 鉴于条款第 77 条

· 第 32 条

· 第 33 条

### 如果我们是基于客户的要求来提供处理，那么该由谁来负责 DPIA？

DPIA 和数据流绘制是控制者的责任，控制者身份是根据他们是否控制处理的手段和目的来确定的——除非在处理协议中另有约定。

参照 GDPR：

· 第 24 条

· 第 26 条

· 第 27 条

· 第 35 条

**GDPR 生效前的处理活动是否需要做追溯性的 DPIA 和数据流绘制？**

历史遗留的数据和系统，与任何新的数据或系统一样，都需要合规。执行 DPIA 和进行数据流绘制是找到你不合规之处的有用方法。如果任何现行系统对自然人的权利和自由构成了高风险，则必须做一个追溯性的 DPIA。

参照 GDPR：

· 鉴于条款第 75 条

· 鉴于条款第 76 条

· 鉴于条款第 77 条

· 第 35 条

**任何时候只要有“新系统”，就需要一个 DPIA。那如果是对现有系统的更改呢？**

不仅是在实施新系统时需要执行 DPIA，只要自然人的权利和自由面临高风险时，都需要执行 DPIA。这意味着无论何时，只要你任何的个人数据处理活动发生变化，以及开发新的数据处理活动时，你都需要评估是否需要执行一个 DPIA。

参照 GDPR：

· 第 35 条

**风险分析和 DPIA 之间的区别是什么？**

DPIA 是风险分析的一个组成部分，风险包括其可能性和影响。而

DPIA 解决的是其中影响的部分，并帮助确定你所需的控制措施。它特别关注对个人数据和数据主体的影响。

## 云服务提供商

### 如果你用于人力资源管理的人事数据位于云服务提供商的环境中，那么谁负责对泄露做出通告?

云服务提供商有责任向控制者报告泄露，并不得无故拖延；控制者则是有责任向监管机构报告此泄露，如果泄露对自然人的权利和自由构成高风险，控制者也有责任向数据主体做出通告。

参照 GDPR：

- 第 23 条

### 云服务提供商是否被归类为数据处理者?

这完全取决于云服务提供商的角色。如果云服务提供商收集数据并确定处理的方式和目的，那么根据 GDPR，他们将被视为控制者。

### SaaS 云服务的提供商应如何遵守 GDPR ?

SaaS 云服务的提供商是 GDPR 下的数据处理者，他们只需要确保其满足所有对其他数据处理者同样的要求即可。

对于处理者，最主要涉及的是在问责制、引入分包处理者、数据安全和数据泄露通知等方面的要求。

参照 GDPR：

- 第 28 条

## 安全

### 我们需要如何实现假名化?

假名化是指一种能确保在不使用额外信息的情况下，数据便不能再归属到某一特定数据主体的个人数据处理。

为了对一个数据集进行假名化，附加信息必须单独保存，并采取相应的技术和组织措施，以确保其不能被归属到一个已识别或可识别的个人。

你首先应该确定你想要假名化什么数据，以及在该数据集中确定哪部分的数据属于可直接识别的数据。将这部分数据与所处理的数据分开并安全地保存，以确保其不可归属性。

各组织应密切关注其监管机构在这方面有无进一步的指引。

参照 GDPR：

· 第 25 条

· 第 32 条



**将个人数据存储在云端，或存储在本地服务器 / 文件共享中，哪种更好？**

这需要由每个组织自己做判定。

## 第三方

**如果我们让一个薪酬管理公司进到我们的场地，使用我们的系统来做计薪付薪，而所有的数据都保留在我们的系统中，这家公司会被归为第三方吗？**

该薪酬管理公司将被视为处理者，它有可能既是一个第三方，又是一个处理者。

**对于通过你的网络传输的第三方数据，你的责任是什么？**

这种情况下属于你在做个人数据处理，你应仅依据与数据控制者所签订的合同进行处理。你必须保证数据的安全，并且遵守你的合同条款。

**我们可以把个人数据交给审计人员吗？**

个人数据只能按 GDPR 的规定与第三方共享，包括审计人员。

## 克减

### 关于国家克减的最新立场是什么?

允许每个成员国通过立法对个人的权利以及透明度义务做出限制，条件是这种限制尊重基本的权利和自由，属于必要且相称，同时是出于对 GDPR 中第 23 条第 1 款中（i）-（a）项所涉及有关条件的保障。这些限制必须包含第 23 条第 2 款中（a）至（h）项所列的条款才有效。

参照 GDPR：

· 第 23 条

## 公共机构

### GDPR 如何适用于公共部门的机构?

GDPR 对公共部门的机构提出了若干要求：

· 他们必须任命一名 DPO；

· 公共机构不能仅以所谓的"合法利益"为理由来进行处理，它们还需要确立一个其他依据（例如处理是为了执行出于公众利益的某项任务所需要）；

· 公共部门的机构不再需要登记数据处理活动的细节，但详细的内部记录需要保留；

· 在许多情况下可能需要执行 DPIA。

### 如果我要求英国交通管理局（DVLA）不要将我的个人数据提供给泊车公司之类的公司，他们是否必须遵从?

不必。他们是公共机构，对他们的规则有所不同。根据施予他们的某些法定义务，他们可以且必须共享个人数据。

参照 GDPR：

· 第 6 条

### 我们需要在员工合同中加入哪些内容?

你须向员工提供详细的资料，说明你处理他们个人数据的目的和方法，并以清晰易懂的语言加以解释。这些很可能需要纳入所有相关的雇佣合同，以证明合规，而且你还应该与法律顾问就此进行确认。

**参照 GDPR：**

· 第 88 条

## 资源

IT Governance 出版社（ITGP）是 GRC 国际集团的一部分，他提供全面的配套产品和服务，以帮助组织实现其目标。

在帮助全球组织应对通用数据保护条例（GDPR）的合规挑战方面，IT Governance 处于领先地位。其网站是一站式商店，提供信息、咨询、指导、图书、工具、培训和咨询。

有关 GDPR 和我们的合规解决方案的信息，请访问：

英国：www.itgovernance.co.uk.

欧洲：www.itgovernance.eu.

美洲：www.itgovernanceusa.com.

亚太：www.itgovernance.asia.

## 出版服务

我们的图书和工具涉及 IT 治理、风险与合规框架，我们是作者和发行商的首选出版商，我们以可用的最新版式出版独特而实用的高质量出版物，读者将会从中发现其价值。

www.itgovernancepublishing.co.uk 是 IT Governance 出版社的官方网站。你可能会感兴趣的、由我们出版的其他一些图书包括：

· ISO 27001/ ISO 27002 信息安全风险管理 , 第三版，Alan Calder，Steve g Watkins 著 , www.itgovernancepublishing.co.uk/product/information-security-risk-management-for-iso-27001-iso-27002 third-edition；

· ISO 27001 控制——实施与审计指南，Bridget Kenyon 著，www.itgovernancepublishing.co.uk/product/iso-27001controls-a-guide-to-implementing-and-auditing；

· ISO/IEC 27001:2019——隐私管理介绍，Alan Shipman，Steve Watkins 著，www.itgovernancepublishing.co.uk/product/iso-iec-27701-2019-an-inroduction-to-privacy-information-managemnent.

我们还提供一系列工具包来为组织提供全面的、可定制的文档，以帮助组织创建正确实施管理系统或标准所需的特定文档。ITGP 工具包由经验丰富的从业人员基于最新的最佳实践编写，可以为致力于遵守特定标准的组织节省数月的工作时间。

由 GDPR 领域专家设计和开发，经全球数百个组织使用，我们畅销的 GDPR 文档工具包提供了 GDPR 文档合规方面所有必要的模板、工作表及政策文档。该文档工具包为任何组织提供了确保其 GDPR 合规所需的所有关键文档，包括 GDPR 合规义务的专业指南和有关个人信息的最佳实践（你可以在充分识别个人数据的风险后实施必要的控制），以及数据保护影响评估、事件响应以及泄露通报等有关的资料。你可以在这里看到完整的内容列表：www.itgovernance.co.uk/shop/product/gdpr-toolkit.

请访问 www.itgovernance.co.uk/shop/category/itgptoolkits，查看我们全套的工具包。

IT Governance 出版社出版的图书和工具，可从所有商业书店和以下网站购买：

www.itgovernance.eu

www.itgovernanceusa.comwww.itgovernance.co.uk

www.itgovernance.asia

www.itgovernance.eu

www.itgovernanceusa.comwww.itgovernance.co.uk

www.itgovernance.asia

## GDPR 认证培训和员工意识培养

IT Governance 是全球领先的 GDPR 培训课程提供商。

我们的 GDPR 基础培训课程和从业者培训课程提供了一个结构化的学习途径，使学员掌握实现 GDPR 合规和履行 DPO 职责所需的专门知识和技能。

所有课程都能以课堂、在线直播和远程学习的形式提供，并向通过的学员提供 IBITGQ 认证的 ISO 17024 资格证书。

### IT Governance 培训中心

IT Governance 致力于维护健康和卫生的最高标准，并将安全作为优先事项。这也是为什么我们在剑桥郡伊利市专门建造的新的培训中心能通过 NQA 的 COVID 安全指引认证，并在设计上秉承了舒适、方便、健康和安全的理念。

这座一流的世界级场馆将给线下和线上的听众带来无缝的现场协作体验，让您能够灵活地选择现场参与或在线的方式而不失去课堂学习的好处。

更多信息请访问 www.itgovernance.co.uk/ely- training-centre.

### 欧盟通用数据保护条例基础认证

该基础级课程完整地介绍了 GDPR，并对关键的实施与合规活动进行了概述。

### 欧盟通用数据保护条例从业者认证

这一高阶课程让学员切实了解实施和管理有效合规框架的方法和工具，以及如何履行 DPO 的职责。

## 员工 GDPR 意识培养在线学习课程

通过我们具有简单易用互动模块的在线学习计划，向你的员工讲解 GDPR 的关键要求。我们提供多用户许可、定制和本地托管的多种选择方式。

如欲了解更多关于我们的培训课程并预约，请访问：

英　国：www.itgovernance.co.uk/shop/category/dataprotection-eu-gdpr-training-courses

欧　洲：www.itgovernance.eu/shop/category/dataprotection-eu-gdpr-training-courses.

美洲：www.itgovernanceusa.com/shop/category/dataprotection-eu-gdpr-training-courses.

## 专业服务及咨询

作为合规领域的专家，IT Governance 在帮助各种组织实施数据保护计划方面已有超过 10 年的经验。我们的专业咨询团队拥有广泛的数据保护专业知识，可以自始至终地支持您的项目。我们提供广泛的服务，以帮助您实现您的合规目标，具体包括：

· GDPR 差距分析；

· 数据流审计；

· 数据保护影响评估；

· 事故管理和泄露通报；

· 建立一个个人信息管理系统（PIMS）；

· 实施一个符合 ISO 27001 标准的信息安全管理系统（ISMS）；

· 提供 DPO 的租用服务；

· 网络安全健康检查；

· 渗透测试。

要了解更多信息，请访问：

英国：www.itgovernance.co.uk/dpa-compliance-consultancy.

欧洲：www.itgovernance.eu/eu-gdpr-consultancy.

美洲：www.itgovernanceusa.com/gdpr-complianceconsultancy.

亚太：www.itgovernance.asia/gdpr-complianceconsultancy.

## 订阅

您可以通过订阅，了解整个 IT 治理领域的最新发展，包括数据保护和 GDPR、风险管理、信息安全、ITIL®（Information Technology

Infrastructure Library）和 IT 服务管理、项目治理、合规等。

您只需访问我们的订阅中心，并选择您的偏好。

英国：www.itgovernance.co.uk/weekly-round-up.

欧洲：www.itgovernance.eu/en-ie/daily-sentinel-ie.

美洲：www.itgovernanceusa.com/weekly-round-up.

亚太：www.itgovernance.asia/daily-sentinel.

# 附录四　认证备考指南

## 内容

1. 概述
2. 考试要求
3. 基本概念表
4. 参考文献

## 1. 概述

EXIN 隐私和数据保护从业人员认证（Privacy & Data Protection Practitioner，PDPP)

### ●范围

EXIN 隐私和数据保护从业人员认证，旨在验证专业人员对欧盟隐私和数据保护法规及其国际效力的了解和理解，以及专业人员在日常专业实践中应用它的能力。

### ●总结

随着互联网信息爆炸式增长，每家公司都需要规划如何管理和保护个人隐私及其数据。出于相关理由，欧盟内部以及美国和许多其他地区都制定了许多新法律，以规范隐私和数据保护。

欧盟委员会已经发布了《通用数据保护条例》（GDPR），这意味着从 2018 年 5 月 25 日起，所有相关组织必须遵守其特定规则。隐私和数据保护从业人员认证以其基础认证考试所涵盖的主题为基础，侧重于如何制定和实施有关政策和程序以遵守现有和新的法规，推动对隐私和数据保护准则的应用和最佳实践，以及如何建立一个数据和隐私保护管理系统（DPMS）。

ISO/IEC 27000 系列中的新标准：《如 ISO/IEC 27701: 2019 安全技术》——在隐私信息管理方面对 ISO/IEC 27001 和 ISO/IEC 27002 的扩展，其要求和指引对想要展现 GDPR 合规的组织会有帮助。新 ISO 标准的内容将有助于组织在处理个人数据方面履行 GDPR 的义务。

GDPR 和 ISO 标准都并非考试文献。但是，本材料第 4 部分的考点引述表仍给出了考试要求与参考文献、GDPR 和 ISO/IEC 27701: 2019 标准之间的关联，从而为本认证提供了一个广阔的视野。

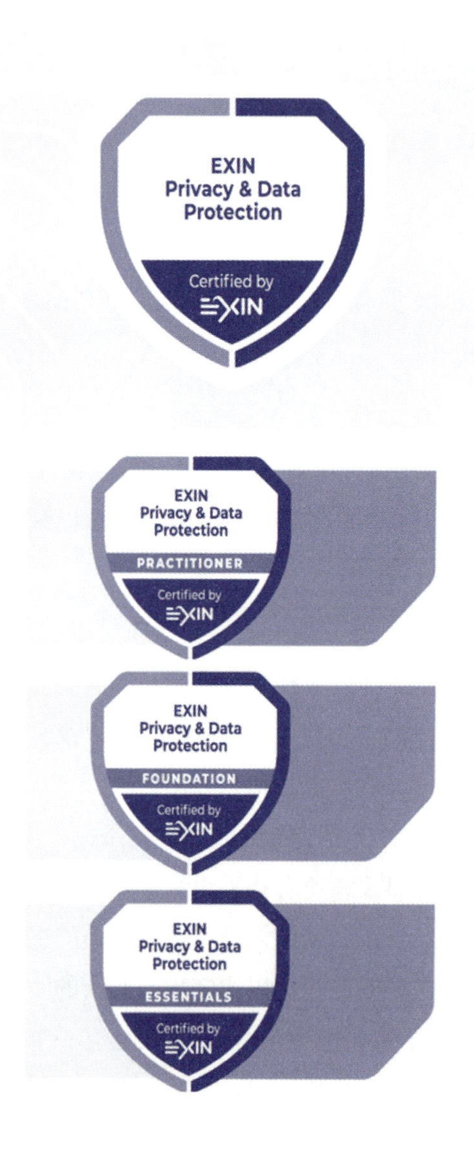

## ●背景

EXIN 隐私和数据保护从业人员认证是 EXIN 隐私和数据保护认证项目的一部分。

## ●目标群体

本认证尤其适用于数据保护官（DPO）/ 隐私官，法律 / 合规官，安全官，业务连续性经理，数据控制者，数据保护审计员（包括内审员和外审员），隐私分析师和人力资源经理。

## ●认证要求

· 顺利通过 EXIN 隐私和数据保护从业人员认证考试。

· 顺利完成 EXIN 授权的 EXIN 隐私和数据保护从业人员认证培训，包括实践作业。

## ●考试细节

| | |
|---|---|
| 考试类型： | 单选题 |
| 题目数量： | 40 |
| 通过分数： | 65%（26/40 题） |
| 开卷考试： | 在考试过程中可以查阅 GDPR 原文。机考时以附录形式提供这份文本。但笔试时考生须自行携带打印件参加考试。 |
| 注意：<br>是否允许携带电子设备<br>/ 辅助设备： | 否 |
| 考试时间： | 120 分钟 |

EXIN 的考试规则和规定适用于该考试。

## ●布鲁姆级别

EXIN 隐私和数据保护从业人员认证认证根据布鲁姆分类学修订版对考生进行布鲁姆 2 级、3 级和 4 级测试。

· 布鲁姆 2 级：理解——识记（1 级）之上的一级。理解表明考生能够理解呈现的内容,并能够评估如何将学习资料应用到实际的环境中。这类题目旨在证明考生能够整理、比较、阐释并选择跟事实和想法有关的正确描述。

· 布鲁姆 3 级：应用——表明考生有能力在与学习环境不同的情境下使用所学信息。这类题目旨在证明考生能够以不同的方式或新的方式应用所掌握的知识、实例、方法和规则，并在新的情况下解决问题。这类题目通常包含一个简短的场景。

· 布鲁姆 4 级：分析——表明考生有能力将所学信息拆分并加以理解。这一布鲁姆级别主要通过实践作业进行测试。实践作业是为了证明考生能够检查并拆分信息，以辨明动机或原因，做出推断并找到支持有关归纳结论的证据。

## ●培训

· 培训时长

本培训课程时长建议 21 小时。该时长包括学员实践作业，考试准备和短暂休息。该时长不包括课后作业、备考的准备工作和午餐休息时间。

如果培训机构希望在本国的隐私和数据保护法规投入时间，则除了建议的 21 节培训课时外，还需要额外的培训时间。

· 建议个人学习时间

112 小时，根据现有知识的掌握情况可能有所不同。

· 培训机构

您可通过 EXIN 官网 www.exin.com 查找该认证的授权培训机构。

## 2. 考试要求

考试要求详见考试明细。下表列出模块主题（考试要求）和副主题（考试明细）。

| 考试要求 | 考试明细 | 权重 |
|---|---|---|
| 1. 数据保护政策 | | 10% |
| | 1.1 数据保护和隐私政策的目的 | 5% |
| | 1.2 基于设计和默认的数据保护 | 5% |
| 2. 管理和组织数据保护 | | 32.5% |
| | 2.1 数据保护管理系统（DPMS）的阶段 | 32.5% |
| 3. 控制者，处理者和数据保护官（DPO）的角色 | | 17.5% |
| | 3.1 控制者和处理者的角色 | 10% |
| | 3.2 DPO 的角色和职责 | 7.5% |
| 4. 数据保护影响评估（DPIA） | | 27.5% |
| | 4.1 实施 DPIA 的标准 | 15% |
| | 4.2 实施 DPIA 的步骤 | 12.5% |
| 5. 数据泄露，通知和事件响应 | | 12.5% |
| | 5.1 GDPR 有关个人数据泄露方面的要求 | 2.5% |
| | 5.2 对通知的要求 | 10% |
| | 合计 | 100% |

### ●考试明细

1. 数据保护政策

1.1 数据保护和隐私政策的目的

考生能够：

1.1.1. 说明组织遵守数据保护法规所需的政策和程序。

1.1.2. 说明政策的内容。

1.2 基于设计和默认的数据保护

考生能够：

1.2.1. 说明基于设计和默认的数据保护的概念。

1.2.2. 描述基于设计和默认的数据保护的七项原则。

1.2.3. 说明基于设计和默认的隐私的相关原则如何落实。

2. 管理和组织数据保护

2.1 数据保护管理系统（DPMS）的阶段

考生能够：

2.1.1. 说明如何应用 DPMS 的第 1 阶段：数据保护与隐私：准备。

2.1.2. 说明如何应用 DPMS 的第 2 阶段：数据保护与隐私：组织。

2.1.3. 说明如何应用 DPMS 的第 3 阶段：数据保护与隐私：开发和实施。

2.1.4. 说明如何应用 DPMS 的第 4 阶段：数据保护与隐私：治理。

2.1.5. 说明如何应用 DPMS 的第 5 阶段：数据保护与隐私：评估和改进。

3. 控制者，处理者和数据保护官（DPO）的角色

3.1 控制者和处理者的角色

考生能够：

3.1.1. 了解控制者的职责。

3.1.2. 了解处理者的职责。

3.1.3. 说明在特定情况下控制者和处理者之间的关系。

3.2 DPO 的角色和职责

考生能够：

3.2.1. 根据 GDPR 说明何时任命一个 DPO 是强制性的。

3.2.2. 扮演 DPO 的角色。

3.2.3. 说明 DPO 与监管机构的关系[1]。

[1] 在 GDPR 颁布之前，数据保护局（data protection authority）是负责在欧盟国家执行数据保护法规的国家主管当局名称。根据 GDPR，数据保护局现称为监管机构（supervisory authority）。

4. 数据保护影响评估（DPIA）

4.1 实施 DPIA 的标准

考生能够：

4.1.1. 依据相应标准来实施 DPIA。

4.1.2. 描述 DPIA 的目标和产出。

4.2 实施 DPIA 的步骤

考生能够：

4.2.1. 描述 DPIA 的步骤。

4.2.2. 在特定情况下执行 DPIA。

5. 数据泄露，通知和事故响应

5.1 GDPR 有关个人数据泄露方面的要求

考生能够：

5.1.1. 依据 GDPR 评估是否发生了数据泄露事故。

5.2 对通知的要求

考生能够：

5.2.1. 通知监管机构个人数据泄露事故。

5.2.2. 向通知数据主体通告有关的个人数据泄露事故。

5.2.3. 描述 GDPR 存档义务的有关要素。

## 3. 考试术语表

本章节包含了考生应熟知的术语及其缩写。

请注意，单独学习术语并不能满足考试要求。学员必须了解其概念，并且能够举例说明。

| 英文 | 中文 |
|---|---|
| adequate | 充分的 |
| appropriate technical and organizational measures | 适当的技术和组织措施 |
| audit<br>· initial data (protection) audit<br>· internal and external data (protection) audit | 审计<br>· 初始的数据（保护）审计<br>· 内部和外部的数据（保护）审计 |
| authenticity | 真实性 |
| availability | 可用性 |
| awareness | 意识 |
| benchmark | 基准 |
| binding corporate rules | 约束性企业规则 |
| bring your own device (BYOD) | 自携设备（BYOD） |
| certification / certification bodies | 认证 / 认证机构 |
| cloud computing | 云计算 |
| codes of conduct | 行为守则 |
| collecting personal data | 收集个人数据 |
| commission reports | 委员会报告 |
| complaint | 投诉 |
| compliance | 合规 |
| consent<br>· child's consent<br>· conditions for consent<br>· explicit consent | 同意<br>· 儿童的同意<br>· 同意的条件<br>· 明确同意 |
| consistency mechanism | 一致性机制 |
| constitution | 章程 |
| controller | 控制者 |
| cross-border processing | 跨境处理 |
| data accuracy | 数据准确性 |
| data breach | 数据泄露 |
| data classification system | 数据分类系统 |
| data concerning health | 健康相关数据 |

| | |
|---|---|
| data lifecycle management (DLM) | 数据生命周期管理（DLM） |
| data mapping | 绘制数据地图 |
| data portability | 数据可携性 |
| data protection | 数据保护 |
| data protection authority (DPA) | 数据保护局（DPA） |
| data protection by default / privacy by default | 默认的数据保护 / 默认的隐私 |
| data protection by design / privacy by design | 基于设计的数据保护 / 基于设计的隐私 |
| data protection impact assessment (DPIA) | 数据保护影响评估（DPIA） |
| data protection management system (DPMS) | 数据保护管理系统（DPMS） |
| data protection officer (DPO)<br>· designation<br>· position<br>· tasks | 数据保护官（DPO）<br>· 任命<br>· 职位<br>· 任务 |
| data protection policy | 数据保护政策 |
| data protection program | 数据保护计划 |
| data protection provisions | 数据保护条款 |
| data subject | 数据主体 |
| data subject access (facilities) | 数据主体查阅（设施） |
| data transfer | 数据传输 |
| declaration of consent | 同意声明 |
| delegated acts and implementing acts<br>· committee procedure | 授权法案与执行法案<br>· 委员会程序 |
| derogation | 克减 |
| documentation obligation | 存档义务 |
| enforcement<br>· administrative fines<br>· administrative penalties<br>· criminal penalties<br>· dissuasive penalties<br>· effective penalties<br>· proportionate penalties | 执行<br>· 行政罚款<br>· 行政处罚<br>· 刑事处罚<br>· 劝诫性处罚<br>· 有效性处罚<br>· 相称性处罚 |

| | |
|---|---|
| enterprise | 企业 |
| EU types of legal act<br>· decision<br>· directive<br>· opinion<br>· recommendation<br>· regulation | 欧盟法规类型<br>· 决定<br>· 指令<br>· 意见<br>· 推荐<br>· 规定 |
| European Data Protection Board<br>· chair<br>· confidentiality<br>· independence<br>· procedure<br>· reports<br>· secretariat<br>· tasks | 欧洲数据保护委员会<br>· 主席<br>· 保密<br>· 独立<br>· 程序<br>· 报告<br>· 秘书处<br>· 任务 |
| European Data Protection Supervisor (EDPS) | 欧洲数据保护主管（EDPS） |
| European Economic Area (EEA) | 欧洲经济区（EEA） |
| European Union legal acts on data protection | 欧盟关于数据保护的法案 |
| exchange of information | 信息交换 |
| exemption | 豁免 |
| filing system | 归档系统 |
| General Data Protection Regulation (GDPR) | 通用数据保护条例 |
| governing body | 管理机构 |
| group of undertakings | 企业集团 |
| incident response | 事故响应 |
| independent supervisory authorities<br>· activity reports<br>· competence<br>· establishment<br>· powers<br>· tasks | 独立监管机构<br>· 活动报告<br>· 能力<br>· 设置机构<br>· 权力<br>· 任务 |

| | |
|---|---|
| Information Security Management System (ISMS) | 信息安全管理系统（ISMS） |
| information society service | 信息社会服务 |
| international organization | 国际组织 |
| internet of things (IoT) | 物联网（IoT） |
| joint controllers | 联合控制者 |
| judicial remedy | 司法救济 |
| lawfulness of processing | 处理合法性 |
| legal basis | 法律依据 |
| legitimate basis (GDPR recital 40) | 合法基础（GDPR recital 40） |
| legitimate ground [GDPR Article 17(1c), Article 18(1d), Article 21(1)] | 合法事由[GDPR Art 17(1c)，Art 18(1d)，Art 21(1)] |
| legitimate interest | 合法权益 |
| liability | 责任 |
| main establishment | 主要机构 |
| material scope | 适用范围 |
| measures based on DPIA results | 基于DPIA结果采取的措施 |
| non-repudiation | 不可抵赖性 |
| opinion of the board | 董事会意见 |
| personal data | 个人数据 |
| personal data breach | 个人数据泄露 |
| personal data relating to criminal convictions and offences | 有关刑事定罪和犯罪的个人数据 |
| policy / policy rules | 政策 / 政策规则 |
| principles relation to processing of personal data (GDPR, Article 5)<br>· accountability<br>· accuracy<br>· confidentiality<br>· data minimization<br>· fairness<br>· integrity<br>· lawfulness<br>· purpose limitation<br>· storage limitation<br>· transparency | 处理个人数据的有关原则<br>(GDPR Art 5)<br>· 可问责<br>· 准确性<br>· 保密<br>· 数据最小化<br>· 公平<br>· 完整性<br>· 合法性<br>· 目的限制<br>· 存储限制<br>· 透明 |

| | |
|---|---|
| prior consultation | 事前协商 |
| privacy | 隐私 |
| privacy analysis | 隐私分析 |
| privacy officer / chief privacy officer | 隐私官 / 首席隐私官 |
| processing (of personal data) | （个人数据）处理 |
| processing agreement | 处理协议 |
| processing situations<br>· data protection rules of churches and religious associations<br>· employment<br>· for archiving purposes in the public interest<br>· for scientific or historical research purposes<br>· for statistical purposes<br>· freedom of expression and information<br>· National Identification Number<br>· obligations of secrecy<br>· public access to official documents | 处理场景：<br>· 教会和宗教协会的数据保护规则<br>· 雇佣<br>· 出于公共利益下的归档目的<br>· 出于科学或历史研究的目的<br>· 出于统计目的<br>· 言论与信息自由<br>· 身份证号<br>· 保密义务<br>· 官方文件的公共查阅 |
| processing which does not require identification | 不涉及身份的处理 |
| processor | 处理者 |
| profiling | 特征分析 |
| proportionality, the principle of | 相称性原则 |
| pseudonymization | 假名化 |
| quality cycle | 品质管控循环 |
| recipient | 接收者 |
| relevant and reasoned objection | 相关和合理的反对 |
| repealed | 废除 |
| representative | 代表 |
| retention period | 存留期 |

续表

| | |
|---|---|
| rights of the data subject<br>· 'right to be forgotten'<br>· automated individual decision-making<br>· data portability<br>· information and access<br>· modalities<br>· notification obligation<br>· rectification and erasure<br>· restriction of processing<br>· restrictions<br>· right to compensation<br>· right to objection<br>· transparency | 数据主体的权利<br>· "被遗忘的权利"<br>· 自动化的个体决策<br>· 数据可携性<br>· 告知与查阅<br>· 多管道<br>· 通知义务<br>· 修正和删除<br>· 处理限制<br>· 限制<br>· 赔偿权<br>· 反对权<br>· 透明 |
| risk management | 风险管理 |
| rules of procedure | 程序规则 |
| security breach | 安全漏洞 |
| security incident | 安全事故 |
| security of personal data | 个人数据安全 |
| security of processing | 处理安全性 |
| sensitive data | 敏感数据 |
| service provider | 服务提供商 |
| seven principles for privacy by design | 隐私预设的七项原则 |
| Social, Mobile, Analytics, Cloud, Things (SMACT) | 社交，移动，分析，云，物联网（SMACT） |
| special categories of personal data<br>· biometric data<br>· data concerning health<br>· genetic data<br>· political opinions<br>· racial or ethnic origin<br>· religious or philosophical beliefs<br>· sex life or sexual orientation<br>· trade union membership | 个人数据的特殊类别<br>· 生物特征数据<br>· 有关健康的数据<br>· 遗传数据<br>· 政治观点<br>· 种族或民族起源<br>· 宗教或哲学信仰<br>· 性生活或性取向<br>· 工会会员 |

| | |
|---|---|
| subsidiarity, the principle of | 辅助性原则 |
| supervisory authority | 监管机构 |
| supervisory authority concerned | 有关监管机构 |
| suspension of proceedings | 处理暂停 |
| territorial scope | 地域范围 |
| third party | 第三方 |
| threat | 威胁 |
| transfer of personal data to third countries and to international organizations<br>· adequacy decision<br>· appropriate safeguards<br>· derogations<br>· disclosures<br>· international protection of personal data | 向第三国和国际组织传输个人数据<br>· 充份性决定<br>· 适当的保障措施<br>· 克减<br>· 披露<br>· 个人数据的国际保护 |
| unified communications and collaboration (UCC) | 统一通信与协作（UCC） |
| vulnerability | 漏洞 |



## 4. 参考文献

### ●考试文献

以下文献包含了考试要求掌握的知识。

A. IT Governance Privacy Team

**EU General Data Protection Regulation (GDPR). An Implementation and Compliance Guide**

IT Governance Publishing, Cambridgeshire (第二版, 2017)

ISBN 978-1-84928-9450 (平装)

ISBN 978-1-84928-9474 (电子书)

B. Kyriazoglou, J.

**Data Protection and Privacy Management System. Data Protection and Privacy Guide – Vol. I**

bookboon.com (第一版, 2016)

ISBN 978-87-403-1540-0

## ●可选教材

C. European Commission

General Data Protection Regulation (GDPR) (Regulation (EU) 2016/679)

Regulation of the European Parliament and the Council of the European Union. Brussels，2016 年 4 月 6 日， 获取渠道 http://eur-lex.europa.eu

http://eur-lex.europa.eu/legal-content/EN/TXT/PDF/?uri=OJ:L:2016:119:FULL&from=EN

D. Article 29 Data Protection Working Party

Guidelines on Data Protection Officers（‘DPOs’）, wp 243rev.01, 2017 年 4 月 5 日 获 取 渠 道 http://ec.europa.eu/newsroom/Article29/item-detail.cfm?item_id=612048

E. Article 29 Data Protection Working Party

Guidelines on Data Protection Impact Assessment (DPIA) and determining whether processing is "likely to result in a high risk" for the purposes of Regulation 2016/679, wp248, 2017 年 4 月 4 日 获取渠道 http://ec.europa.eu/newsroom/Article29/item-detail.cfm?item_id=611236

F. A. Cavoukian

Privacy by Design - The 7 Foundational Principles

Information & Privacy Commissioner, Ontario, 加拿大

https://www.ipc.on.ca/wp-content/uploads/Resources/7foundationalprinciples.pdf

G. ISO/IEC 27701:2019 (EN)

Security Techniques - Extension to ISO/IEC 27001 and ISO/IEC 27002 for Privacy Information Management - Requirements and Guidelines

瑞士，ISO/IEC, 2019

https://www.iso.org/home.html

续表

## ·备注

可选教材仅作为参考和深入了解使用。GDPR 原文（文献 C）并非主要考试文献，因为考试文献提供了有关 GDPR 的足够知识。考生应熟稔其他文献中对 GDPR 的引述。

## ·教材考点分布矩阵

| 考试要求 | 考试明细 | 教材参考章节 | GDPR 引述章节 | ISO/IEC 27701 引述章节 |
|---|---|---|---|---|
| 1. 数据保护政策 | | | | |
| | 1.1 数据保护和隐私政策的目的 | A，第 1 章，第 16 章 | 无引述 | 无引述 |
| | 1.2 基于设计和默认的数据保护 | A，第 5 章 | 第 25 条 | 第 B.8.4 节，第 6.11.2.1 款，第 6.11.2.5 款，第 7.4.2 款 2 |
| 2. 管理和组织数据保护 | | | | |
| | 2.1 数据保护管理系统（DPMS）的阶段 | A，第 12 章，第 14 章<br>B，第 2 章 | 无引述 | 无引述 |
| 3. 控制者，处理者和数据保护官（DPO）的角色 | | | | |
| | 3.1 控制者和处理者的角色 | A，第 12 章 | 第 24 条，第 26 条，第 27 条，第 28 条，第 29 条 | 第 5.2.1 款，第 6.3.1.1 款，第 6.12.1.2 款，第 6.15.1.1 款，第 7.2.6 款，第 7.2.7 款，第 8.2.1 款，第 8.2.4 款，第 8.2.5 款，第 8.5.4 款，第 8.5.6 款，第 8.5.7 款，第 8.5.8 款 |

| | | | | |
|---|---|---|---|---|
| | 3.2 DPO 的角色和职责 | A，第 2 章 | 第 37 条，第 38 条，第 39 条 | 第 6.3.1.1 款，第 6.4.2.2 款，第 6.10.2.4 款 |
| 4. 数据保护影响评估（DPIA） | | | | |
| | 4.1 实施 DPIA 的标准 | A，第 5 章，第 6 章，第 7 章，第 8 章 | 第 35 条 | 第 5.2.2 款，第 7.2.5 款，第 8.2.1 款 |
| | 4.2 实施 DPIA 的步骤 | A，第 5 章，第 7 章，第 8 章 | 无引述 | 第 5.2.2 款，第 7.2.5 款，第 8.2.1 款 |
| 5. 数据泄露，通知和事故响应 | | | | |
| | 5.1GDPR 有关个人数据泄露方面的要求 | A，第 3 章，第 14 章 | 第 4(12) 条，第 33 条，第 34 条 | 第 6.13.1.1 款，第 6.13.1.5 款 |
| | 5.2 对通知的要求 | A，第 14 章 | 第 33 条，第 34 条 | 第 6.13.1.1 款，第 6.13.1.5 款 |
| | | | | |

# 附录五　考试样卷

EXIN
EXIN
Privacy & Data
Protection
PRACTITIONER
Certified by
EXIN
考试样卷
202002 版本

## 目录



## 考试说明

本试卷是 EXIN Privacy & Data Protection Practitioner (PDPP.CH) 模拟考试。EXIN 考试准则适用于该考试。

本试卷由 40 道单项选择题组成。每道选择题有多个选项，但这些选项中只有一个是正确答案。

本试卷的总分是 40 分。每道题的分数是 1 分。您需要获得 26 分或以上才能通过考试。

考试时间为 120 分钟。

在该考试过程中您可以参考 GDPR 原文。

祝您好运！

## 考试样卷

1. 某公司实施一项隐私政策，以帮助证明其遵守 GDPR。有许多将该政策公开的理由。

你认为将隐私政策公开的主要原因是什么？

A. 为了让客户和合作伙伴确认组织必须处理哪些个人数据

B. 为了让客户、合作伙伴和监管机构评估个人数据的处理方式

C. 为了传达组织执行的数据保护影响评估（DPIA）的结果

D. 告知监管机构组织在发生个人数据泄露事故后将会如何应对

2. 根据 GDPR，以下哪项信息不是隐私政策的强制性部分？

A. 有关个人数据跨境传输到第三国的信息

B. 有关控制者身份和联系方式的信息

C. 有关组织中的数据安全措施的信息

D. 有关数据保留期和数据主体权利的信息

3. GDPR 采纳了“基于设计和默认的隐私”的有关原则。应用这些原则包括实施技术与组织措施。

为什么还需要实施组织措施?

A. 因为“基于设计和默认的隐私”要求组织将个人数据访问权仅限于控制者

B. 因为保护数据主体的权利需要借助技术措施无法替代的组织流程

C. 因为任命数据保护官（DPO）（当在强制要求的情况下）被视为一种组织措施

4. 某公司正在启动一个项目来为消费者提供新的免费服务。

根据“隐私预设”的理念，何时是讨论数据保护的最理想时机?

A. 从项目一开始

B. 在实施阶段

C. 项目接近完成时

5. 建立一套数据保护管理系统（DPMS）是分阶段完成的。建立 DPMS 的第一阶段称为数据和隐私保护的准备阶段。

此阶段的一个步骤是执行初步的数据审计和评估。

为什么这些数据审计和评估必须在建立 DPMS 的数据和隐私保护的准备阶段进行?

A. 数据审计和评估可以分析员工在数据和隐私保护方面的意识和准备情况。

B. 数据审计和评估可以识别组织的合规风险、人员风险和其他相关风险。

C. 数据审计和评估可以清晰地形成组织内外部当前个人数据流的一个概览。

D. 数据审计和评估可以为不同类型的个人数据在组织内的所在位置做一个盘点。

6. 某组织希望遵守 GDPR。他们正在构建一个数据保护管理系统（DPMS）。DPMS 的构建工作正处于第一阶段：数据和隐私保护的准备阶段。数据保护官（DPO）已拟定了一个治理结构，明确了数据流，创建了一份个人数据的清单，并确立了数据和隐私保护计划（步骤 7）中全部的三个要素。

构建 DPMS 的第一阶段中，最后的一步是什么？

A. 对公司员工在数据和隐私保护方面所需的沟通和培训方面进行分析

B. 在职位描述和相关文件中，例如隐私经理和 DPO 的雇佣合同中定义明确的角色和职责

C. 为所有负责数据和隐私保护的成员拟定一份综合性的指南，以实现对相关法规的遵守

D. 起草一份关于目前已执行步骤的报告并提交给组织董事会，以提出行动计划和预算

7. 某家公司希望构建一套数据保护管理系统（DPMS）。构建 DPMS 的第一段是数据和隐私保护的准备阶段。

以下哪一步不属于这个阶段？

A. 草拟实施的行动计划

B. 建立数据治理的组织

C. 维护数据隐私文档

D. 执行初步的数据审计和评估

8. 一家公司希望构建一个数据保护管理系统（DPMS）。构建 DPMS 的第二阶段称为数据和隐私保护的组织阶段。第二阶段某个步骤具有以下目标：整合整个公司及所有职能部门在数据和隐私保护上的见解。

这个目标属于第二阶段的哪个步骤？

A. 审计为隐私和数据保护所采取的措施和管控，找出差距和纰漏

B. 部署和操作隐私及数据保护的计算机系统

C. 告知员工隐私和数据保护项目的状态

D. 在数据和隐私保护事务上保持定期的相互沟通

9. 某数据保护官（DPO）意识到，与所有其他被任命的对数据和隐私保护负责或承责的人员保持定期的沟通十分重要。这群人应为在数据和隐私保护方面为达成一个全局性的组织成果而努力。

以下哪一项成果最有利于组织？

A. 创建一个系统，所有的数据和隐私保护的事务都必须提交至此，并随后由 DPO 来解决

B. 挖掘组织内对于外包或传输数据在数据和隐私保护上的不同观点

C. 灌输一种协作、积极主动的态度，将数据和隐私保护融入组织的各个部门

D. 提高"将数据和隐私保护外包会产生合规上的共担义务和责任"这一认知

10. 如果一个组织想要开发、实施和管理一个数据保护管理系统（DPMS），它通常是分阶段来完成。DPMS 的实施分为五个阶段，分别为：准备、组织、开发和实施、治理以及评估和改进。

你认为实施 DPMS 的各个阶段类似于什么？

A. 与 PDCA 循环类似的持续改进过程

B. 一个隐私治理实施指南

C. 一份为 DPMS 而准备的数据法规清单

D. 隐私法规、规则和标准的影响

11. GDPR 的一大关键是组织必须证明其合规性。而实施一个数据保护管理系统（DPMS）可以帮助其证明合规性。

你认为实施 DPMS 的哪个阶段最能为 GDPR 的合规提供证明？

A. 第 1 阶段：组织为实施隐私和数据保护做准备

B. 第 2 阶段：建立隐私的组织结构和机制

C. 第 3 阶段：制定并实施数据保护和隐私措施

D. 第 4 阶段：建立组织的隐私治理机制

12. 某数据保护官（DPO）开发并实施了一个数据保护管理系统（DPMS）。目前已执行到第三阶段：数据和隐私保护的开发和实施阶段。该阶段必须首先做的是什么？

A. 分析和定义公司对数据和隐私保护的需求及要求

B. 调查员工对数据保护和隐私概念的了解和理解

C. 研究行业的最佳做法，使其与公司的需求和要求相适应

D. 了解全球数据和隐私保护的法律，明确其与公司的相关性

13. 一份个人数据泄露应对计划描述了以下行动：

· 由一个外部供应商来对泄露事件做出响应，提供公关服务并协助将损害最小化；

· 数据保护官（DPO）向监管机构寻求支持；

· 处理者将有关数据泄露的信息通知业务合作伙伴和数据主体，并寻求他们的支持。

谁最有可能将对第三方和数据主体的影响降到最低？

A. 外部供应商

B. DPO

C. 处理者

14. 三家医疗机构合作开发一款用于监控患者的移动应用程序。其中医务人员将其个人数据和资历添加到该应用程序中，患者添加其个人数据，包括医疗数据。三家医疗机构共同任命了一名数据保护官（DPO）。要运行试验版本，他们需要将应用程序上架应用商店。应用程序进入应用商店后，他们将测试新应用程序的安全性。为了安全起见，产品说明中指出该应用程序还处于试用阶段。只有少数测试数据主体下载了该应用程序，但他们真实地使用了该程序并输入了真实数据。测试结果表明该应用程序安全性不足，而容易被黑客入侵。黑客可能会更改患者的健康数据，并未经授权地收集和使用数据。

根据 GDPR，该 DPO 必须做什么？

A. DPO 不必采取行动，因为该应用程序处于试用阶段，而且只有少数患者参与

B. DPO不必采取行动,因为在试用阶段该漏洞的影响算不上高风险。

C. DPO 必须告知患者和监管机构，因为该应用程序会对患者的权利和自由造成高风险

D. DPO 必须通知监管机构，并确保将应用程序的安全措施调整为规定的安全标准。

15. 建立一个系统性的事故管理制度可以有助于 GDPR 合规。

以下哪一项概述了一个有效的事故管理流程？

A. 确认已发生事故，应对当前和长期的关切，跟踪事故以确保所采取的步骤有效

B. 确认已发生事故，并将事故报告给数据保护官（DPO）以检查数据流并改善安全政策

C. 跟踪所有涉及个人数据的事故，执行数据保护影响评估（DPIA）以分析风险并制定改进计划

D. 跟踪个人数据处理的所有实例，以便在发生事故后检索数据，以减少响应活动从而最大程度地降低成本



16. CEO 已要求隐私小组从数据和隐私保护的表现方面对组织进行一次评估。而采用基准是客观评定组织表现的一种恰当方法。

以下哪一项是隐私基准所不包括的？

A. 一项针对组织在隐私方面的客户满意度的调查

B. 比较各个业务单位或部门之间的隐私合规性

C. 与一年前相比，组织目前的隐私表现

D. 与行业中类似实体相比，组织的隐私表现

17. 某组织想要在人力资源部门运用人工智能（AI）和深度学习算法检视雇佣关系、创建员工能力档案以及为各人的目标设定奖金。

在实施这种新型的个人数据处理之前，你必须首先做什么？

A. 进行数据保护影响评估（DPIA）

B. 对人力资源部进行隐私评估

C. 向监管机构报告处理情况

18. 根据 GDPR，以下哪一项活动始终由控制者负责？

A. 执行数据保护影响评估（DPIA）

B. 与安全公司签约以保护传输中的个人数据

C. 采用新方法来收集客户的个人数据

D. 保存处理者执行处理活动的记录

19. 一家医院将其患者发票的打印工作外包给一家印刷公司。该印刷公司同时为其他组织打印发票。因为一个纰漏，印刷公司在整理姓名和地址时弄混了，一些发票发错了患者。这家医院之前已仔细分析过自己的流程，医院也已经建立了健全的验证程序，并与印刷公司签订了合同协议。

为什么这种情况下监管机构要追究医院的责任？

A. 因为合同中明确了这一点

B. 因为医院是控制者

C. 因为混淆发生在患者之间

D. 因为验证出错

20. 当控制者和处理者签订处理个人数据的合同时，二者同时承担特定的职责。其中一些职责由 GDPR 规定，其余可以在合同中约定。

根据 GDPR，什么情况下处理者总是需要得到控制者的书面授权？

A. 处理者与另一家公司签约，由该公司在数据传输期间来保护数据

B. 处理者与第三方签约，由该第三方来处理个人数据

C. 处理者采用新方法收集个人数据

D. 处理者采用新方法删除个人数据

21. 记录处理活动是谁的法律义务？

A. 首席信息官

B. 首席隐私官

C. 控制者和处理者

D. 数据保护官（DPO）

22. 设在欧洲经济区（EEA）的某北美组织正处理自然人的个人数据时，他处理的是大批量种族数据。根据 GDPR，在三种特定情况下，组织需要任命数据保护官（DPO）。

在本例中，出于什么原因该组织必须任命 DPO？

A. 处理了外国人的个人数据

B. 个人数据是由第三国处理

C. 处理了数群体的个人数据

D. 处理了特殊类别的个人数据

23. 某数据保护官（DPO）服务于一个国家的交通部。该部门宣布了一个监控人们在国道上的驾驶行为的新项目。该交通部想用智能视频分析系统识别出每辆汽车并自动识别车牌。国务卿急于启动该项目，且担心隐私问题可能会导致其不必要的延误。

该 DPO 应该怎么做?

A. 要求国务卿与监管机构联系，因为这显然超出了 DPO 的职责范围

B. 如果数据主体被告知了该数据处理，则向国务卿保证不再需要数据保护影响评估（DPIA）

C. 告知国务卿，公共场所的大规模监控必须执行 DPIA

D. 敦促国务卿重新考虑该项目，因为大规模监控数据的处理是被禁止的

24. 数据保护官（DPO）在执行其任务时受到保密要求的约束。

而涉及哪一方时 DPO 可免除保密义务以寻求建议?

A. 公司董事会

B. 数据和隐私保护成员小组

C. 信息安全官（ISO）

D. 监管机构

25. 数据保护影响评估（DPIA）是一种用于识别数据保护风险的手段，尤其是识别可能对自然人的权利和自由产生重大影响的风险。

为什么 DPIA 可以被视为更宽泛的组织风险管理工作中的一部分？

A. 因为 DPIA 会评估受审组织的所有安全风险，并取代任何其他风险评估或风险管理

B. 因为 DPIA 通过风险的可能性和严重性来评估风险，类似于风险管理明确定义的其他组成部分

C. 因为根据 GDPR，每个项目都必须执行 DPIA，从而减少对风险管理的其他法律要求

26. 根据 GDPR，以下哪一项应始终是数据保护影响评估（DPIA）中的一个环节？

A. 制定一个数据主体查阅请求的程序，以确保遵从数据主体的权利

B. 明确已处理的个人数据以及处理的预期目的

C. 通知数据主体将进行评估并征得其明确同意

D. 制定事故响应计划并定义适当的防护措施，以避免数据泄露

27. 某组织开发一款新产品，用于发现表现不佳的员工。他们搜索员工的上网历史记录并使用人工智能（AI）分析其工作行为。尽管软件工程师并不完全理解该算法，但是管理层还是决定解雇表现垫底的 10% 员工。数据保护官（DPO）对此产品的影响表示担忧，告知董事会需要执行一个数据保护影响评估（DPIA）。

以下哪一项不是此例必须执行 DPIA 的原因？

A. 个人数据处理的自动化

B. 该评估可能显著影响数据主体

C. 处理特殊类别的个人数据

D. 系统评估自然人的个人方面

28. 以下哪一项不属于数据保护影响评估（DPIA）的产出？

A. 带有自动化授权检查的机密数据查阅日志

B. 数据主体对预期处理工作的看法的记录

C. 对预期处理工作的系统描述

D. 评估对数据主体权利和自由造成的风险

29. GDPR 详细说明了数据保护影响评估（DPIA）必须至少输出的内容。

以下哪一项不属于 DPIA 的强制要求的？

A. 描述处理工作及其目的

B. 评估处理工作相对于目的的必要性和相称性

C. 评估对数据主体权利和自由造成的风险

D. 监管机构的建议

30. 一项数据保护影响评估（DPIA）表明，预期的处理工作将涉及收集超出预期目的所必需的个体客户数据。

根据 GDPR，以下哪一项是最恰当的应对？

A. 尽快将数据匿名

B. 推出培训和意识培养计划

C. 限制数据存储的时长

D. 减少数据收集量

31. 在开始数据保护影响评估（DPIA）之前，最好先做什么？

A. 确定措施以应对已识别的风险

B. 确定是否需要执行 DPIA

C. 识别对数据主体权利和自由造成的风险

32. 某公司执行了一个数据保护影响评估（DPIA）。

为什么说绘制数据地图对其做 DPIA 有用？

A. 它有助于评估所有隐私方面的组织风险

B. 它有助于获得一个对使用中的个人数据的概览

C. 它有助于通告所有相关方

33. 某组织聘请了一名隐私专家。该组织希望将部分数据处理活动外包。该专家对引入一个数据处理者来做处理工作做了一个数据保护影响评估（DPIA）。

DPIA 中的一个主要步骤要求由控制者来给出所有意见，而不要求处理者参与。该步骤具体指哪一步？

A. 评估处理的必要性和相称性

B. 评估对数据主体权利和自由造成的风险

C. 缓解风险的措施，包括保障措施

D. 系统描述预期的处理工作

34. 一家大公司出现财务困难。董事会希望员工提高工作效率。董事会决定开始一项试验，以监控员工的上网活动，并通过分析数据了解可提高效率之处，而被归为效率低下的员工可能会被解雇。

为什么在采用该新程序之前必须进行一个数据保护影响评估（DPIA）？

A. 因为大公司会有大量员工，所以，处理工作将是大规模的。

B. 因为这是一次试验，新的处理活动和试验性处理活动都需要执行 DPIA。

C. 因为这是一次系统性的处理，且相关决定可能会在相当程度上影响员工。

35. 某组织计划基于特征分析对客户实行自动决策。

在此例中数据保护影响评估（DPIA）的哪一部分需要特别注意？

A. 针对此处理活动执行 DPIA 的需求评估

B. 将要实施的保护数据主体权利的措施

C. 保护个人数据免受数据主体请求的措施

D. 数据主体要求删除其数据后，用来数据擦除的程序

36. GDPR 规定，组织必须设法防止个人数据泄露。因此，要快速识别可归类为个人数据泄露的事故。

根据 GDPR，以下哪一项不属于个人数据泄露事故？

A. 患者期望收到装有医疗设备的包裹，但是包裹却被送错地址

B. 在精神卫生诊所工作的一名雇员放错了一套患者档案而且无法追溯

C. 数据仓库因火灾或地震意外破坏了个人数据

D. 未经授权披露了公司一个涉及收购计划的机密财务数据

37. 在什么情况下需要向监管机构上报个人数据泄露事故？

A. 组织在事故发生后 72 小时内无法解决

B. 在对自然人的权利和自由构成安全威胁的任何情况下

C. 只要在 72 小时内将事故确认为个人数据泄露事故

D. 个人数据泄露可能给自然人的权利和自由带来风险时

38. 人力资源部主管丢失了一个存储卡，其中包含 35 名员工的个人信息。该存储卡有强加密的保护。人力资源部曾将这些个人信息存储在备份设备中。

根据 GDPR，是否必须将这一个人数据泄露事故上报给监管机构？

A. 是，因为所有安全事件都必须上报给监管机构

B. 是，因为报告监管机构后可以让其通知员工

C. 否，因为报告数据泄露不符合公司的合法利益

D. 否，因为该个人数据泄露事故不会对数据主体的权利造成风险

39. 根据 GDPR，在什么情况下必须将个人数据泄露事故报告给受影响的数据主体？

A. 个人数据泄露可能给数据主体的权利和自由带来高风险时

B. 监管机构判定同意是处理的唯一法律依据时

C. 当一个安全事故在 72 小时内被列为个人数据泄露事故时

D. 个人数据受到黑客或其他网络罪犯等外部因素的破坏时

40. 在事故响应的最佳实践中定义了准备、响应和跟进几个阶段。每个阶段都必须进行存档。在响应阶段，重要的是收集和保存证据，证明事故发生的原因以及组织未能防止事故发生的原因。

其中具体必须收集和保存是哪一个?

A. 审计控制计划

B. 数据保护影响评估（DPIA）

C. 提供一个清晰图景的证据

D. 系统恢复计划

## ●答案解析

1. 某公司实施一项隐私政策，以帮助证明其遵守 GDPR。有许多将该政策公开的理由。

将隐私政策公开的主要原因是什么?

A. 为了让客户和合作伙伴确认组织必须处理哪些个人数据

B. 为了让客户、合作伙伴和监管机构评估个人数据的处理方式

C. 为了传达组织执行的数据保护影响评估（DPIA）的结果

D. 告知监管机构组织在发生个人数据泄露事故后将会如何应对

A. 错误。公开的隐私政策并不用来确立组织必须处理哪些个人数据，而是将个人数据处理透明化。

B. 正确。公开的政策保障透明度，允许客户和合作伙伴对其进行评估，明确表态监管机构和其他监管者可以据其评估组织。（文献：A，第 16 章）

C. 错误。DPIA 的结果应记录在案，以供内部商讨，且不应包含在

隐私政策中。

D. 错误。组织如何应对数据泄露事故是数据泄露应对计划的一部分，该计划属于内部文件，不需要公开。

2. 根据 GDPR，以下哪项信息不是隐私政策的强制性部分？

A. 有关个人数据跨境传输到第三国的信息

B. 有关控制者身份和联系方式的信息

C. 有关组织中的数据安全措施的信息

D. 有关数据保留期和数据主体权利的信息

A. 错误。这是强制性的。

B. 错误。这是强制性的。

C. 正确。这是信息安全政策的一部分。（文献：A，第 16 章；GDPR 第 13 条）

D. 错误。这是强制性的。

3. GDPR 采纳了“基于设计和默认的隐私”的有关原则。应用这些原则包括实施技术与组织措施。

为什么还需要实施组织措施？

A. 因为“基于设计和默认的隐私”要求组织将个人数据访问权仅限于控制者

B. 因为保护数据主体的权利需要借助技术措施无法替代的组织流程

C. 因为任命数据保护官（DPO）（当在强制要求的情况下）被视为一种组织措施

A. 错误。组织措施旨在保护数据主体的权利，包括公平、透明的处理程序。

B. 正确。某些内部流程和程序必须通过组织措施解决，以确保数据主体的权利可以完全遵照 GDPR 行使。技术工具和系统是对组织措施的补充，但不能作为替代。（文献：A，第 9 章）

C. 错误。组织措施旨在保护数据主体的权利，包括公平、透明的处理程序。

4. 某公司正在启动一个项目来为消费者提供新的免费服务。

根据“隐私预设”的理念，何时是讨论数据保护的最理想时机？

A. 从项目一开始

B. 在实施阶段

C. 项目接近完成时

A. 正确。要遵守隐私预设的原则，必须从项目一开始就对隐私和数据保护进行倡导。（文献：A，第 5 章；F）

B. 错误。在实施阶段讨论数据保护为时已晚。

C. 错误。在项目完成阶段讨论数据保护为时已晚。

5. 建立一套数据保护管理系统（DPMS）是分阶段完成的。建立 DPMS 的第一阶段称为数据和隐私保护的准备阶段。此阶段的一个步骤是执行初步的数据审计和评估。

为什么这些数据审计和评估必须在建立 DPMS 的数据和隐私保护的准备阶段进行？

A. 数据审计和评估可以分析员工在数据和隐私保护保护方面的意识和准备情况。

B. 数据审计和评估可以识别组织的合规风险、人员风险和其他相关风险。

C. 数据审计和评估可以清晰地形成组织内外部当前个人数据流的一个概览。

D. 数据审计和评估可以为不同类型的个人数据在组织内的所在位置做一个盘点。

A. 错误。数据审计和评估无意于分析员工在数据保护和隐私方面的意识和准备情况。

B. 正确。此阶段中的数据审计和评估可以识别合规风险、人员风险和其他相关风险。通过结果可以初步了解 DPMS 应该涵盖的内容。（文献：B，第 2.2.1 章）

C. 错误。数据审计和评估不用于提供有关组织内外部数据流的洞察。

D. 错误。数据审计和评估不用于清点组织内各类数据所在位置，而是用于识别风险。

6. 某组织希望遵守 GDPR。他们正在构建一个数据保护管理系统（DPMS）。DPMS 的构建工作正处于第一阶段：数据和隐私保护的准备阶段。数据保护官（DPO）已拟定了一个治理结构，明确了数据流，创建了一份个人数据的清单，并确立了数据和隐私保护计划（步骤 7）中全部的三个要素。

构建 DPMS 的第一阶段中，最后的一步是什么？

A. 对公司员工在数据和隐私保护方面所需的沟通和培训方面进行分析

B. 在职位描述和相关文件中，例如隐私经理和 DPO 的雇佣合同中定义明确的角色和职责

C. 为所有负责数据和隐私保护的成员拟定一份综合性的指南，以实现对相关法规的遵守

D. 起草一份关于目前已执行步骤报告并提交给组织董事会，以提出行动计划和预算

A. 错误。这是已在步骤 7 中建立的数据和隐私保护计划的三个要素之一。

B. 错误。这一步将在后续第 2 阶段的步骤 4 进行。

C. 错误。这是第二阶段要采取的第一步。

D. 正确。这是第一阶段要采取的最后一步。（文献：B，第 2.2.1 章）

7. 某家公司希望构建一套数据保护管理系统（DPMS）。构建 DPMS 的第一段是数据和隐私保护的准备阶段。

以下哪一步不属于这个阶段？

A. 草拟实施的行动计划

B. 建立数据治理的组织

C. 维护数据隐私文档

D. 执行初步的数据审计和评估

A. 错误。这个步骤属于第一阶段。

B. 错误。这个步骤属于第一阶段。

C. 正确。此步骤属于第 4 阶段：数据和隐私保护的治理阶段。第一阶段包括以下步骤：进行隐私分析、收集隐私法律、分析隐私影响、执行初步的数据审计和评估、建立数据治理组织、创建数据流和个人数据清单、制定数据保护和隐私计划、制定数据保护和隐私实施行动计划。（文献：B，第 2.2 章）

D. 错误。这个步骤属于第一阶段。

8. 一家公司希望构建一个数据保护管理系统（DPMS）。构建 DPMS 的第二阶段称为数据和隐私保护的组织阶段。第二阶段某个步骤具有以下目标：整合整个公司及所有职能部门在数据和隐私保护上的见解。

这个目标属于第二阶段的哪个步骤？

A. 审计为隐私和数据保护所采取的措施和管控，找出差距和纰漏

B. 部署和操作隐私及数据保护的计算机系统

C. 告知员工隐私和数据保护项目的状态

D. 在数据和隐私保护事务上保持定期的相互沟通

A. 错误。该审计只在全面实施之后进行。这是第 5 阶段的结果。

B. 错误。这是确保数据完整性的技术措施，而不是整合整个公司及所有职能部门数据与隐私保护思想的文化措施。

C. 错误。尽管让员工了解项目的状态很重要，但这种沟通不足以动员所有人，并有效地整合整个公司及所有职能部门的数据与隐私保护思想。

D. 正确。要在所有公司业务中有效实施公司的数据和隐私保护策

略，必须持续进行定期沟通。（文献：B，第 2.2.2 章）

9. 某数据保护官（DPO）意识到，与所有其他被任命的对数据和隐私保护负责或承责的人员保持定期沟通十分重要。这群人应为在数据和隐私保护方面为达成一个全局性的组织成果而努力。

以下哪一项成果最有利于组织？

A. 创建一个系统，所有的数据和隐私保护的事务都必须提交至此，并随后由 DPO 来解决

B. 挖掘组织内对于外包或传输数据在数据和隐私保护上的不同观点

C. 灌输一种协作、积极主动的态度，将数据和隐私保护融入组织的各个部门

D. 提高“将数据和隐私保护外包会产生合规上的共担义务和责任”这一认知

A. 错误。如果能通过定期交流在所有员工中灌输有关数据和隐私保护的文化变革，而不是将所有数据和隐私保护问题完全留给 DPO，将更有利于公司。

B. 错误。如果定期交流形成了与隐私使命陈述相一致的共同观点，而不是整个公司对数据和隐私保护看法不一，将更有利于公司。

C. 正确。与组织内部隐私和数据保护的所有负责人和责任人保持定期交流使他们能够更好地了解每个部门的情况和所面临的挑战，并就如何将隐私和数据保护融入所有系统、服务、产品和进行中项目交换意见和建议。（文献：B，第 2.2.2 章）

D. 错误。如果定期交流使所有员工都了解，即使在活动或任务被外包的情况下，他们也需要对自己所负责信息的数据和隐私保护负有责任和义务，将更有利于公司。

10. 如果一个组织想要开发、实施和管理一个数据保护管理系统（DPMS），它通常是分阶段来完成。DPMS 的实施分为五个阶段，分别为：准备、组织、开发和实施、治理以及评估和改进。

你认为实施 DPMS 的各个阶段类似于什么？

A. 与 PDCA 循环类似的持续改进过程

B. 一个隐私治理实施指南

C. 一份为 DPMS 而准备的数据法规清单

D. 隐私法规、规则和标准的影响

A. 正确。实施 DPMS 的各个阶段描述了一个持续改进过程，与 PDCA 循环非常相近。（文献：A，第 1 章；B，第 2 章）

B. 错误。这对应的是 DPMS 的第 4 阶段。

C. 错误。这仅描述了第 1 阶段（准备阶段）第二步的一部分。

D. 错误。这仅描述了第 1 阶段的步骤 3。

11. GDPR 的一大关键是组织必须证明其合规性。而实施一个数据保护管理系统（DPMS）可以帮助其证明合规性。

你认为实施 DPMS 的哪个阶段最能为对 GDPR 的合规提供证明？

A. 第 1 阶段：组织为实施隐私和数据保护做准备

B. 第 2 阶段：建立隐私的组织结构和机制

C. 第 3 阶段：制定并实施数据保护和隐私措施

D. 第 4 阶段：建立组织的隐私治理机制

A. 错误。此阶段为实施做准备，但尚未包括任何形式的合规。

B. 错误。此阶段是落实隐私要求的基础，但本身并不能证明遵守。

C. 正确。实施相关程序、政策和控制措施可为合规提供证明。（文献：B，第 2.2 章；GDPR 第 24(1) 条）

D. 错误。此阶段对于保持合规很重要，但需要先做实施。

12. 某数据保护官（DPO）开发并实施了一个数据保护管理系统（DPMS）。目前已执行到第三阶段：数据和隐私保护的开发和实施阶段。

该阶段必须首先做的是什么？

A. 分析和定义公司对数据和隐私保护的需求及要求

B. 调查员工对数据保护和隐私概念的了解和理解

C. 研究行业的最佳做法，使其与公司的需求和要求相适应

D. 了解全球数据和隐私保护的法律，明确其与公司的相关性

A. 正确。首先是了解和定义公司的需求和要求，确立数据和隐私保护策略、计划和政策的目的和目标。（文献：B，第 2.2 章）

B. 错误。这项调查工作必须在分析和定义公司的需求和要求之后进行。

C. 错误。只有在分析和定义组织的需求和要求之后，才能将行业最佳实践与公司相适应。

D. 错误。只有在分析和定义组织的需求和要求之后才能确定信息的相关性。

13. 一份个人数据泄露应对计划描述了以下行动：

· 由一个外部供应商来对泄露事件做出响应，提供公关服务并协助将损害最小化；

· 数据保护官（DPO）向监管机构寻求支持；

· 处理者将有关数据泄露的信息通知业务合作伙伴和数据主体，并寻求他们的支持。

谁最有可能将对第三方和数据主体的影响降到最低？

A. 外部供应商

B. DPO

C. 处理者

A. 正确。外部方提供的服务有助于快速响应个人数据泄露事故，并最大程度地降低对第三方和数据主体的影响。（文献：B，第 2 章）

B. 错误。DPO 必须提供信息，并应协助监管机构，而不是反着来。

C. 错误。处理者没有法律义务将数据泄露事故通知业务合作伙伴。并且，只有在以下情况下才应通知数据主体：（1）个人数据泄露可能给自然人的权利和自由带来高风险时；（2）由控制者而非处理者发出通知。

14. 三家医疗机构合作开发一款用于监控患者的移动应用程序。其中医务人员将其个人数据和资历添加到该应用程序中，患者添加其个人数据，包括医疗数据。三家医疗机构共同任命了一名数据保护官（DPO）。要运行试验版本，他们需要将应用程序上架应用商店。应用程序进入应用商店后，他们将测试新应用程序的安全性。为了安全起见，产品说明中指出该应用程序还处于试用阶段。只有少数测试数据主体下载了该应用程序，但他们真实地使用了该程序并输入了真实数据。测试结果表明该应用程序安全性不足，而容易被黑客入侵。黑客可能会更改患者的健康数据，并未经授权地收集和使用数据。

根据 GDPR，该 DPO 必须做什么？

A. DPO 不必采取行动，因为该应用程序处于试用阶段，而且只有少数患者参与

B. DPO 不必采取行动，因为在试用阶段该漏洞的影响算不上高风险。

C. DPO 必须告知患者和监管机构，因为该应用程序会对患者的权利和自由造成高风险

D. DPO 必须通知监管机构，并确保将应用程序的安全措施调整为规定的安全标准。

A. 错误。这与数据主体的人数无关。是否构成对自然人权利和自由造成高风险决定了应采取何种行动。

B. 错误。试用阶段不是让数据处于危险之中的借口。

C. 正确。控制者未采取充分的措施确保数据的安全性。特殊类别的个人数据面临风险。因此，应同时通知监管机构和数据主体。【文献：A，第 14 章；GDPR，第 33(1) 条和第 34(1) 条】

D. 错误。采取相关行动都是明智的。但是，GDPR 规定了需通知数据主体，但没有规定应调整安全措施。

15. 建立一个系统性的事故管理制度可以有助于 GDPR 合规。

以下哪一项概述了一个有效的事故管理流程？

A. 确认已发生事故，应对当前和长期的关切，跟踪事故以确保所采

取的步骤有效

B. 确认已发生事故，并将事故报告给数据保护官（DPO）以检查数据流并改善安全政策

C. 跟踪所有涉及个人数据的事故，执行数据保护影响评估（DPIA）以分析风险并制定改进计划

D. 跟踪个人数据处理的所有实例，以便在发生事故后检索数据，以减少响应活动从而最大程度地降低成本

A. 正确。这概述了事故管理流程。（文献：A，第 14 章）

B. 错误。事故必须报告给负责人。DPO 没有必要一有事故发生就审查数据流。

C. 错误。不必一有事故发生就执行 DPIA。

D. 错误。跟踪个人数据处理的所有实例是无效率的。此答案还疏漏了对事故做出响应并确保所采取的措施有效的步骤。

16. CEO 已要求隐私小组从数据和隐私保护的表现方面对组织进行一次评估。而采用基准是客观评定组织表现的一种恰当方法。

以下哪一项是隐私基准所不包括的?

A. 一项针对组织在隐私方面的客户满意度的调查

B. 比较各个业务单位或部门之间的隐私合规性

C. 与一年前相比，组织目前的隐私表现

D. 与行业中类似实体相比，组织的隐私表现

A. 正确。一项基准是将公司的当前状况与往期或行业的状况进行比较。在本例中未作比较。此外，并非所有客户都了解隐私的最佳实践，或者都已接触所在组织的各种隐私实践。（文献：B，第 2.2.5 章）

B. 错误。隐私基准确实有助于比较各个业务单位或部门之间的隐私合规性。

C. 错误。隐私基准也可以用作一种自我评估，将结果与以前的评估进行比较，以识别改善之处或可能的退步之处。

D. 错误。基准管理是一种客观的方法，可以将组织的隐私表现与行业中的类似实体以及最佳实践进行比较。

17. 某组织想要在人力资源部门运用人工智能（AI）和深度学习算法检视雇佣关系、创建员工能力档案以及为各人的目标设定奖金。

在实施这种新型的个人数据处理之前，你必须首先做什么？

A. 进行数据保护影响评估（DPIA）

B. 对人力资源部进行隐私评估

C. 向监管机构报告处理情况

A. 正确。这种处理涉及用于特征分析的新技术，很可能对自然人的权利和自由造成高风险，因为会显著地影响他们的行为、活动和工作报酬。（文献：A，第 5 章；GDPR 第 35 条）

B. 错误。对业务单位是否遵守隐私政策的评估是在不事先通知的情况下定期进行，而不是在实施新型处理时进行。

C. 错误。这是在执行 DPIA 之后且仅在某些条件下进行。

18. 根据 GDPR，以下哪一项活动始终由控制者负责？

A. 执行数据保护影响评估（DPIA）

B. 与安全公司签约以保护传输的个人数据

C. 采用新方法来收集客户的个人数据

D. 保存处理者执行处理活动的记录

A. 正确。DPIA 由控制者负责，不应外包给数据处理者。（文献：A，第 12 章；GDPR 第 35 条）

B. 错误。如果有事先书面授权，则由处理者负责。

C. 错误。如果有事先书面授权，则由处理者负责。

D. 错误。这是处理者负责的要素。控制者保存的是其控制下的处理活动的记录。

19. 一家医院将其患者发票的打印工作外包给一家印刷公司。该印刷公司同时为其他组织打印发票。因为一个纰漏，印刷公司在整理姓名和地址时弄混了，一些发票发错了患者。这家医院之前已仔细分析过自己的流程，医院也已经建立了健全的验证程序，并与印刷公司签订了合同协议。

为什么这种情况下监管机构要追究医院的责任？

A. 因为合同中明确了这一点

B. 因为医院是控制者

C. 因为混淆发生在患者之间

D. 因为验证出错

A. 错误。医院被问责，是因为它作为控制者受制于 GDPR 规定的问责原则

B. 正确。GDPR 规定，“控制者应负责（见第 1 段：‘责任’）”处理的合法性。不论控制者与处理者签订何种合同，监管机构都要追究控制者责任。控制者应当仅使用能够充分保证实施适当技术和组织措施的处理者。【文献：A，第 12 章；GDPR，第 5(2) 条】

C. 错误。数据主体都属于同一个控制者并不重要。本例中谁是控制者才重要。

D. 错误。没有证据表明验证出错。监管机构将始终追究控制者责任。

20. 当控制者和处理者签订处理个人数据的合同时，二者同时承担特定的职责。其中一些职责由 GDPR 规定，其余可以在合同中约定。

根据 GDPR，什么情况下处理者总是需要得到控制者的书面授权？

A. 处理者与另一家公司签约，由该公司在数据传输期间来保护数据

B. 处理者与第三方签约，由该第三方来处理个人数据

C. 处理者采用新方法收集个人数据

D. 处理者采用新方法删除个人数据

A. 错误。该情况可能是处理者根据合同所决定的，因为 GDPR 并

未明确定义。

B. 正确。如果未取得控制者事先具体或通用的书面授权，不得聘请其他处理者。（文献：A，第 12 章；GDPR 第 28(2) 条）

C. 错误。该情况可能是处理者根据合同所决定的，因为 GDPR 并未明确定义。

D. 错误。该情况可能是处理者根据合同所决定的，因为 GDPR 并未明确定义。

21. 记录处理活动是谁的法律义务？

A. 首席信息官

B. 首席隐私官

C. 控制者和处理者

D. 数据保护官（DPO）

A. 错误。首席信息官全权负责信息技术和信息管理。

B. 错误。首席隐私官应让组织内部都参与到 GDPR 合规上来。

C. 正确。控制者和处理者都需要保存所有处理活动的记录。（文献：A，第 12 章；GDPR 第 30 条）

D. 错误。尽管在实践中可能会由 DPO 创建清单、登记处理活动并承担保存这些记录的责任，但这都是基于在控制者或处理者的法律义务下来完成的。

22. 设在欧洲经济区（EEA）的某北美组织正处理自然人的个人数据时，他处理的是大批量种族数据。根据 GDPR，在三种特定情况下，组织需要任命数据保护官（DPO）。

在本例中，出于什么原因该组织必须任命 DPO？

A. 处理了外国人的个人数据

B. 个人数据是由第三国处理

C. 处理了数群体的个人数据

D. 处理了特殊类别的个人数据

A. 错误。这不是 GDPR 中规定的三个基本条件之一。

B. 错误。这不是 GDPR 中规定的三个基本条件之一。

C. 错误。这不是 GDPR 中规定的三个基本条件之一。

D. 正确。这是 GDPR 中规定的情况之一，其中控制者或处理者的核心活动包括第 9 条涉及的大批量处理特殊类别的数据。GDPR 第 9 条特别提到了种族或人种数据。另外两个条件分别是：（1）处理工作是由公共机构或机关执行的，但以司法职能行事的法院除外；（2）处理工作需要对数据主体进行定期和系统的大规模监控。这三个基本条件同时适用于控制者和处理者。（文献：A，第 2 章；GDPR 第 9 条和第 37 条）



23. 某数据保护官（DPO）服务于一个国家的交通部。该部门宣布了一个监控人们在国道上的驾驶行为的新项目。该交通部想用智能视频分析系统识别出每辆汽车并自动识别车牌。国务卿急于启动该项目，且担心隐私问题可能会导致其不必要的延误。

该 DPO 应该怎么做?

A. 要求国务卿与监管机构联系，因为这显然超出了 DPO 的职责范围

B. 如果数据主体被告知了该数据处理，则向国务卿保证不再需要数据保护影响评估（DPIA）

C. 告知国务卿，公共场所的大规模监控必须执行 DPIA

D. 敦促国务卿重新考虑该项目，因为大规模监控数据的处理是被禁止的

A. 错误。DPO 应该有足够的资格对此进行讨论。

B. 错误。告知数据主体不会免除组织执行 DPIA 的责任。

C. 正确。该项目需要对公共区域进行大规模的系统监控，这是必须执行 DPIA 的三种情况之一。（文献：A，第 5 章；GDPR 第 35(3)(c) 条）

D. 错误。只要人们的权利和自由得到充分保护，就不禁止监控、监视和特征分析。

24. 数据保护官（DPO）在执行其任务时受到保密要求的约束。

而涉及哪一方时 DPO 可免除保密义务以寻求建议？

A. 公司董事会

B. 数据和隐私保护成员小组

C. 信息安全官（ISO）

D. 监管机构

A. 错误。可接洽不意味着 DPO 应征求董事会成员的建议。DPO 应履行独立角色。

B. 错误。可接洽并不意味着 DPO 应征求数据隐私保护成员小组的建议。

C. 错误。可接洽并不意味着 DPO 应征求 ISO 的建议。

D. 正确。保密义务并不禁止 DPO 与监管机构联系并征求建议。【文献：A，第 2 章；GDPR 第 36 条和第 39(1)(e) 条】

25. 数据保护影响评估（DPIA）是一种用于识别数据保护风险的手段，尤其是识别可能对自然人的权利和自由产生重大影响的风险。

为什么 DPIA 可以被视为更宽泛的组织风险管理工作中的一部分？

A. 因为 DPIA 会评估受审组织的所有安全风险，并取代任何其他风险评估或风险管理

B. 因为 DPIA 通过风险的可能性和严重性来评估风险，类似于风险管理明确定义的其他组成部分

C. 因为根据 GDPR，每个项目都必须执行 DPIA，从而减少对风险管理的其他法律要求

A. 错误。DPIA 仅关注个人数据和隐私保护风险。

B. 正确。这是 DPIA 与风险管理之间的联系。（文献：A，第 2 章；GDPR 序言第 90 条）

C. 错误。DPIA 并非总是必需的，而且它不会减少对其他风险管理的需求。

26. 根据 GDPR，以下哪一项应始终是数据保护影响评估（DPIA）中的一个环节？

A. 制定一个数据主体查阅请求的程序，以确保遵从数据主体的权利

B. 明确已处理的个人数据以及处理的预期目的

C. 通知数据主体将进行评估并征得其明确同意

D. 制定事故响应计划并定义适当的防护措施，以避免数据泄露

A. 错误。根据 DPIA 的结果，这是一种可能的措施。

B. 正确。每次 DPIA 都应从对预期处理及其目的的描述着手。【文献：A，第 8 章；GDPR，第 35(7)(A. 条】

C. 错误。执行 DPIA 不需要征得同意。

D. 错误。根据 DPIA 的结果，这是一种可能的措施。

27. 某组织开发一款新产品，用于发现表现不佳的员工。他们搜索员工的上网历史记录并使用人工智能（AI）分析其工作行为。尽管软件工程师并不完全理解该算法，但是管理层还是决定解雇表现垫底的 10% 员工。数据保护官（DPO）对此产品的影响表示担忧，告知董事会需要执行一个数据保护影响评估（DPIA）。

以下哪一项不是此例必须执行 DPIA 的原因？

A. 个人数据处理的自动化

B. 该评估可能显著影响数据主体

C. 处理特殊类别的个人数据

D. 系统评估自然人的个人方面

A. 错误。这是必须执行 DPIA 的原因。

B. 错误。这是必须执行 DPIA 的原因。

C. 正确。当系统将收集个人数据时，这些数据不被视为特殊类别的数据。（文献：A，第 8 章；GDPR 第 35 条）

D. 错误。这是必须执行 DPIA 的原因。

28. 以下哪一项不属于数据保护影响评估（DPIA）的产出？

A. 带有自动化授权检查的机密数据查阅日志

B. 数据主体对预期处理工作的看法的记录

C. 对预期处理工作的系统描述

D. 评估对数据主体权利和自由造成的风险

A. 正确。这不是 DPIA 的产出，而是信息安全部门持续进行的一项活动。（文献：A，第 8 章和第 3 章；GDPR 第 35 条）

B. 错误。这是 DPIA 一个可能的产出。

C. 错误。这是 DPIA 一个可能的产出。

D. 错误。这是 DPIA 一个可能的产出。

29. GDPR 详细说明了数据保护影响评估（DPIA）必须至少输出的内容。

以下哪一项不属于 DPIA 的强制要求的？

A. 描述处理工作及其目的

B. 评估处理工作相对于目的的必要性和相称性

C. 评估对数据主体权利和自由造成的风险

D. 监管机构的建议

A. 错误。这属于 DPIA 的强制性要求。

B. 错误。这属于 DPIA 的强制性要求。

C. 错误。这属于 DPIA 的强制性要求。

D. 正确。向监管机构咨询并非总是强制要求的，在 DPIA 中有关建议的日志也非强制。【文献：A，第 5 章；GDPR 第 35(7) 条和第 36(1) 条】

30. 一项数据保护影响评估（DPIA）表明，预期的处理工作将涉及收集超出预期目的所必需的个体客户数据。

根据 GDPR，以下哪一项是最恰当的应对？

A. 尽快将数据匿名

B. 推出培训和意识培养计划

C. 限制数据存储的时长

D. 减少数据收集量

A. 错误。这是一种减轻风险的措施，但首先是不处理不必要的数据。

B. 错误。这是一种减轻风险的措施，但首先是不处理不必要的数据。

C. 错误。这是一种减轻风险的措施，但首先是不处理不必要的数据。

D. 正确。这实现了数据最小化原则，并降低了对数据主体造成的风险。【文献：A，第 8 章；GDPR 第 5(1) 条】



31. 在开始数据保护影响评估（DPIA）之前，最好先做什么？

A. 确定措施以应对已识别的风险

B. 确定是否需要执行 DPIA

C. 识别对数据主体权利和自由造成的风险

A. 错误。这是 DPIA 的一部分，在确定是否需要做 DPIA 之后才进行。

B. 正确。组织需要确定法律是否要求执行 DPIA 或组织是否有执行一个 DPIA 的需求。（文献：A，第 5 章；GDPR 第 35(7) 条）

C. 错误。这是 DPIA 的一部分，在确定是否需要做 DPIA 之后才进行。

32. 某公司执行了一个数据保护影响评估（DPIA）。

为什么说绘制数据地图对其做 DPIA 有用？

A. 它有助于评估所有隐私方面的组织风险

B. 它有助于获得一个对使用中的个人数据的概览

C. 它有助于通告所有相关方

A. 错误。绘制数据地图并不评估风险。

B. 正确。绘制数据地图可以识别使用中的数据。绘制数据流有助于识别必须评估的潜在风险。（文献：A，第 7 章）

C. 错误。绘制数据地图不用于通知各方。

33. 某组织聘请了一名隐私专家。该组织希望将部分数据处理活动外包。该专家对引入一个数据处理者来做处理工作做了一个数据保护影响评估（DPIA）。

DPIA 中的一个主要步骤要求由控制者来给出所有意见，而不要求处理者参与。该步骤具体指哪一步？

A. 评估处理的必要性和相称性

B. 评估对数据主体权利和自由造成的风险

C. 缓解风险的措施，包括保障措施

D. 系统描述预期的处理工作

A. 正确。这是控制者的职责，不涉及处理者。（文献：A，第 12 章）

B. 错误。需要处理者发表有关潜在风险的意见。

C. 错误。需要处理者对采取的缓解措施的意见。

D. 错误。为了进行完整描述，需要处理者发表的意见。

34. 一家大公司出现财务困难。董事会希望员工提高工作效率。董事会决定开始一项试验，以监控员工的上网活动，并通过分析数据了解可提高效率之处，而被归为效率低下的员工可能会被解雇。

为什么在采用该新程序之前必须进行一个数据保护影响评估（DPIA）？

A. 因为大公司会有大量员工，所以，处理工作将是大规模的。

B. 因为这是一次试验，新的处理活动和试验性的处理活动都需要执行 DPIA。

C. 因为这是一次系统性的处理，且相关决定可能会在相当程度上影响员工。

A. 错误。大规模很可能会产生影响，但其本身并不是判定标准。而公共场所大规模监控则是一个判定标准。但是，该公司不属于公共场所。

B. 错误。这与处理是实验性的还是常规的活动无关。

C. 正确。这被定义为必须执行 DPIA 的三种情况之一。（文献：A，

第 5 章；GDPR 第 35(3)(b) 条）

35. 某组织计划基于特征分析对客户实行自动决策。

在此例中数据保护影响评估（DPIA）的哪一部分需要特别注意？

A. 针对此处理活动执行 DPIA 的需求评估

B. 将要实施的保护数据主体权利的措施

C. 保护个人数据免受数据主体请求的措施

D. 数据主体要求删除其数据后，用来数据擦除的程序

A. 错误。涉及自动决策（包括特征分析）的处理活动总是需要执行 DPIA。

B. 正确。自动决策带来的风险需要特别注意。应细致描述如何缓解风险。缓解措施可以是加入人为干预。（文献：A，第 5 章；GDPR 第 35 条）

C. 错误。总体而言数据需要保护其安全，但是不妨碍数据主体有查阅权。

D. 错误。这是 DPIA 的一部分，但如果涉及自动决策，它就还不是那个最应特别被关注的。

36. GDPR 规定，组织必须设法防止个人数据泄露。因此，要快速识别可归类为个人数据泄露的事故。

根据 GDPR，以下哪一项不属于个人数据泄露事故？

A. 患者期望收到装有医疗设备的包裹，但是包裹却被送错地址

B. 在精神卫生诊所工作的一名雇员放错了一套患者档案而且无法追溯

C. 数据仓库因火灾或地震意外破坏了个人数据

D. 未经授权披露了公司一个涉及收购计划的机密财务数据

A. 错误。这属于涉及特殊类别个人数据的个人数据泄露事故。

B. 错误。任何个人数据（尤其是特殊类别的个人数据）的意外丢

失都被视为个人数据泄露。

C. 错误。即使事故是由于自然灾害或不可抗力造成的，也必须将其视为个人数据泄露事故。

D. 正确。这属于数据泄露事故，但不会对个人数据造成破坏。所以不属于个人数据泄露事故。【文献：A，第 3 章；GDPR 第 4(12) 条】

37. 在什么情况下需要向监管机构上报个人数据泄露事故？

A. 组织在事故发生后 72 小时内无法解决

B. 在对自然人的权利和自由构成安全威胁的任何情况下

C. 只要在 72 小时内将事故确认为个人数据泄露事故

D. 个人数据泄露可能给自然人的权利和自由带来风险时

A. 错误。解决事故的时间周期在这里并不重要。

B. 错误。仅仅威胁还不足够。仅在发生个人数据泄露事故且可能给自然人的权利和自由带来风险时通知才是必需的。

C. 错误。事故管理流程可能无法在 72 小时内识别出事故。GDPR 规定，必须“不得无故拖延，且在可行的情况下，在知悉后不迟于 72 小时内”报告个人数据泄露事故。

D. 正确。对于涉及个人数据的事故，若可能给自然人的权利和自由带来风险，则必须通知监管机构。【文献：A，第 14 章；GDPR 第 33(1) 条】

38. 人力资源部主管丢失了一个存储卡，其中包含 35 名员工的个人信息。该存储卡有强加密的保护。人力资源部曾将这些个人信息存储在备份设备中。

根据 GDPR，是否必须将这一个人数据泄露事故上报给监管机构？

A. 是，因为所有安全事件都必须上报给监管机构

B. 是，因为报告监管机构后可以让其通知员工

C. 否，因为报告数据泄露不符合公司的合法利益

D. 否，因为该个人数据泄露事故不会对数据主体的权利造成风险

A. 错误。对数据主体权利造成高风险的个人数据泄露事故才必须上报。尽管上报所有个人数据泄露事件是避免违法的一种好做法，但这并不是强制性的。

B. 错误。数据主体的权利没有处于危险，因此无需通知他们。通知数据主体并非是监管机构的任务。

C. 错误。公司的合法利益是进行处理的法律基础。它与个人数据泄露以及如何上报无关。

D. 正确。强加密和备份足以保证个人数据的机密性和可用性。因此，该数据泄露事故不太可能给自然人的权利和自由带来风险。所以上报该数据泄露事故给监管机构并非强制性要求。【文献：A，第 14 章；GDPR 第 33(1) 条】

39. 根据 GDPR，在什么情况下必须将个人数据泄露事故报告给受影响的数据主体？

A. 个人数据泄露可能给数据主体的权利和自由带来高风险时

B. 监管机构判定同意是处理的唯一法律依据时

C. 当一个安全事故在 72 小时内被列为个人数据泄露事故时

D. 个人数据受到黑客或其他网络罪犯等外部因素的破坏时

A. 正确。如果个人数据泄露给数据主体的权利和自由带来高风险，应告知数据主体。【文献：A，第 14 章；GDPR 第 34(1) 条】

B. 错误。只有构成高风险的个人数据泄露事故才必须报告给数据主体。

C. 错误。72 小时是应将个人数据泄露事故报告给监管机构的时间期限。并非所有个人数据泄露事故都必须报告给数据主体。

D. 错误。通知与否不取决于个人数据泄露的底层原因。

40. 在事故响应的最佳实践中定义了准备、响应和跟进几个阶段。每个阶段都必须进行存档。在响应阶段，重要的是收集和保存证据，证明事故发生的原因以及组织未能防止事故发生的原因。

其中具体必须收集和保存是哪一个？

A. 审计控制计划

B. 数据保护影响评估（DPIA）

C. 提供一个清晰图景的证据

D. 系统恢复计划

A. 错误。审计控制计划不是在事故响应过程中做存档。

B. 错误。DPIA 不是在事故响应过程中做存档。

C. 正确。在整个事故响应过程中，应收集并保存证据，以清楚地了解所发生的事情以及组织未能防止事故发生的原因。（文献：A，第 14 章）

D. 错误。系统恢复计划不是在事故响应过程中做存档。

## ●试题评分

如下表格为本套样题的正确答案，供参考使用。

| 问题 | 答案 | 问题 | 答案 |
|---|---|---|---|
| 1 | B | 21 | C |
| 2 | C | 22 | D |
| 3 | B | 23 | C |
| 4 | A | 24 | D |
| 5 | B | 25 | B |
| 6 | D | 26 | B |
| 7 | C | 27 | C |
| 8 | D | 28 | A |
| 9 | C | 29 | D |
| 10 | A | 30 | D |
| 11 | C | 31 | B |
| 12 | A | 32 | B |
| 13 | A | 33 | A |
| 14 | C | 34 | C |
| 15 | A | 35 | B |
| 16 | A | 36 | D |
| 17 | A | 37 | D |
| 18 | A | 38 | D |
| 19 | B | 39 | A |
| 20 | B | 40 | C |

Driving Professional Growth

联系 EXIN

www.exin.com